Prävention von Computerkriminalität

Criminalia

Herausgegeben von Klaus Volk

Band 30

Peter Lang

Frankfurt am Main · Berlin · Bern · Bruxelles · New York · Oxford · Wien

Stephan Beukelmann

Prävention von Computerkriminalität

Sicherheit in der Informationstechnologie

Peter Lang
Europäischer Verlag der Wissenschaften

Die Deutsche Bibliothek - CIP-Einheitsaufnahme

Beukelmann, Stephan:

Prävention von Computerkriminalität : Sicherheit in der Informationstechnologie / Stephan Beukelmann. - Frankfurt am Main ; Berlin ; Bern ; Bruxelles ; New York ; Oxford ; Wien : Lang, 2001

(Criminalia ; Bd. 30)

Zugl.: Rostock, Univ., Diss., 2000

ISBN 3-631-37846-7

Umschlaggestaltung:
Pierre Mendell

28

ISSN 0945-1811

ISBN 3-631-37846-7

www.peterlang.de

Criminalia

Abhandlungen aus den gesamten Strafrechtswissenschaften

Der Herausgeber der Reihe ist Vorstand des "Instituts für die gesamten Strafrechtswissenschaften" der Universität München. Das Programm der Reihe ist im Untertitel genannt. In ihr werden veröffentlicht Schriften zum Strafrecht und Strafverfahrensrecht, zu Kriminologie und Kriminalpolitik, zu den rechtstheoretischen und rechtssoziologischen Grundlagen des Strafrechts und zu seiner Geschichte. Die Reihe läßt deutsche und ausländische Wissenschaftler zu Wort kommen und will dazu einladen, an der Fortentwicklung aller Bereiche des Strafrechts über die Grenzen hinaus mitzuwirken.

Meinen lieben Eltern
in großer Dankbarkeit

Vorwort

Die Arbeit wurde im Wintersemester 2000/2001 von der Juristischen Fakultät der Universität Rostock als Dissertation angenommen; die Druckfassung wurde aktualisiert und geringfügig geändert, um neuere Literatur und Rechtsprechung zu berücksichtigen.

Danksagung schulde ich vielen. Zunächst gilt mein besonderer Dank Herrn Professor Dr. Michael Pawlik LL.M., der in einer kritischen Phase kurzfristig die Rolle als Erstgutachter dieser Arbeit übernommen hat. Herr Professor Dr. Roland Hefendehl hat nicht nur die Bürde des Zweitgutachters auf sich genommen, sondern bereits in der Entstehungsphase der Arbeit unzählige wertvolle Hinweise gegeben und mit mir einen Abschluß gesucht.

Herr Professor Dr. Klaus Volk hat mich in all den Jahren, in denen ich bei ihm arbeiten durfte, in besonderer Weise unterstützt. Daß er diese Arbeit in seine Reihe aufgenommen hat, steht gleichsam hierfür. Er ließ mir den nötigen Freiraum, um mich und meine Ideen zu verwirklichen, gleichzeitig aber stand er mir jederzeit in freundschaftlicher Weise zur Seite. Ich erlaube mir daher, ihn als meinen Förderer und Freund zu bezeichnen.

Während einer Promotion durchläuft man Höhen und Tiefen. Das gilt wohl für diese im besonderen. Während all dieser Zeit haben sich meine Freunde sehr um mich bemüht. Besonders zu nennen sind dabei die Herren Gebhard M. Rehm LL.M. und Michael L. Ultsch sowie die Herren Dres. Christoph Knauer und Harald Niedermair. Sie halfen mir in unzähligen Diskussionen stets weiter.

Frau Mariana Sacher LL.M. ist mir immer liebevoll beigestanden und hat durch ihre kritischen Anmerkungen sehr zum Gelingen beigetragen.

München, im Juni 2001 Stephan Beukelmann

Inhaltsverzeichnis

§ 1 Einleitung

Heute besteht kein Zweifel mehr daran, dass der Computer in unser Alltagsleben Einzug gehalten hat.[1] Er erleichtert unsere tägliche Arbeit und unterstützt uns bei der Bewältigung schwieriger Aufgaben. Und auch in Zukunft wird ein computerunterstützter und -gesteuerter Tagesablauf zum Alltag gehören. Verkehrsleitsysteme und andere komplizierte Steuerungssysteme werden zunehmend ebenso von der Computertechnik geprägt wie die einfache Kaffeemaschine. Durch die Verbesserung der Kommunikationstechnologie ist es möglich, Informationen mit Lichtgeschwindigkeit um die Welt zu schicken. Bisher bestehende räumliche und zeitliche Beschränkungen verschwinden. Wie abhängig inzwischen aber unser Leben von Bits und Bytes geworden ist, zeigen zwei Beispiele. Beim sogenannten "Jahr 2000"-Problem[2] wird die verkürzte Jahresangabe "00" für das Jahr 2000 unter Umständen als "1900" interpretiert, was zu weitreichenden Folgen beim Jahreswechsel hätte führen können, wenn die Computer bei ihren Berechnungen den 1.1.2000 plötzlich als 1.1.1900 angesehen hätten. Etwa 36 Mio. Anwendungen waren hiervon weltweit betroffen. Allein in den USA entstanden Kosten von etwa 100 Mrd. US-Dollar.[3] Weltweit schätzt man die Kosten für die Bereinigung des Fehlers auf etwa 300 bis 600 Mrd. US-Dollar.[4]
Und Banken und Versicherungen sind von dem weltweiten Computernetz so abhängig, dass ein Verbindungsausfall binnen Tagen oder gar Stunden zu deren Zahlungsunfähigkeit führt, wenn sie elektronische Finanztransaktionen nicht mehr ausführen können.[5]

Der "Wandel von der Industrie- zur Informationsgesellschaft"[6] (oft wird auch von einer "Zweiten industriellen Revolution"[7] gesprochen) ist längst vollzogen,

---

1 Die Entwicklung des Computers hat ihren Ausgangspunkt im Jahre 1941 mit der Konstruktion des „Z 3" durch *Zuse*. Das Statistische Bundesamt hat ermittelt, dass im Westen Deutschlands jeder zweite Privathaushalt einen PC besitzt. 1993 war es nur jeder vierte. Im Osten Deutschlands wuchs der Bestand von 17 % auf 38 % (SZ, 5.11.98).

2 Zu haftungsrechtlichen Fragestellungen vgl. *Hohmann*, NJW 1999, 521 ff.; *Bartsch*, CR 1998, 193 ff.; *Koch*, NJW-CoR 1998, 297 ff.

3 http://www.heise.de/tp/deutsch/inhalt/te/5494/1.html; vgl. auch SZ, 21.7.1998, S. 2.

4 Bericht der Bundesregierung "Die Jahr-2000-Problematik in der Informationstechnik".

5 BT-Drs. 13/11002, S. 19. Im September 1999 drohte einer der größten deutschen Banken der wirtschaftliche Kollaps, weil der Zentralrechner aufgrund eines Bedienungsfehlers für 2 Tage heruntergefahren werden mußte.

6 Zum Begriff der Informationsgesellschaft vgl. *Tauss/Kollbeck/Mönikes*, Einführung, in: Deutschlands Weg in die Informationsgesellschaft (Hrsg. Tauss/Kollbeck/Mönikes), 1996, 14, 17 ff. Den Begriff der Informationsgesellschaft kann man definieren als eine Gesellschaft, die in vielen Lebensbereichen maßgeblich vom Einsatz der neuen Informations- und Kommunikationstechniken geprägt ist (BT-Drs. 13/11003, S. 8), vgl. auch die Nachweise bei *Kloepfer*, D 11, Fn. 2.

Information gilt als Machtfaktor und "neuer Produktionsfaktor"[8], aber auch als Gefährdungspotential[9]. Materielle Wirtschaftsgüter verlieren zugunsten neuer, immaterieller Güter an Bedeutung. Wir werden täglich mit einer immensen Datenflut konfrontiert. Das bildet ein ganz markantes Charakteristikum unserer Gesellschaft,[10] das aber auch Unsicherheiten bei vielen Menschen auslöst. Inzwischen arbeiten ca. 5,1 % der Erwerbstätigen in der Informationswirtschaft, mit steigender Tendenz, wohingegen die ursprünglichen Sektoren Produktion, Dienstleistung und Landwirtschaft stagnieren oder rückläufig sind.[11] Im Jahr 1997 sind speziell für den Bereich der Informations- und Telekommunikationstechnik die Berufe IT-System-Elektroniker, Fachinformatiker, IT-System-Kaufmann und Informatikkaufmann kreiert worden.[12]

Eigentlich sind heutzutage die Risiken und Gefahren beim Umgang mit Computern größtenteils bekannt. Freilich gehen viele noch allzu sorglos mit der Gefahr "Computer" um. Das zeigen immer wieder neu auftauchende Schlagzeilen, die teilweise von einem überhaupt nicht vorhandenen Sicherheitsbewußtsein zeugen. Diese technische Entwicklung machen sich folglich auch Delinquenten nutzbar. Denn die turbulente, fast quantensprungartige Entwicklung im Hard-

---

7 Vgl. nur *Möhrenschlager*, wistra 1991, 321, 324. Die Informations- und Kommunikationstechniken werden schon heute als 5. Kondratieff-Zyklus angesehen, vergleichbar mit der Erfindung der Dampfmaschine und der Entdeckung der Elektrizität.

8 *Möhrenschlager*, wistra 1991, 321, 324.

9 *Sieber*, "Mißbrauch der Informationstechnik und Informationsstrafrecht", 608, 643.

10 Nach Angaben der kalifornischen Firma Alexa Internet umfaßt das Internet Anfang September 1998 etwa 3 Bio. Zeichen, umgerechnet 1,6 Mrd. Buchseiten. Kein Wunder, dass die Kunst des Vergessens postuliert wird (*Ankowitsch*, Die Zeit, Nr. 38, 10.9.1998, S. 77). Andererseits bemüht man sich, das Internet mit seinem gigantischen Datenvolumen für die Nachwelt zu archivieren (DIE WELT, 15.12.1998). Die 11 populärsten Suchmaschinen sichten inzwischen zusammen nur etwa 42 % der WWW-Seiten (SZ, 13.7.1999, S. V2/12). Daher befürchten andere, dass sich die Menschheit nicht in eine Wissensgesellschaft entwickelt, sondern Teile des Wissens verliert, weil der kreative Umgang mit den Informationen fehle (so *Walther Zimmerli*, http://www.heise.de/newsticker/data/cp-28.12.99-000/). Als Ausweg bietet sich die Informationsarchitektur an, die sich mit der Visualisierung räumlich organisierter Datenstrukturen beschäftigt. Diese erleichtert nicht nur die Ablage und den Zugriff auf Informationen, sondern versetzt den Butzer in einer interaktive Informationslandschaft (vgl. dazu *Kirsten Wagner*, 07.01.2000, http://www.heise.de/tp/deutsch/special/arch/6579/1.html m.w.N.).

11 SZ, 27.4.1999; nach dem 4-"Sektoren"-Modell des "Institut für Arbeitsmarktentwicklung und Berufsforschung", 1995, sind es sogar 50% (http://www.tfh-berlin.de/~godberse/pub/mm/bmwi96/ bmwi96.htm).

12 "Die neuen IT-Berufe: Zukunftssicherung durch neue Ausbildungsberufe in der Informations- und Telekommunikationstechnik" (Hrsg: BMWi). Dennoch übersteigt die Nachfrage nach EDV-Fachleuten das Angebot bei weitem. Deswegen sollen verstärkt ausländische Arbeitskräfte angeworben werden.

ware-, Software- und Netzbereich läßt kaum die Möglichkeit zu, Sicherheitslükken und Manipulationsschwachpunkte zu erkennen, geschweige denn wirksam zu bekämpfen. Neu entwickelte Software hat häufig tausende Programmierungsfehler, sogenannte Bugs, die mit zahlreichen Updates beseitigt werden müssen.[13] Elektronische Postdienste, Mailboxen, ISDN sowie das Zusammenwachsen von Datenverarbeitung und Telekommunikation werden auch von organisierten Verbrechergruppierungen, Wirtschaftsstraftätern und neonazistischen Gruppen genutzt. Computertechnik und Telekommunikation sind damit nicht nur Teil des allgemeinen Lebens, sondern auch der allgemeinen Kriminalität geworden.

Der Computer, der in den 50er und 60er Jahren noch ausschließlich von Großunternehmen oder von der Verwaltung eingesetzt wurde, steht nun aufgrund der Miniaturisierung bzw. Optimierung der Bauteile[14] und dem ständigen Preisverfall jedem Bürger zur Verfügung. Im Jahre 1994 vollzog sich die Integration von Daten, Sprache und Bildern durch Multimedia-Hardware.[15] Das Internet ist dank des World Wide Web (WWW) zu einem wichtigen Motor der Entwicklung geworden. 1998 gab es weltweit ca. 116 Mio. Internet-Nutzer,[16] im Jahr 2000 fast 200 Mio., 2010 sollen es eine Milliarde Nutzer sein.[17] Das Internet als solches gleicht eher einer "digitale(n) Stadt, die über Rundfunksender, Versandhandel, Post- und Paketdienste verfügt"[18], und ein enormes Marktpotential in sich birgt. Parallel dazu wachsen die Rechenleistung und Kapazität der Computer rasant. Inzwischen schaffen Superrechner bis zu mehrere Billionen Rechnungen pro Sekunde[19] und dienen beispielsweise der Simulation von Atomtests. Forscher

---

13 So soll das neue Betriebssystem Windows 2000 eine Woche vor dem Start nach einem internen Memo noch 28.000 Bugs haben, die zu ernsten Problemen führen können (vgl. http://www.heise.de/ newsticker/data/cp-12.02.00-000/).

14 Nachdem zunächst die einzelnen Bauelemente immer kleiner gestaltet werden konnten, trat die Entwicklung Ende der 60er Jahre in eine neue Phase ein: Nun gelang die sogenannte Integration ganzer Schaltungen (IC's) in ein Siliziumkristall-Plättchen: den Chip. Rechen- und Steuerwerk wurden 1971 in einem sogenannten Mikroprozessor, der frei programmierbar ist, integriert. Zur weiteren Entwicklung s. http://www.intel.de/intel/museum/25anniv/hof/hof_main.htm und tspecs.htm.

15 Multimedia meint insoweit das Zusammenführen bisher technisch getrennter Modalitäten in eine Kombination von Ausdrucksformen, deren Übergänge verschwimmen oder sogar verschwinden. Zu Grundlagen und Techniken der Multimedia-Techniken vgl. *Ockenfeld/Wetzel*, CR 1993, 385 ff. Das Wort "Multimedia" ist konsequenterweise das "Wort des Jahres 1995" geworden.

16 SZ, 4.3.1999, S.26 (Quelle: Globus).

17 European Information Technology Observatory; "Elektronischer Geschäftsverkehr" (Hrsg. BMWi), S. 6.

18 *Hoeren*, Beilage MMR 9/98, 6, 8.

19 Der "ASCI Red" von Intel hat 9.632 Mikroprozessoren; vgl. auch die Rangliste der 500 schnellsten Computer der Welt unter http://www.top500.org. Der in der Planung befindli-

bemühen sich, Rechner zu entwickeln, die durch „künstliche Intelligenz" auch komplexe und neuartige Probleme selbständig lösen. Physiker der Universität Würzburg gelang nun ein entscheidender Schritt auf dem Weg zum „Quantencomputer", der sich den Spin der Elektronen zunutze macht. In etwa 10 Jahren werden diese Rechner Rechenvorgänge in Sekunden erledigen, für die die heutigen noch Stunden benötigen.[20] Die Computertechnik ist beinahe überall verbreitet und dabei weitgehend unabhängig von Zeit und Raum.[21] Die Computerdelikte werden dadurch zunehmend über Telekommunikationsnetze - auch vom Ausland aus - begangen. Dabei entstanden neue Formen der Deliktsbegehung wie z.B. der Telefonmißbrauch, Datenweitergabedelikte oder Manipulationen im Internet. Diese Entwicklung führte zu Veränderungen sowohl auf Seiten der Täter als auch der Opfer von Computerdelikten: Computerdelikte können heute von jedermann begangen werden und bedrohen auf der anderen Seite jeden Bürger.
Ebenso ist die Sicherheit von Computersystemen und die Verhinderung eines Computermißbrauchs zu einer zentralen Frage der heutigen Informationsgesellschaft geworden.[22] In der zugrundeliegenden Wertediskussion geht es nicht nur um Persönlichkeitsschutz, sondern auch um die Informationsfreiheit. Sie ist es, die die kulturelle, wirtschaftliche und politische Entwicklung einer "offenen Gesellschaft" vorantreibt.[23]

Auf diesen Fortschritt reagierten die meisten Industriestaaten mit verschiedenen Gesetzespaketen. Die auf den ersten Blick unübersichtliche Vielfalt der gesetzlichen Neuregelungen hat *Sieber* auf sechs Reformwellen zurückgeführt. Zunächst wurde der Schutz des Persönlichkeitsrechts durch Erlaß entsprechender Datenschutzgesetze betrieben.[24] Sodann wurde im Zuge der Bekämpfung EDV-spezifischer Kriminalität das 2. WiKG erlassen. Zahlreiche Gesetzesänderungen, u.a. die Urheberrechtsnovelle von 1985, sorgten für einen verbesserten Schutz des geistigen Eigentums im Bereich der Informationstechnik. In den 80er und 90er Jahren sollte dann durch entsprechende Gesetze die Datenweitergabedelikte, allen voran die Verbreitung von Pornographie, eingedämmt werden. Der Gesetzgeber reagiert nun sehr schnell auf Veränderungen oder neue Deliktsformen,

---

che „Blue Gene" soll eine Rechnerkapazität von 1 Petaflop (= 1 Billiarde Rechenoperationen pro Sekunde) haben (SZ, 4.1.2000, V2/14).

20 SZ, 4.1.2000, V2/14.

21 *Schneider*, O 12 und 14.

22 *Sieber*, "Mißbrauch der Informationstechnik und Informationsstrafrecht", 608, 625.

23 *Sieber*, "Mißbrauch der Informationstechnik und Informationsstrafrecht", 608, 610 f.; vgl. hierzu näher unten § 4C.

24 Die massenhafte Verarbeitung von personenbezogenen Daten in elektronischen Datenbanken seit den 60er Jahren wurde schon nach kurzer Zeit als eine Gefährdung des Persönlichkeitsrechts gesehen, der in Deutschland erstmals 1970 ein Gesetz Rechnung trug.

beispielsweise durch das Informations- und Kommunikationsdienste-Gesetz (IuKDG) von 1997[25]. Strafprozessuale Probleme bei der Verfolgung der Computerkriminalität[26] und die Normierung von Geboten und Verboten für Sicherheitsmaßnahmen stehen nunmehr in der Diskussion.[27]

Gerade um den letzten Aspekt geht es in dieser Arbeit. Zunächst soll aber aufgezeigt werden, wie die Bewertung der Risiken beim Umgang mit PCs, die Anfang der 70er Jahre erstmals aus juristischer Sicht diskutiert wurden, rechtlich aufbereitet und umgesetzt wurde. Ein erster Abschluß lag 1986 im Inkrafttreten des 2. WiKG, das weitestgehend die erarbeiteten Vorschläge der Reformkommission und des Bundestagsrechtsausschusses übernommen hatte. Während des gesamten Gesetzgebungsverfahrens wurde zwar immer wieder die Frage der Subsidiarität des Strafrechts aufgeworfen, aber leider nie umfassend beantwortet. Letztendlich wurden strafrechtliche Normen als unabdingbar gesehen. Eine gleichzeitige Stärkung technischer und organisatorischer Sicherheitsmaßnahmen wurde nicht vorgesehen. Die sich aus der technischen Entwicklung ergebenden Möglichkeiten des Rechtsgüterschutzes wurden außer Acht gelassen, und nur einseitig auf die Risiken Bezug genommen. Diese Arbeit will beide Seiten beleuchten.

Unter dem Blickwinkel des Status quo in der Informationstechnologie (IT) werden deren Sicherheitskriterien dargestellt, in die auch die Computerdelikte eingestuft werden können. Ausgangspunkt ist die Überlegung, dass strafrechtliche Normen nicht parallel zur technischen Entwicklung verlaufen sollten, sondern die Besonderheiten der Informationstechnologie sollten Grundlage für das Strafrecht sein. Den von der Darstellung der durch Computerstraftatbestände geschützten Rechtsgüter werden die Möglichkeiten der technischen Prävention gegenübergestellt. Diese Projezierung zeigt, dass präventive Maßnahmen gegen die Computerkriminalität gefunden werden können, die diese unter Beachtung der bislang strafrechtlich geschützten Rechtsgüter wirkungsvoll einzudämmen vermögen.

---

25 Das Mantelgesetz "Informations- und Kommunikationsdienste-Gesetz" vom 22. Juli 1997 (BGBl. I 1870) beinhaltet mit dem Teledienst-, dem Teledienstdatenschutz- und dem Signaturgesetz drei neue Gesetze sowie Anpassungen bestehender Bundesgesetze. Mit dem Gesetzespaket haben Diensteanbieter und Nutzer eine Rechtsgrundlage für die Nutzung der Informations- und Kommunikationsdienste. Zur Entstehung und Aufbau des IuKDG vgl. *Engel-Flechsig/Maennel/Tettenborn*, NJW 1997, 2981 ff.

26 Siehe hierzu unten § 2H.

27 Vgl. *Sieber*, "Mißbrauch der Informationstechnik und Informationsstrafrecht", 608, 625 f.

Als Schlussfolgerung daraus ergibt sich, dass der Gesetzgeber künftig verstärkt die Möglichkeiten der Technik auf ihre Tauglichkeit für einen effektiven Rechtsgüterschutz hin überprüfen muss, ehe er neue Straftatbestände erläßt.

§ 2 Entwicklung der Computerkriminalität und ihre strafrechtliche Verfolgung

A. Erstes Auftauchen der Computerkriminalität in Deutschland

Beim ersten in der damaligen Bundesrepublik Deutschland entschiedenen Fall zur Computerkriminalität (=Kindergeldfall)[28] verurteilte das Landgericht den Täter am 29.5.1973 wegen Untreue und Urkundenfälschung. Der Täter war mit der Bearbeitung von Kindergeldanträgen betraut. Er fälschte die Lochkarten für die Anordnung von Kindergeldnachzahlungen, die dann in den Computer eingelesen wurden und den Ausdruck der entsprechenden Überweisungsträger veranlaßten.

Schon 1971 waren die Risiken der modernen Datenverarbeitung bekannt. Das zeigte sich daran, dass ein Versicherungskonzern eine neuartige Versicherungspolice entwickelte, die speziell auf dieses Versicherungsbedürfnis ausgerichtet war. Mit ihr wurden alle Schäden ersetzt, die "durch

1. vorsätzliches Beschädigen, Zerstören oder Beiseiteschaffen von Datenverarbeitungsanlagen, Teilen davon, Programmen oder Datenträgern,
2. Unterschlagung oder Diebstahl von Geld oder Vermögenswerten des Versicherungsnehmers mit Hilfe von
   a, Programm-Manipulationen oder
   b, Unterdrückung, Veränderung oder Einschieben von Datenträgern

verursacht werden."[29] Damit wurden die Fälle der Computermanipulation und Computersabotage abgedeckt.

Die wachsende Zahl von Delikten im Zusammenhang mit der EDV gab genügend Diskussionsstoff für Literatur[30] und Rechtsprechung. Auch der Gesetzgeber sah sich schon bald veranlaßt, auf diese Entwicklung zu reagieren.

---

28 So *Sieg*, JURA 1986, 352, 354; der Fall ist bei *Sieber*, Computerkriminalität, 2.A., 47 ff., geschildert.

29 *Schmütsch*, DB 1971, 1048 f.

30 Vgl. das Verzeichnis der Fälle bei *Sieber*, Computerkriminalität, 2.A., XXI f. Die tatsächliche Anzahl der Fälle erscheint gering: *Sieber* nennt für die Jahre 1970 bis 1976 nur 31 rechtshängig gewordene Strafverfahren, die auf einer gesicherten Basis beruhen, weist aber gleichzeitig auf das hohe Dunkelfeld hin (*Sieber*, Computerkriminalität, 2.A., 168 ff., 173 ff.). *V. zur Mühlen* weist für die Jahre 1967 bis 1974 insgesamt 138 Fälle aus (*v. zur Mühlen*, 1973, S. 30).

B. Strafbarkeitslücken in der Bekämpfung der aufkommenden Computerkriminalität

Mit den Straftatbeständen vor Inkrafttreten des 2. WiKG konnte nur bedingt die Computerkriminalität erfaßt werden. Eine strafrechtliche Erfassung von Computermanipulationen war zwar möglich, hing aber von den Zufälligkeiten des Einzelfalls ab.

Im Falle der Computermanipulationen war § 263 StGB nicht anwendbar, da sich eine Maschine zum einen nicht irren und zum anderen keine Vermögensverfügung vornehmen kann.[31] Ein Betrug kam nur in Betracht, wenn noch eine verfügungsberechtigte Person involviert war, die dann einem Irrtum erlag.[32]

Ein besonderes Problem stellte ab Ende der 70er Jahre die mißbräuchliche Benutzung entwendeter Codekarten dar. In Literatur und Rechtsprechung herrschten jeweils unterschiedliche Auffassungen, die zwischen der eigentlichen Codekarte (hier wurde wieder danach unterschieden, ob die Karte nach dem Gebrauch wieder zurückgegeben werden sollte oder nicht) und der Ansichnahme des Geldes aus einem Bankautomaten unterschieden.[33]
Die Literatur war teilweise der Auffassung, dass eine Strafbarkeitslücke bestehe.[34] Andere sahen zwar ebenfalls die §§ 263, 265 a StGB als nicht einschlägig an, bejahten aber eine Strafbarkeit wegen Unterschlagung[35] oder Diebstahls[36] an der Codekarte. Die Karte verkörpere in unmittelbarer Weise das auf dem Konto vorhandene oder per Kreditrahmen verfügbare Geld des Kontoinhabers.[37] Mit der Vorlage der Karte berufe sich der Täter auf eine Rechtsposition, die nur dem Eigentümer zustehe. Hiergegen wurde jedoch eingewandt, dass die Codekarte kein Zueignungsobjekt i.S. der Sachwerttheorie sei.[38] Bezüglich des abgehobenen Geldes liege jedoch eine Strafbarkeit wegen Diebstahls vor, "auch wenn man berücksichtigt, dass die Bank wohl nur dann in größerem Umfang geschä-

31 *Lampe*, GA 1975, 1, 3 ff. sowie 12.

32 Vgl. *Sieber*, JZ 1977, 411 (Anm. zu OLG München, JZ 1977, 408 ff.); Schlußbericht der Kommission, S. 152.

33 Eine detaillierte Darstellung findet sich bei *Sch/Sch-Cramer*, 26.A., § 263 a, Rz. 15 ff.

34 *Wiechers*, JuS 1979, 847 ff.; *Dencker*, NStZ 1982, 155.

35 *Kleb-Braun*, JA 1986, 260; *Ranft*, JA 1984, 1 ff.

36 *Lenckner/Winkelbauer*, wistra 1984, 83; *Gropp*, JZ 1983, 487 ff.

37 *H.-J. Schroth*, NJW 1981, 729, 732.

38 Kein qualifiziertes Legitimationspapier, § 808 BGB, ebensowenig ein sog. kleines Inhaberpapier (Inhabermarke) i.S.d. § 807 BGB, *vgl. Lenckner/Winkelbauer*, wistra 1984, 83, 85.

digt werden kann, wenn sie es unterläßt, den Geldautomaten für den Kontoinhaber zu sperren."[39]
In der Rechtsprechung wurde eine Strafbarkeit wegen Diebstahls einer geringwertigen Sache an der Karte bzw. eine Strafbarkeit wegen Diebstahls in einem besonders schweren Fall gem. § 243 Abs. 1 S. 2 Nr. 2 StGB an dem Geld angenommen.[40] Teilweise wurde eine Verurteilung wegen Unterschlagung am abgehobenen Geld ausgesprochen,[41] wenn nicht gar eine Strafbarkeitslücke angenommen wurde.[42]
Das unbefugte - weil ohne Kontodeckung - Abheben des Geldes durch den Karteninhaber selbst wurde teilweise als Unterschlagung angesehen.[43] Andere Gerichte sahen hierin eine Strafbarkeit wegen Diebstahls[44], während teilweise auch hier eine Strafbarkeitslücke[45] bejaht wurde.

Die falsche Programmierung einer EDV-Anlage unterfiel wie die falsche Dateneingabe auch nicht § 268 StGB[46], da sie insbesondere keine störende Einwirkung auf den Aufzeichnungsvorgang (§ 268 Abs. 3 StGB) darstellte.[47] Die technische Übertragung eines gedanklichen Befehls auf ein technisches Gerät geschah nicht zum Zwecke des Beweises, sondern zum Zwecke der elektronischen Verarbeitung, so dass es am Urkundencharakter mangelte.
Eindeutig gegen die Norm des § 268 StGB verstießen nur die Konsoleingriffe[48], die kriminologisch jedoch ohne Bedeutung waren.[49]

---

39 *Lenckner/Winkelbauer*, wistra 1984, 83, 85: hier klingt zumindest leise eine Mitverantwortung der Banken an.

40 BayObLG, NJW 1987, 663 und 665; LG Köln, NJW 1987, 667 = CR 1987, 701; AG Kulmbach, NJW 1985, 2282; auch das AG Gießen (NJW 1985, 2283) bejaht eine diesbezügliche Strafbarkeit gem. § 242, prüft aber anscheinend nicht § 243. Andererseits schließt es eine Strafbarkeit wegen Betruges, Automatenmißbrauches und Unterschlagung ausdrücklich aus.

41 So BGHSt 35, 152; OLG Stuttgart, NJW 1987, 666; LG Oldenburg, NJW 1987, 667.

42 AG Stuttgart, NJW 1986, 2653; AG München, wistra 1986, 268; OLG Hamburg, NJW 1987, 336.

43 AG Berlin-Tiergarten, wistra 1984, 114; ebenso AG Hamburg, NJW 1986, 945.

44 LG Karlsruhe, NJW 1986, 948.

45 OLG Schleswig, NJW 1986, 2652.

46 Zum Streit, ob § 268 auf die EDV anwendbar ist vgl. *Lampe*, GA 1975, 1, 6 f.

47 *Lampe*, GA 1975, 1, 14; *v. zur Mühlen/Scholten*, NJW 1971, 1642, 1643; a.A. *Wiesel*, data report 1973, 24, 27.

48 Das sind v.a. die Eingriffe, die unmittelbar über die Tastatur des Computers erfolgen. *Müller* (1999, 27 f.) sieht dies als zu eng an.

49 *Lampe*, DSWR 1974, 242 f.; *Lampe* sah dies später (GA 1975, 1, 12 f.) als "unbedenklich" an, da einem EDV-Produkt kein gesetzlich festgelegter Beweiswert zukomme. *Sieber* (JZ 1977, 411, 412; ähnlich schon in DSWR 1974, 245, 248) zog den Urkundenbegriff weiter, stellte aber dennoch erhebliche Strafbarkeitslücken fest.

Auch eine Bestrafung gemäß § 267 StGB schied aus, da ein Programm primär als Arbeitsanweisung für den Computer anzusehen war, die dem Rechner vorschrieb, welche Schritte in welcher Reihenfolge von ihm vorgenommen werden sollten. Das Programm war daher nicht geeignet und bestimmt, im Rechtsverkehr Beweis zu erbringen. Zudem wurde eine Strafbarkeit aus § 267 StGB deswegen abgelehnt, weil eine Maschine kein Hersteller sei[50] und die Daten nicht visuell erkennbar sind.[51]

Das Ausspähen von Daten war nicht im Strafgesetzbuch nicht erfaßt.[52] Ein Diebstahl lag deshalb nicht vor, weil die entwendete Software keine Sache im Sinne des § 242 StGB war; ebensowenig war § 248 c StGB einschlägig.

Einschlägig war lediglich § 17 UWG, welcher allgemein den Verrat von Geschäfts- oder Betriebsgeheimnissen unter Strafe stellte. Gleichwohl erschienen die Grenzen des Strafschutzes in § 17 Abs. 1 UWG zu eng abgesteckt, was sich dann zeigte, wenn der Täter erst nach Ablauf des Dienstverhältnisses oder nicht zu Zwecken des Wettbewerbes, sondern beispielsweise aus ideologischen Motiven heraus Wirtschaftsgeheimnisse verriet. Zudem bestand ein Antragserfordernis, § 22 Abs. 1 S. 1 UWG, und eine Rücknahmemöglichkeit, § 22 Abs. 2 UWG.[53]

Auch eine Strafbarkeit wegen Sachbeschädigung gemäß § 303 StGB war umstritten, wenn der Täter Daten löschte.[54] Sofern es sich um Angriffe auf die Hardware handelte, war dieses Verhalten bereits nach geltendem Recht als Sachbeschädigung, Diebstahl oder bei Manipulationen an der Hardware als störende Einwirkung auf den Aufzeichnungsvorgang nach § 268 Abs. 3 StGB[55] strafbar.

Auch der Zeitdiebstahl[56] konnte nicht unter die Tatbestände der §§ 246, 248 c, 263 oder 265 a gefasst werden.[57] Er war ein Fall des Gebrauchsdiebstahl (furtum

---

50 *V. zur Mühlen*, 1973, S. 109; a.A. *Sieber*, Computerkriminalität, 2.A., 292.
51 Schlußbericht der Kommission, S. 152.
52 *Lampe*, GA 1975, 1, 19; vgl. auch *Wiesel*, data report 1973, 24, 27.
53 *Lampe*, GA 1975, 1, 20; vgl. *ders.*, DSWR 1974, 242, 243; 1974 und 1986 wurden diese Kritikpunkte umgesetzt.
54 Das Löschen eines Tonbandes war als ein solches Beispiel einer Sachbeschädigung in der Literatur anerkannt worden, vgl. *Lampe*, GA 1975, 1, 16 m.w.N., der sich selbst gegen diese Auffassung aussprach. Vgl. auch unten § 2C.III am Anfang.
55 *Lampe*, GA 1975, 1, 17.
56 Darunter fällt die mißbräuchliche Benutzung von EDV-Anlagen durch Befugte oder Unbefugte.
57 *Lampe*, GA 1975, 1, 23; so auch *Wiesel*, data report 1973, 24, 27.

usus) und somit nach geltendem Recht (vgl. § 248 b StGB) nicht strafbar.[58] Lediglich eine Anwendbarkeit des Untreuetatbestandes kam in Betracht, wenn der Täter die Pflicht zur Vermögensbetreuung hatte und er die ihm eingeräumte Befugnis zur Nutzung des Programms treuwidrig weiterleitete.

C. Ansichten innerhalb der Literatur bezüglich einzelner Deliktsgruppen

Die Literatur hatte schon frühzeitig die Computerkriminalität nach ihren verschiedenen Begehungsweisen unterteilt. Erstmals beschäftigte sich aus juristischer Sicht – soweit ersichtlich – *v. zur Mühlen* mit den Problemen der Computerkriminalität.[59] Er unterschied seine tatsächlich passierten Beispielsfälle der verschiedenen Manipulationsarten oder der mißbräuchlichen Benutzung des Computers nach Betrugs- und Unterschlagungshandlungen, Wirtschaftsspionage per Computer, mißbräuchliche Nutzung des Computers durch Befugte sowie Sabotage im EDV-Bereich.[60] Damit traf er eine erste grundsätzliche Unterscheidung. In seinem 1973 erschienenen Buch differenzierte er dann zwischen Manipulation, Spionage, Sabotage und Zeitdiebstahl.[61] Diese Einteilung bot lange Zeit eine sinnvolle Arbeitsgrundlage, da sie das neue und noch unerforschte Phänomen der Computerkriminalität realitätsnah, d.h. an der tatsächlichen Delinquenz orientiert, beurteilte und wurde deshalb von der Literatur übernommen. Sie soll auch der folgenden Untersuchung der Ansichten innerhalb der Literatur zugrunde gelegt werden.[62]

---

58 So auch *Sieber*, Computerkriminalität, 2.A., 191.

59 *V. zur Mühlen*, NJW 1971, 1642 f.; *ders.*, DB 1971, 1045 ff. Dabei stellte *v. zur Mühlen* (DB 1971, 1045; 1973, 20 und 22) aber auch fest, dass die Unternehmen sich nur selten über die Überwachung der Tätigkeit der Geräte Gedanken machten. Auch die Hersteller von EDV-Anlagen hätten es versäumt, Programme zur Verhinderung missbräuchlicher Nutzung zu entwickeln.

60 *V. zur Mühlen*, DB 1971, 1045, 1046 ff.

61 *V. zur Mühlen*, 1973, 18 f.

62 *Sieber* (DSWR 1974, 245 f.) untergliederte das Thema Computerkriminalität in den Bereich der tatsächlichen Erscheinungsformen der Computerkriminalität (kriminologischer Aspekt) und in den Bereich der Möglichkeit ihrer Prävention. Als Prävention dienten innerbetriebliche Maßnahmen (betriebswirtschaftlicher Aspekt), die gesetzliche Normierung von Mindestanforderungen solcher Maßnahmen (wirtschaftsrechtlicher Aspekt) und die Mittel des Strafrechts (strafrechtlicher Aspekt). Die tatsächlichen Erscheinungsformen wurden nach fünf verschiedenen Arten kriminellen Handelns unterschieden: Manipulationen, Zeitdiebstahl, Verletzungen des Urheberpersönlichkeitsrechts, Wirtschaftsspionage mit Hilfe der EDV sowie Sabotage im EDV-Bereich. Der Bereich des Datenschutzes wurde ausgeklammert.

Lampe, dessen Aufsatz[63] der damaligen Kommentarliteratur[64] als "Leitartikel" diente, analysierte dann erstmals ausführlich die verschiedenen Begehungsvarianten der Computerkriminalität. Das Material wurde von ihm in die vier bereits von *v. zur Mühlen* entwickelten Fallgruppen unterteilt.

I. Computermanipulation

Unter dem Begriff der Computermanipulationen wurden die Fälle der Datenveränderungen dargestellt.[65] Dass die damaligen Rechtsvorschriften, allen voran §§ 263, 266, 267, 268 StGB sowie § 17 UWG und 106 UrhG, nicht ausreichten, um die Fälle des Mißbrauchs von EDV-Anlagen zu erfassen, wurde frühzeitig festgestellt. Für eine Vielzahl der Fälle mußte eine Straflosigkeit konstatiert werden.[66]

Lampe unterschied bei der Datenverarbeitung drei Arbeitsphasen, in deren Ablauf durch fälschende Manipulationen eingegriffen werden konnte, nämlich die Eingabe-, Verarbeitungs- und Ausgabephase.[67] Er untersuchte anhand von Beispielsfällen die jeweilige Strafbarkeit und stellte dabei fest, dass bei Fälschungen in der Eingabephase[68] in den Fallkonstellationen, in denen kein Entscheidungsprozeß eines Menschen stattfindet, eine Betrugsstrafbarkeit gem. § 263 StGB mangels Erregung eines Irrtums und mangels einer Vermögensverfügung

---

63 *Lampe,* GA 1975, 1 ff.

64 Vorreiter in der Kommentarliteratur war jedoch *Dreher* in seiner 33. Auflage, 1972, der sich v.a. auf den Artikel von *v. zur Mühlen/Scholten,* NJW 1971, 1642, stützt. Schon in der 32. A., 1970, § 268, 3 C, heißt es unter Berufung auf Prot. V 2412, 2415 zu Absatz 3 und dem Stichpunkt "störende Einwirkung auf den Aufzeichnungsvorgang", dass diese den maschinellen Vorgang als solchen beeinflussen muß und daher die täuschende Beschickung des Geräts, z.B. das "Füttern" eines Computers mit falschen Daten, keine derartige Einwirkung sei.
In den weiteren Kommentaren findet sich erst 1976 ein erster Hinweis auf die Computerkriminalität: "An einer falschen Vorstellung über die Wirklichkeit fehlt es i.d.R. beim Automatenmißbrauch (vgl. aber § 265 a), häufig bei falscher Dateneingabe oder Programmierung von Computern (zusammenfassend Lampe GA 75, 1) ..." (*Lackner,* 10.A., 1976, § 263, Rz. 4 a). Ebenso *Dreher,* 36.A., 1976, § 263, Rz. 18: "Auch bei falscher Information eines Computers scheidet § 263 aus, wenn nicht im Ergebnis doch ein Mensch getäuscht werden soll; vgl. *Lampe* GA 75, 3." *Sch/Sch* verweist in seiner 18.A., 1976, nur auf den Aufsatz von Lampe, GA 1975, 1 ff.

65 Vgl. *Sieber,* Computerkriminalität, 2.A., 40.

66 So *v. zur Mühlen,* NJW 1971, 1642; *ders.,* 1973, 109; *Lampe,* DSWR 1974, 242.

67 *Lampe,* GA 1975, 1, 2.

68 Ausgeführt hauptsächlich durch Manipulationen an oder mit Hilfe von Belegen.

ausschied.[69] Er kam zu dem Ergebnis, dass bislang weit eher als der Betrugstatbestand der Untreuetatbestand des § 266 2. Alt. StGB den allgemeinen Schutz der EDV gegen Mißbrauch übernehmen könnte; nur setze das voraus, dass man die Täter hauptsächlich im Kreise derer zu suchen hätte, denen eine Pflicht obliege, fremde Vermögensinteressen zu betreuen. Insoweit bestünden aber erhebliche Zweifel - einmal, weil noch nicht genügend kriminologisches Material über EDV-Täter vorliege, zum anderen, weil die Ergebnisse der Rechtsprechung abgewartet werden müßten, welche der Tätergruppen mit einer Treuepflicht gegen den Betrieb belastet seien.[70]

Kriminalpolitisch als bedenklich sah *Lampe* die mangelnde Strafbarkeit wegen Betrugs an. Als Argument zog er eine Parallele zu § 265 a StGB:[71] Die Fälle der Dispositionserschleichung unterschieden sich von den in § 265 a StGB geregelten vor allem im subjektiven Bereich: der Täter handele nicht in der von § 265 a StGB vorausgesetzten "Absicht, das Entgelt nicht zu entrichten". Das könne aber für die Strafwürdigkeit der Tat keinen Unterschied bedeuten; denn der Täter besitze statt dessen die Absicht, sich einen rechtswidrigen Vermögensvorteil zu verschaffen, und diese Absicht sei gemäß § 263 StGB mindestens ebenso strafwürdig. De lege ferenda sei daher eine Bestrafung der "Dispositionserschleichung" im Anschluß an § 265 a StGB zu erstreben.

Als weitaus gefährlicher als die Eingabefälschung sah *Lampe* Fälschungen in der Verarbeitungsphase[72] an, da diese Programmfälschung meistens eine ständige Fälschung der Ergebnisse bewirke.[73] Er verwies damit auf die für die Computerkriminalität typische Permanenz der Tat, d.h. die häufige Wiederholungsmöglichkeit der Manipulationen bzw. den Automatismus der Tat. Strafrechtlich würden sich jedoch nur wenige Besonderheiten gegenüber der Eingabefälschungen ergeben. § 268 StGB sei nicht anwendbar.[74]

Fälschungen in der Ausgangsphase (Output-Fälschungen) sind möglich durch Veränderungen an der Hardware und durch manuelle Eingriffe in den Programmablauf wie Ausdruckverhinderung, -wiederholung und teilweise -

---

69 *Lampe*, GA 1975, 1, 3 ff. sowie 12. Die bei der Benutzung von EDV-Anlagen vor allem im Bereich des Betrugs auftretenden Strafbarkeitslücken könnten nach seiner Meinung nicht durch eine Erweiterung de lege ferenda des ohnehin zu weit gefaßten Betrugstatbestandes dadurch geschlossen werden, dass man etwa auf das Merkmal des Irrtums verzichte (*Lampe*, DSWR 1974, 242, 244).

70 *Lampe*, DSWR 1974, 242, 243; *ders.*, GA 1975, 1, 5 sowie 12.

71 *Lampe*, GA 1975, 1, 13.

72 Beispielsweise durch das bewußte Verändern, Hinzufügen oder Löschen von Programmierungen.

73 *Lampe*, GA 1975, 1, 13.

74 Siehe oben bei Fn. 47.

unterdrückung.[75] Diese Fälle sollten nach *Lampe* de lege ferenda aus dem Bereich der Urkundenstraftaten (§ 268 Abs. 3 StGB) herausgenommen und als Betrugstaten erfaßt werden.

Er schlug letztendlich eine Strafvorschrift für Straftaten vor, "deren Kennzeichen es allemal ist, dass eine Vermögensdisposition unter mißbräuchlicher Verwendung eines Computers erschlichen wird".[76] Dieser Vorschlag war dem Wortlaut des § 263 StGB angenähert, lediglich die Tathandlungen wurden den damals vorkommenden Begehungsweisen der Computerkriminalität angepaßt. Unverkennbar wurde mit dem Begriff des "Erschleichens" auch auf den Tatbestand des § 265 a StGB zurückgegriffen. Das Erschleichen setzte bei § 265 a StGB das Umgehen oder Ausschalten von Sicherheitsvorkehrungen gegen unbefugte Benutzung ohne Wissen des Berechtigten voraus.[77] Diese Vorkehrungen mußten demnach so beschaffen sein, dass sie eine äußerlich erkennbare Legitimation erforderten.[78] Das Zurückgreifen auf diesen Tatbestand hätte den Vorteil gehabt, dass der Straftatbestand des Computerbetrugs eingeschränkt wird.[79]
In einem Gutachten für die Sachverständigenkommission variierte *Lampe* dann seinen Vorschlag, der damit mit dem u.a. von ihm selbst vorgelegten § 202 AE 1977 ("Mißbrauch von Datenverarbeitungsanlagen") übereinstimmte.[80]

Als Begründung wurde zu § 202 AE 1977 angeführt[81], dass der strafrechtliche Schutz gegen Fehldispositionen, die mit Hilfe von Datenverarbeitungsanlagen

---

75 *Lampe*, GA 1975, 1, 17.

76 *Lampe*, GA 1975, 1, 19: vorgeschlagene Strafvorschrift im Anschluß an § 263:
1. Wer in der Absicht, sich oder einem Dritten einen rechtswidrigen Vermögensvorteil zu verschaffen, das Vermögen eines anderen dadurch beschädigt, dass er durch Eingabe falscher Daten oder Programme oder in sonstiger Weise die selbsttätige Verfügung eines technischen Gerätes erschleicht, wird mit ... bestraft.
2. Der Versuch ist strafbar.
3. Wer die Tat gegen Angehörige, Vormünder oder Erzieher begeht, ist nur auf Antrag zu verfolgen. Die Zurücknahme des Antrags ist zulässig.

77 *Lackner/Kühl*, 23.A., § 265 a, Rz. 6.

78 *Tröndle/Fischer*, 50.A., § 265 a, Rz. 3.

79 Vgl. zur Beschränkung des Tatbestandes auch unten bei Fn. 572.

80 Tagungsbericht, Band 12, Anl. 3, S. 26; vgl. auch *Frey*, S. 227 ff.
(1) Wer in der Absicht, sich oder einen Dritten rechtswidrig zu bereichern, bewirkt, dass durch die selbsttätige Verfügung einer Datenverarbeitungsanlage einem anderen ein Vermögensschaden zugefügt wird, wird mit Freiheitsstrafe bis zu fünf Jahren oder mit Geldstrafe bestraft, wenn die Tat nicht in § 263 StGB mit Strafe bedroht ist.
(2) Der Versuch ist strafbar.
(3) §§ 247 und 248 a gelten entsprechend.

81 Alternativ-Entwurf eines Strafgesetzbuches, BT, Straftaten gegen die Wirtschaft, 1977, S. 111; vorgelegt von *Lampe, Lenckner, Stree, Tiedemann* und *Weber*.

verursacht werden, lückenhaft sei. Kriminalpolitisch sei eine Ausfüllung dieser Lücke erforderlich. Die Zahl der Computerdelikte würde steigen. Die Firmen würden sich hiergegen bereits durch Kontrollmaßnahmen absichern; doch würde diese Sicherung allein nicht ausreichen. Sie sei vielmehr durch ein strafrechtliches Verbot zu ergänzen, das - neben der Betriebssabotage, vgl. § 179 AE-StGB - den Mißbrauch des Vertrauens, das der richtigen Arbeitsweise und den wahren Ergebnissen von Datenverarbeitungsanlagen entgegengebracht wird, soweit unter Strafe stelle, als hierfür ein legitimes Interesse anzuerkennen sei.

Damit wurde frühzeitig auf den Gedanken der Prävention hingewiesen, gleichzeitig aber – allerdings ohne genauere Begründung – betont, dass diese allein nicht ausreichen könne. Gerade an dieser Stelle hätte man aber wesentlich umfangreicher und tiefgehender auf das Verhältnis zwischen Möglichkeiten der Prävention und der Notwendigkeit strafrechtlichen Schutzes eingehen müssen. Die pauschale Begründung, dass der Selbstschutz nicht ausreiche, und deswegen ein strafrechtliches Verbot erforderlich sei, kann nicht überzeugen.

II. Computerspionage

Die Datenspionage stellte nach Ansicht von *Lampe* eines der gefährlichsten Wirtschaftsdelikte dar, weil elektronisch zu verarbeitende Daten auf engstem Raum gespeichert werden und leicht auf andere Datenträger zu übertragen seien.[82] Sie sei im Strafgesetzbuch nicht erfaßt.[83] Insbesondere unterfalle diese Art der Delinquenz nicht dem Diebstahlstatbestand, etwa indem man in Anwendung der Sachwerttheorie argumentiere, dass sich der Täter zumindest den in der Sache verkörperten Sachwert zueigne, indem er den Datenträger kopiere und anschließend wieder zurückgebe.[84] M.E. resultiert aus der Dublizierbarkeit von

Das gegenüber der vorherigen Fassung Weglassen der genauen Tathandlungen ("selbsttätige Verfügung einer Datenverarbeitungsanlage") ergibt allerdings einen zu ungenauen Straftatbestand. Und die Subsidiaritätsklausel in Absatz 1 ruft vor allem dann schwierige Abgrenzungsfragen hervor, wenn unklar ist, ob im Datenverarbeitungsprozeß ein Mensch als Entscheidungsträger zwischengeschaltet war. Die Subsidiaritätsklausel wurde aus diesem Grund später wieder gestrichen, siehe hierzu unten bei Fn. 133.

82 *Lampe*, GA 1975, 1, 19; vgl. *ders.*, DSWR 1974, 242, 243.

83 Siehe oben bei Fn. 52.

84 Vgl. *Sieber*, Computerkriminalität, 2.A., 190 m.w.N., der diese Problematik jedoch nicht als computerspezifische, sondern als eine beispielsweise auch beim Kopieren von Geschäftsunterlagen diskutierte und umstrittene Frage ansieht.

Informationen die fehlende "Enteignungskomponente" und die Nichtanwendbarkeit des § 242 StGB beim Kopieren von Daten und Informationen.[85]

Einschlägig sei nach *Lampe* lediglich § 17 UWG.[86] Die Strafdrohung wurde als zu gering eingestuft, als dass sie den wirtschaftlich denkenden Täter abschrecke. Deswegen sei § 17 UWG grundsätzlich neu zu fassen.[87]

Sieber sah die im Bereich der Computerspionage aufgetretenen strafrechtlichen Probleme, insbesondere im Bereich der §§ 17 ff. UWG, als allgemein wirtschaftsstrafrechtliches Problem,[88] nicht aber als computerspezifisches. Diese Fälle würden bei der Reform der Verratsvorschriften des UWG eine nicht die allein entscheidende Rolle spielen.[89]

Die Analyse der damaligen Literatur ergibt damit, dass die Gefahr der Computerspionage zwar erkannt, aber ihre Bekämpfung unterschiedlich gesehen wurde.

III. Computersabotage

Ausgelöst wurde die Diskussion um den Tatbestand der Computersabotage, bei der sich der Angriff gegen die EDV selbst richtet, vor allem durch die Frage, ob das Löschen einer Instruktion auf einem Magnetband als Sachbeschädigung strafbar ist. Das Löschen eines Tonbandes ist als ein solches Beispiel einer Sachbeschädigung in der Literatur anerkannt worden.[90] Diese Auslegung der Strafvorschrift erschien *Lampe* allerdings zu extensiv und vom Normzweck nicht mehr gedeckt zu sein[91]: Das Magnetband sei nach wie vor Informationsträger. Zerstört sei lediglich die Information, die es trägt; diese aber sei immaterieller Natur und daher nicht Schutzgut einer Norm gegen die Beschädigung materieller Substanz.[92] Jedenfalls müsse man sich die Frage stellen, ob die Sach-

85 Durch das 2. WiKG wurde auch § 17 UWG so gefaßt, dass nunmehr das Kopieren von Geschäfts- und Betriebsgeheimnissen unzweifelhaft erfaßt ist, vgl. BT-Drs. 10/5058, S. 40.

86 Siehe oben bei Fn. 53.

87 *Lampe*, GA 1975, 1, 20; vgl. *ders.*, DSWR 1974, 242, 243.

88 Vgl. auch Tagungsbericht, 12. Band, S. 17 sowie Empfehlung Nr. 20, S. 97 f.

89 *Sieber*, Computerkriminalität, 2.A., 189 f.

90 *Lampe*, GA 1975, 1, 16 m.w.N.

91 *Lampe*, GA 1975, 1, 16 m.w.N.

92 Gegen diese Argumentation von *Lampe* wendet sich *Sieber*, Computerkriminalität, 2.A., 192: Tatobjekt sei beim Löschen von Magnetbändern das aus einer Kunststoffschicht und einer Vielzahl von magnetisierbaren Kleinstteilchen (sog. Dipolen) bestehende Band. Bei dessen Löschen werden diese Dipole so geändert, daß sowohl in die Substanz des Bandes eingegriffen als auch dessen Funktion zerstört wird.

beschädigung nicht im konkreten Fall dadurch ausgeschlossen sei, dass der Täter generell die Befugnis zu Programmänderungen hatte und diese Befugnis lediglich in concreto mißbrauche.[93]

Ob für diese Art der Kriminalität auch typisch war, dass Zweck des Angriffs die Störung des Geschäftsbetriebes als solcher war,[94] mag zweifelhaft sein. Hier schien man m.E. zu sehr von politisch oder ideologisch motivierten Tätern auszugehen. Allerdings wurden aufgrund der damals ausschließlich bestehenden Großrechenanlagen nur Unternehmen und deren Rechenzentren betroffen.[95] *Lampe* ging davon aus, dass über den unmittelbaren Schaden hinaus ein erheblich weiterer Schaden im Produktionsprozeß verursacht werde, äußerstenfalls sogar der Untergang des Betriebs insgesamt folge.[96] Konsequenterweise legte er dar, dass eine solche Tat, die den Betrieb als Ganzes treffen soll, nur zweitrangig dem Sacheigentum gelte. In erster Linie gelte sie dem eingerichteten und ausgeübten Gewerbebetrieb. Deshalb bedurfte es nach seiner Meinung dringend eines allgemeinen Sabotageparagraphen, der Taten gegen den Gewerbebetrieb als solchen unter Strafe stellt.[97] Damit solle das Strafrecht die Entwicklung des Zivilrechts nachvollziehen.

Sieber sah in der Computersabotage wieder nur ein allgemein strafrechtliches Problem.[98] *Tiedemann*[99] hielt einen Sondertatbestand der Computersabotage für überflüssig, wollte aber bei der Einführung eines allgemeinen Straftatbestandes der Betriebssabotage diese miteinbeziehen. Die Sachverständigenkommission sah in der Sabotage ebenso noch kein unbedingt regelungsbedürftiges, computerspezifisches Problem, da diese durch bestehende Vorschriften noch zufriedenstellend abgedeckt sei.[100] Allerdings gab sie eine entsprechende Prüfungsempfehlung ab.[101]

---

93 *Lampe*, GA 1975, 1, 16.
94 *Lampe*, GA 1975, 1, 22.
95 Deshalb wurde auch mit § 303 a und § 303 b eine Unterscheidung getroffen worden. § 303 b schützt nun vor dieser Art der Kriminalität. Es wird aber keine Störung der geschützten Einrichtung im ganzen fordert (vgl. *Lackner/Kühl*, 23.A., § 303 b, Rz. 6).
96 *Lampe*, GA 1975, 1, 22.
97 *Lampe*, GA 1975, 1, 22, Fn. 67, verweist dabei auf § 316 b StGB (Störung öffentlicher Betriebe). In § 179 AE-Wi StGB (1977) sollte dementsprechend ein Straftatbestand für die Wirtschaftssabotage erlassen werden, der den Strafschutz auf alle schwerwiegenden Funktionsbeeinträchtigungen eines Wirtschaftsbetriebs, insbesondere auf Störungen des betrieblichen Arbeitsablaufes erweitert.
98 *Sieber*, Computerkriminalität, 2.A., 192; *ders.*, BB 1982, 1433, 1442.
99 *Tiedemann*, WM 1983, 1326, 1329.
100 Vgl. Tagungsbericht, 12. Band, S. 17.
101 Tagungsbericht, 12. Band, S. 95 ff.

Die Computersabotage erschien somit noch nicht so bedeutend, als dass man diese eigens strafrechtlich erfassen wollte. Diese Meinung änderte sich erst im Laufe des Gesetzgebungsverfahrens zum 2. WiKG.[102]

IV. Zeitdiebstahl

Ebenfalls problematisch war die Beantwortung der Frage, ob auch der sog. "Zeitdiebstahl", d.h. die mißbräuchliche Benutzung von EDV-Anlagen durch Befugte oder Unbefugte, unter Strafe zu stellen sei.

Diese Tat wurde nach geltendem Recht als nicht strafbar gesehen.[103] Sofern der unbefugte Gebrauch dazu führe, dass dem Unternehmen eine Nutzungsgebühr entgehe oder Aufwendungen gemacht werden müßten, bestand für *Lampe* an der Strafwürdigkeit einer solchen Tat kein Zweifel.[104] Die Strafbarkeit des furtum usus im künftigen Recht würde den unbefugten Gebrauch aller hochwertiger Industriegüter umfassen müssen, eingeschränkt allerdings auf die Fälle, wo dem Berechtigten durch den Gebrauch ein erheblicher Vermögensschaden entstehe.[105]
Wenn der Schaden dagegen nur in einem geringen Stromverbrauch oder in einer geringen Abnutzung des Geräts läge, dessen Kapazität sonst ungenutzt bliebe, stand nach *Lampe* nicht die Verletzung fremden Vermögens im Vordergrund, sondern der ungerechtfertigte Vorteil, den der Täter aus der Nutzung des Geräts zieht. Die Tat stehe daher der Leistungserschleichung des § 265 a StGB weitaus näher, so dass de lege ferenda eine Strafbestimmung in diesem Zusammenhang zu erwägen sei. Es müsse ein Sondertatbestand der "Dispositionserschleichung" geschaffen werden, der auch jene Fälle der "Leistungserschleichung" umfasse, die bislang nicht unter § 265 a StGB fielen, weil die Leistungen des Computers nicht öffentlich angeboten werde.[106] Beim unbefugten Gebrauch von Daten- oder

[102] Siehe unten bei Fn. 150 ff.

[103] Siehe oben bei Fn. 57 f.

[104] *Lampe*, GA 1975, 1, 23; so auch *v. zur Mühlen* in dem von ihm geschilderten Fall des Zeitdiebstahls, den er unter den Treuebruchstatbestand subsumiert, da das Unternehmen dem Herstellerwerk eine zeit- und leistungsabhängige Miete zu entrichten hatte.

[105] *Sieber* sieht wie bei der Computerspionage und -sabotage auch beim Zeitdiebstahl eher eine allgemeine wirtschaftsstrafrechtliche und keine computerspezifische Fragestellung, nämlich die der "Strafwürdigkeit des (zu einem Schaden führenden) furtum usus von Industriegütern" (*Sieber*, Computerkriminalität, 2.A., 191; *ders.*, BB 1982, 1433, 1442; vgl. auch Tagungsbericht, 12. Band, S. 17 sowie Empfehlung Nr. 21, S. 98 ff.).

[106] *Lampe*, DSWR 1974, 242, 244; zustimmend *Sieber*, DSWR 1974, 245, 249; später sprach sich *Lampe* (GA 1975, 1, 23) dafür aus, dass de lege ferenda eine Strafbestimmung im Zusammenhang mit § 265 a zu erwägen sei.

Programmträgern würden darüber hinaus die Strafvorschriften des UWG und UrhG anwendbar sein.[107]

V. Urkundenfälschung

Bei Programmanipulationen wurde auch eine Strafbarkeit wegen Urkundenfälschung diskutiert. Hier wurde eine Bestrafung gemäß § 267 StGB teilweise von vornherein ausgeschlossen.[108] Hingegen wurde von *Sieber* richtigerweise festgestellt, dass z.B. Lochkarten Urkunden im Sinne von § 267 StGB sind und zumindest in den Fällen der Manipulationen durch nicht zuständige und externe Bearbeiter § 267 StGB bejaht werden kann.[109]

Ebenso sollte eine Strafbarkeit gemäß § 268 StGB nicht gegeben sein.[110]

Dennoch wurde eine weitergehende Pönalisierung der Computerkriminalität durch Sondertatbestände auch im Bereich der Urkundenfälschung anfangs für nicht notwendig erachtet.[111]

VI. Zusammenfassung

Die Literatur erkannte frühzeitig das neue Gefahrenpotential der Computerkriminalität und versuchte, dieses strafrechtlich zu bewerten. Besonders der Betrugsstraftatbestand sollte modifiziert werden, um Computermanipulationen unter Strafe zu stellen. Dic Einführung eigenständiger Straftatbestände gegen Computersabotage, Computerspionage und die Fälschung beweiserheblicher Daten wurde erst später aufgeworfen. Dies lag vor allem daran, dass derartige Mißbrauchsfälle nur selten passierten und die auftretenden Strafbarkeitslücken durch Reformen anderer Gesetzesvorschriften wie das UWG geschlossen werden sollten.

---

107 *Lampe*, GA 1975, 1, 23; *ders.*, DSWR 1974, 242, 244.
108 Siehe oben bei Fn. 50.
109 *Sieber*, DSWR 1974, 245, 248; *ders.*, Computerkriminalität, 2.A., 290 ff.
110 Siehe oben bei Fn. 46 ff.
111 *Lampe*, DSWR 1974, 242, 244.

Allerdings sahen nicht alle die neu auftauchenden Fälle als Gefahr. Sie wurde teilweise für eine Reaktion auf die manchmal übertriebene, nicht immer auf gesicherte Quellen beruhende oder sich oft auf die gleichen Fälle beziehende journalistische Berichterstattung zurückgeführt. Teilweise wurde das geltende Recht als (im wesentlichen) ausreichend bezeichnet, zumal es spektakuläre Freisprüche nicht gegeben hätte.[112]

Konkrete Reformvorschläge wurden aber bis zu diesem Zeitpunkt nicht gemacht. Die Literatur begrenzte sich zunächst darauf, Strafbarkeitslücken und Risiken aufzuzeigen.

D. Gesetzgebungsgeschichte des 2. WiKG

Aufgrund der technischen Entwicklung und der geschilderten Probleme in der rechtlichen Bewertung der Fälle der Computerkriminalität sah sich der Gesetzgeber dazu gezwungen, das Strafrecht anzupassen.
Mit dem Zweiten Gesetz zur Bekämpfung des Wirtschaftskriminalität (2. WiKG) vom 15.5.1986[113] wurden folgende Tatbestände mit Bezug auf das Computerstrafrecht in das Strafgesetzbuch aufgenommen: §§ 202 a, 263 a, 266 b, 269, 270, 303 a, 303 b und 303 c StGB.[114] Dieses Gesetz sollte die durch den verstärkten Einsatz der Datenverarbeitung hervorgebrachten neuen Kriminalitätsformen bekämpfen.[115]

---

[112] *Möhrenschlager*, wistra 1986, 128 m.w.N. Sehr kritisch zur Computerkriminalität stand vor allem *Betzl* (DSWR 1972, 317, 318; beachte die darauffolgende Diskussion: *Betzl*, DSWR 1972, 317 ff.; *ders*., DSWR 1972, 475 f.; *ders*., DSWR 1973, 254 ff.; dagegen *Sieben/v. zur Mühlen*, DSWR 1972, 397 ff.; *dies*., DSWR 1973, 252 ff.). Er hielt die Computerkriminalität angesichts der verschwindend wenigen Fälle von Computermanipulationen, die noch dazu von Autor zu Autor tradiert werden, für eine "quantité négligeable". *V. zur Mühlen* stellte hingegen fest, dass die Unternehmen sich nur selten über die Überwachung der Tätigkeit der Geräte Gedanken machten. Auch die Hersteller von EDV-Anlagen hätten es aus verschiedenen Gründen "versäumt, Programme zu entwickeln, die eine mißbräuchliche Benutzung zu verhindern in der Lage gewesen wären".

[113] BGBl I 722; das 1. WiKG (29.7.76) enthielt nur einzelne Tatbestände zur Bekämpfung der Wirtschaftskriminalität, da die Arbeit der Kommission noch nicht beendet war, vgl. BT-Drs. 7/3441, S. 14.

[114] Mir erscheint jedoch die generalisierende Unterwerfung der Computerkriminalität unter die Wirtschaftskriminalität, wie auch immer man sie definieren mag, verfehlt. Denn Fälle von Computerkriminalität können auch im rein privaten Bereich passieren (so auch *Frey*, S. 10 ff., *Lenckner*, S.14, und *Haft*, NStZ 1987, 6).

[115] Daneben sollten auch die in verschiedenen Bereichen sichtbar gewordenen Gesetzeslükken, die sozialschädliche Auswirkungen haben, geschlossen werden. Daher wurden auch Tatbestände beispielsweise zum Kapitalanlagebetrug, zur Fälschung von Vordrucken für Euroschecks und Euroscheckkarten sowie zum Veruntreuen von Arbeitsentgelt erlassen.

Das Gesetzespaket hatte eine lange Entwicklung hinter sich. Schon am 25.7.1972 konstituierte sich aufgrund einer Initiative des Bundesjustizministeriums eine Sachverständigenkommission zur Bekämpfung der Wirtschaftskriminalität, um das durch gesetzliche Reformen Mögliche zu erarbeiten.[116] Von 1972 bis 1979 tagte diese Kommission fünfzehn Mal.

Die Diskussion von Straftatbeständen zur Bekämpfung der Computerkriminalität in den mit der Gesetzgebung befaßten Gremien begann in der Bundesrepublik Deutschland am 13.5.1974 in Bonn mit der Anhörung der Interparlamentarischen Arbeitsgemeinschaft (IPA) zu Fragen der Computerkriminalität.[117] Für den Bereich der Computerkriminalität zeichneten sich zwar schon vor Verabschiedung des 1. WiKG 1976 mögliche Regelungsgehalte ab. Die eigentlichen Vorarbeiten wurden im Bundesjustizministerium aber erst danach aufgenommen.[118]

I. 1. Phase: Diskussion des § 263 a und § 269 StGB

Die Kommission ging zunächst davon aus, dass sowohl im Bereich der Vermögensdelikte als auch im Bereich der Urkundendelikte ein zusätzlicher strafrechtlicher Schutz für gespeicherte Daten notwendig sei.[119] In ihrem Abschlußbericht schlug die Kommission Tatbestände der §§ 263 a, 269 und 270 StGB vor.[120] Des

---

§ 17 UWG, der teilweise auch für die Computerspionage, insbesondere aber bei der Erfassung des Ausspähens von Betriebs- und Geschäftsgeheimnissen Anwendung findet, wurde erweitert.

116 Kritisch stand hierzu *Tiedemann*, da nach seiner Meinung "auch eine solche Kommission nur das bereits bekannte Material etwaigen Reformvorschlägen zugrunde legen könnte" (*Tiedemann*, 49. DJT, C 25).

117 *Sieber*, Informationstechnologie, 31 Fn. 31; *ders.*, DSWR 1974, 245 ff.

118 *Möhrenschlager*, wistra 1986, 123, 124 f.

119 Schlußbericht der Kommission, S. 153 f.

120 § 263 a (Schlußbericht der Kommission, S. 154; Tagungsbericht, 12. Band, S. 77 f.; vgl. auch *Frey*, S. 216 ff.):

(1) Wer in der Absicht, sich oder einem Dritten einen rechtswidrigen Vermögensvorteil zu verschaffen, das Vermögen eines anderen dadurch beschädigt, dass er durch falsche Eingaben in eine Datenverarbeitungsanlage oder durch Einwirkung auf deren Arbeitsablauf eine vermögenswirksame Disposition herbeiführt, wird mit Freiheitsstrafe bis zu fünf Jahren oder mit Geldstrafe bestraft, wenn die Tat nicht in § 263 mit Strafe bedroht ist.

(2) Der Versuch ist strafbar.

(3) § 263 Abs. 3, 4, 5 ist anzuwenden.

weiteren wurden Änderungen der §§ 271 Abs. 1, 273, 274 Abs. 1 und 348 Abs. 1 StGB angeregt.[121] § 263 a StGB setzte nun im Vergleich zu dem Vorschlag von *Lampe* im Gutachten für die Kommission[122] detaillierte Tathandlungen voraus, wodurch der Tatbestand an Kontur gewann. Eine Auffangalternative ("in sonstiger Weise") fehlte. Immer noch wurde jedoch an der Subsidiaritätsklausel festgehalten.

Im Oktober 1978 wurde der 1. Referentenentwurf vorgelegt. Gegenüber den Kommissionsempfehlungen enthielt dieser abgeänderte Formulierungen von Tatbeständen gegen Computerbetrug, gegen Fälschung gespeicherter Daten und gegen Mißbrauch von Scheck- und Kreditkarten.[123] Bei § 263 a StGB (1.RefE 1978) wurden die Tatbestandsalternativen dahingehend abgeändert, dass nun "das Ergebnis eines vermögenserheblichen Datenverarbeitungsvorgangs durch Verwendung falscher oder durch Entstellung oder Unterdrückung wahrer Daten oder durch Einwirkung auf den Programmablauf beeinflußt" werden mußte. Bei § 269 StGB (1.RefE 1978) wurde der Begriff der Daten auch auf magnetisch oder sonst nicht sichtbar gespeicherte Daten erweitert und das Erfordernis eingefügt, dass diese Daten bei einer Verarbeitung im Rechtsverkehr als Beweisdaten für rechtlich erhebliche Tatsachen benutzt werden.
Auch der 1. Referentenentwurf sah jedoch noch keine besonderen Tatbestände für die Computerspionage, die Computersabotage und den Zeitdiebstahl vor, weil diese nicht computerspezifisch seien, die praktische Bedeutung solcher Fälle nicht so groß sei, die Computerspionage durch die vorgesehene Erweiterung des § 17 UWG erfaßt werde und die Computersabotage eventuell über § 274 Abs. 1 Nr. 2 StGB sowie § 303 StGB strafrechtlich verfolgt werden könne.[124] § 265 a StGB sollte wegen seiner ähnlichen Struktur als § 263 b StGB eingestellt werden.

---

§ 269 (Schlußbericht der Kommission, S. 155; Tagungsbericht, 12. Band, S. 86):

(1) Wer zur Täuschung im Rechtsverkehr Daten oder Datenbestände, die über die Dauer eines einzelnen Verarbeitungsprozesses hinaus elektronisch gespeichert und zum Beweis rechtlich erheblicher Tatsachen bestimmt sind, unbefugt verändert oder solche unbefugt veränderten Daten oder Datenbestände gebraucht, wird mit Freiheitsstrafe bis zu fünf Jahren oder mit Geldstrafe bestraft.

(2) Der Versuch ist strafbar.

§ 267 Abs. 3 ist anzuwenden.

§ 270 (Schlußbericht der Kommission, S. 157):

Der Täuschung im Rechtsverkehr steht die fälschliche Beeinflussung einer Datenverarbeitung im Rechtsverkehr gleich.

121 Tagungsbericht, 12. Band, S. 90 ff.

122 Siehe oben § 2C.I.

123 Vgl. hierzu insbesondere 1. RefE, Stand: 20.10.1978, S. 56 f., 108 ff., 112 ff., 122 ff.

124 1. RefE, Stand: 20.10.1978, S. 47 f.

In einem 2. Referentenentwurf wurde § 263 a StGB erneut hinsichtlich der Tatbestandsmerkmale und vor allem hinsichtlich des Strafrahmens umgestaltet.[125] Dieser Vorschlag rief bezüglich seines Strafrahmens zu Recht große Kritik hervor. Denn die Täuschung eines Menschen war mit deutlich geringerer Strafe bedroht als die unbefugte Beeinflussung einer Maschine (Mindeststrafe von 6 Monaten). Problematisch wurde durch diesen Vorschlag auch die Abgrenzung zu § 263 StGB danach, ob nur ein Mensch oder gar ein Computer getäuscht wurde.[126] Eine Geldstrafe war für Normalfälle nicht mehr vorgesehen. Mit der sehr hohen Strafdrohung bis zu 10 Jahren (und nur in minder schweren Fällen bis zu fünf Jahren) versprach man sich eine besondere generalpräventive Wirkung.[127] Doch stand dieser Tatbestand mit diesem Strafrahmen nicht mehr im System der Vermögensdelikte. Als weiteren Grund für die erheblich höhere Rechtsfolge wurden die verhältnismäßig hohen Vermögensschäden vorgebracht. Dagegen wurde das hohe Opfermitverschulden und die geringe kriminelle Energie des Täters nicht oder zumindest nicht ausreichend in die Überlegungen zur Frage der Strafdrohung eingebracht.[128] Unter dem Eindruck der Kritik von *Sieber*[129] und *Lenckner*[130] wurde dieser von *Tröndle*[131] beeinflußte Vorschlag wieder aufgegeben.[132] Die im 2. Referentenentwurf vorgenommene Streichung der Subsidiaritätsklausel in § 263 a StGB erschien hingegen sinnvoll, da so der Praxis die im Zusammenhang mit § 263 StGB voraussichtlich auftretenden rechtstatsächlichen und -dogmatischen Probleme abgenommen wurden.[133] Aus Sicht der Gerichtspraxis ein sicherlich zu begrüßender Schritt, da nunmehr selbst bei eindeutigem Vorliegen des § 263 a StGB nicht noch § 263 StGB zu prüfen ist.

---

[125] § 263 a 2.RefE (1979) (*Lenckner*, Computerkriminalität und Vermögensdelikte, S. 37):

(1) Wer in der Absicht, sich oder einem Dritten einen rechtswidrigen Vermögensvorteil zu verschaffen, das Vermögen eines anderen dadurch beschädigt, dass er das Ergebnis eines Datenverarbeitungsvorgangs durch unrichtige Gestaltung des Programms oder Einwirkung auf seinen Ablauf oder durch Verwendung unrichtiger oder unvollständiger Daten beeinflußt, wird mit Freiheitsstrafe von sechs Monaten bis zu zehn Jahren bestraft.

(2) Der Versuch ist strafbar.

(3) In minder schweren Fällen ist die Strafe Freiheitsstrafe bis zu fünf Jahren oder Geldstrafe.

[126] *Lenckner*, Computerkriminalität und Vermögensdelikte, S. 39 f.; *Sieg*, JURA 1986, 352, 361.

[127] Vgl. *Lenckner*, Computerkriminalität und Vermögensdelikte, S. 38.

[128] *Sieg*, JURA 1986, 352, 361.

[129] *Sieber*, Computerkriminalität, 2.A., 2/37.

[130] Vgl. *Lenckner*, Computerkriminalität und Vermögensdelikte, S. 37 f.

[131] *Tröndle* hielt eine Vorschrift über den Computerbetrug nur dann für sinnvoll, wenn Computermanipulationen durch eine höhere Strafdrohung aus der normalen Vermögenskriminalität deutlich herausgehoben sind (zitiert in *Lenckner*, S. 37 f.). Ferner stützte *Tröndle* seinen Vorschlag auf die besondere Raffinesse der Täter (zitiert in *Sieber*, Computerkriminalität, 2.A., 2/37).

[132] *Möhrenschlager*, wistra 1986, 128, 129.

[133] Vgl. *Sieber*, Computerkriminalität, 2.A., 2/38.

Uneinigkeit bestand auch darüber, wo der Computerbetrug loziert werden sollte. Neben der Schaffung eines neuen Paragraphen gab es auch die Möglichkeit, einen neuen Absatz 2 in § 263 StGB einzufügen. Dadurch sollte der Computerbetrug enger mit dem Betrugstatbestand verknüpft und klargestellt werden, dass allein die entstandene Lücke geschlossen werden sollte, weil aufgrund der technischen Entwicklung nicht mehr nur Menschen, sondern auch Maschinen überlistet wurden.[134] Oder es sollte der Betrugstatbestand in seinem Anwendungsbereich völlig unverändert belassen und nur redaktionell eine neue Nr. 2 für den Computerbetrug eingefügt werden.[135] Letztendlich sind beide Alternativen hinsichtlich einer Umgestaltung des § 263 StGB jedoch als gleichwertig anzusehen.

Die Schwierigkeit bei der Schaffung des Computerbetruges bestand vor allem darin, anstelle der auf den Menschen zugeschnittenen Tatbestandsmerkmale "unter Vorspiegelung falscher oder durch Entstellung oder Unterdrückung wahrer Tatsachen einen Irrtum erregt oder unterhält" und dem ungeschriebenen Tatbestandsmerkmal "Vermögensverfügung" eine für Maschinen geltende Entsprechung zu finden.[136] Einerseits mußte die betrugsähnliche Struktur erhalten bleiben, um zu vermeiden, dass ein kontur- und uferloses allgemeines Vermögensdelikt entsteht, andererseits aber waren die Angriffsmodalitäten so zu beschreiben, dass auch neu auftauchende Manipulationsmöglichkeiten erfaßt wurden.

In seiner ganzen Schärfe zeigte sich dieses Problem, als man in der letzten Phase der Gesetzgebungsarbeiten im Zusammenhang mit Bargeldabhebeautomaten[137] und Finanztransaktionen im Wege des "Homebanking"[138] mit der Tatsache konfrontiert wurde, dass ein Computerbetrug nicht nur, wovon der Gesetzesentwurf bis dahin ausgegangen war, durch Manipulationen von Input-Daten oder Verarbeitungsprogrammen begangen werden kann, sondern auch dadurch, dass persönliche Identifikationsnummern inhaltlich zwar richtig, jedoch durch einen

---

[134] *Lenckner*, Computerkriminalität und Vermögensdelikte, S. 45 f.; vgl. auch *Frey*, S. 221 ff.

[135] *Sieber*, Computerkriminalität, 2.A., 2/39; *ders.*, Informationstechnologie, 37 und 43; ihm zustimmend *Sieg*, JURA 1986, 352, 361; vgl. auch *Frey*, S. 235 ff.

[136] BT-Drs. 10/318, S. 19.

[137] Im April 1979 wurde von den deutschen Kreditinstituten und der Deutschen Bundespost eine Vereinbarung unterzeichnet, nach der ein gemeinsames, institutsübergreifendes System von Geldausgabeautomaten aufgebaut werden sollte, vgl. *Ehrlicher*, S. 15 (hier auch zur Entstehung in Europa).

[138] Seit 1984 hat die damalige Deutsche Bundespost uneingeschränkt Bildschirmtext (BTX; vgl. hierzu den Bildschirmtext-Staatsvertrag vom 18.3.1983) angeboten und damit den ersten Schritt hin zu einer Vernetzung der Computer privater Nutzer im größeren Umfang v.a. für das Homebanking gemacht.

Unbefugten eingegeben werden.[139] Soweit es um unbefugte Barabhebungen ging, wurde in der Vergangenheit meist Diebstahl oder Unterschlagung angenommen.[140] Bei rechtswidrigen Vermögensverschiebungen im bargeldlosen Zahlungsverkehr schieden die Eigentumstatbestände aber von vornherein aus.[141] Diese Zweifel veranlaßten den BT-Innenausschuß am 18.1.1984 zu der Empfehlung, § 263 a StGB um die Alternative der "unbefugten Verwendung von Daten" zu ergänzen.[142] Der Gesetzgeber übernahm diesen Vorschlag[143] und sah sich später veranlaßt, den Entwurf - im Hinblick auf zukünftige neue Manipulationstechniken - um die Angriffsmodalität der "unbefugten Einwirkung auf den Ablauf" zu ergänzen.[144]

Hiergegen wurde eingewandt, es gehe lediglich um den Verstoß gegen die Interessen und Anweisungen des Systembetreibers, womit § 263 a StGB zu einem ausufernden Tatbestand der "Computeruntreue" bzw. bei Einbeziehung von Manipulationen Außenstehender zu einem Delikt sui generis werde, das Vermögensschädigungen durch Verletzung des Verfügungs- und Bestimmungsrechts des Systembetreibers über seine Anlage erfasse.[145] Die Reichweite der Vorschrift wurde durch die Aufnahme dieser Tatbestandsalternativen undeutlicher, was zu Kritik[146] und teilweise sogar zu der von der h.M. nicht geteilten Behauptung teilweiser Verfassungswidrigkeit wegen mangelnder Bestimmtheit und damit zu einschränkenden Auslegungstendenzen führte.[147]

---

139 *Möhrenschlager*, wistra 1986, 128, 132 f.; *Lenckner/Winkelbauer*, wistra 1984, 83 ff.; *Sieber*, Informationstechnologie, 33, 39 f.

140 Siehe oben § 2B.

141 Vgl. *Lenckner/Winkelbauer*, CR 1986, 654, 657.

142 BT-Drs. 10/5058, S. 23; *Möhrenschlager*, wistra 1986, 128, 129.

143 Diese Tatbestandsalternative ist auch heute noch außerordentlich umstritten. Insbesondere das gezielte Leerspielen von Glücksspielautomaten und die Fälle des Bankomatenmißbrauchs werden kontrovers diskutiert. Zum Meinungsstand vgl. *Sch/Sch-Cramer*, 26.A., § 263 a, Rz. 18 ff., aber auch *Tröndle/Fischer*, 50.A., § 263 a, Rz. 8a ff. Man muß aber davon ausgehen, dass § 263 a diese Konstellationen erfaßt, und zwar auch den Mißbrauch der Codekarte durch den Karteninhaber selbst.

144 BT-Drs. 10/5058, S. 30; CR 1986, 239 zu Art. 1 Nr. 3; krit. *Sieber*, BT-Rechtsausschuß, Prot. Nr. 26, Anl. 257; vgl. auch *Otto*, Bankentätigkeit und Strafrecht, 1983, S. 127.

145 Vgl. *Haft*, BT-Rechtsausschuß, Prot. Nr. 26, Anl. 204; *Sieber*, Informationstechnologie, 38 ff.; *Lenckner/Winkelbauer*, CR 1986, 654, 655; *dies.*, wistra 1984, 83, 88 f.

146 Wegen Gefahr der Einbeziehung auch betrugsunspezifischer Verhaltensweisen, vgl. *Tröndle/Fischer*, 50.A., § 263 a, Rz. 1; *Achenbach*, NJW 1986, 1835, 1837.

147 *Möhrenschlager*, wistra 1991, 321, 325.

II. 2. Phase: Diskussion der Straftatbestände gegen Computerspionage und Computersabotage

Einen neuen Impuls brachte die öffentliche Anhörung des BT-Rechtsausschusses am 6.6.1984 (26. Sitzung), weil hier neben der Diskussion der vorgelegten[148] Straftatbestände zum Computerbetrug[149] und im Bereich der Urkundendelikte erstmals Reformbestrebungen auch in anderen Bereichen gezeigt wurden. Denn mehrere Gutachter sahen ein verstärktes Reformbedürfnis in anderen Bereichen.[150] Nun wurden auch die Computerspionage, das Hacking, das Kopieren von Computerprogrammen, die Computersabotage[151] und der Zeitdiebstahl ins Spiel gebracht. Zu den beiden letzteren Bereichen waren die Meinungen allerdings nicht einheitlich.[152] Bis zu Beginn der 80er Jahre ging man nämlich davon aus, dass die Computerkriminalität hauptsächlich aus Computermanipulationen durch unrichtige Dateneingabe und -verarbeitung bestehe, und man daher nur durch einen Tatbestand des Computerbetrugs und durch Tatbestände im Bereich der Urkundendelikte das Strafgesetz ergänzen müsse.[153]

Doch setzten sich die Befürworter weiterer Straftatbestände gegen Computerspionage und Computersabotage durch. Im Juni 1985 übersandte daher das Bundesjustizministerium dem Rechtsausschuß Vorschläge für einen neuen § 202 a StGB (Ausspähen von Daten; unbefugter Zugang zu Daten) und § 303 a StGB (Datenveränderung; Computersabotage).
Diese Vorschläge wurden von den damaligen Koalitionsfraktionen am 2.10.1985 aufgegriffen und noch erweitert. Ihre Anregung, auch die vermögensschädigende[154] Nutzung von EDV-Anlagen unter Strafe zu stellen[155], ließen sie

---

[148] Der Sache nach wurden die Vorschläge zur Erfassung von Computermanipulationen begrüßt.

[149] *Haft* (BT-Rechtsausschuß, Prot. Nr. 26, 164 und Anl. 201; vgl. *Frey*, S. 241 f.) und *Sieber* (Vgl. Fn. 135) hielten nach wie vor einen neuen Tatbestand des Computerbetruges nicht für notwendig, sondern eine Ergänzung von § 263 für ausreichend. Dieselbe Auffassung vertrat *Haft*, BT-Rechtsausschuß, Prot. Nr. 26, 164 und Anl. 201 sowie 208 ff., zu § 267 und § 269. Zusätzlich wurde ein Umgestaltung des § 269 vorgenommen, um die sog. schriftliche Lüge auszunehmen. Mit dem hypothetischen Vergleich zu § 267 wurden die Bedenken von *Haft* hinsichtlich der Garantiefunktion berücksichtigt (BT-Drs. 10/5058, S.34; vgl. *Haft*, BT-Rechtsausschuß, Prot. Nr. 26, Anl. 209 f.).

[150] *Sieber*, BT-Rechtsauschuß, Prot. Nr. 26, 172 und 177; *ders.*, Informationstechnologie, 49 ff.; *Mohr*, BT- Rechtsauschuß, Prot. Nr. 26, 180; *Oertel*, BT- Rechtsauschuß, Prot. Nr. 26, 183 f.

[151] Von § 303 StGB wird das Vernichten oder Verändern von Daten während der Übermittlungsphase nicht erfaßt (*Lenckner/Winkelbauer*, CR 1986, 824, 828; BT-Drs. 10/5058, S. 34).

[152] *Möhrenschlager*, wistra 1986, 128, 129.

[153] Vgl. RefE, Stand: 20.10.1978, S. 47; *Lenckner/Winkelbauer*, CR 1986, 483.

[154] Vgl. hierzu bereits oben § 2C.IV.

später allerdings wieder fallen. Man sah darin aufgrund der geringen Zahl bekanntgewordener Fälle eine Überkriminalisierung, zumal das deutsche Strafrecht mit den Ausnahmen in §§ 248 b und 290 StGB grundsätzlich von der Straflosigkeit der unbefugten Sachnutzung ausgeht. Außerdem verwies man auf die Möglichkeit, mit Mitteln des Zivilrechts vorzugehen.[156] Dem ist zuzustimmen. Das in diesen Fällen meistens vorliegende arbeitsrechtliche Verhältnis sollte m.E. in diesem Bereich nicht durch strafrechtliche, sondern allein durch arbeitsrechtliche Maßnahmen geregelt werden.

Ähnlich wurde auch argumentiert, wenn es darum ging, nicht schon den bloß unbefugten Zugang zu besonders gesicherten Daten und den Versuch des Ausspähens von Daten, also das Hacking, unter Strafe zu stellen.[157] Diese Verhaltensweise wurde als nicht ausreichend strafwürdige, bloße Gefährdung eingestuft,[158] auch wenn in Absatz 5 des vom Bundesjustizministeriums vorgeschlagenen § 202 a StGB vorgesehen war, dass das Gericht von einer Bestrafung absehen kann, "wenn der Täter in der Absicht gehandelt hat, Mängel der Schutzvorrichtung aufzudecken, und diese dem Verfügungsberechtigten oder einer Aufsichts- oder Datenschutzbehörde unverzüglich anzeigt."[159]

Dies wurde mit dem Argument kritisiert, dass es bei dem Vorschlag des Bundesjustizministeriums nicht um einen reinen Gefährdungstatbestand gehe, sondern dieser das bereits durch ein Eindringen in eine fremde Rechtssphäre verwirkliche Unrecht erfasse. Damit ginge es gerade nicht um Vorfeld- oder Gefährdungstatbestände, die auf den Bereich hochwertiger Rechtsgüter beschränkt bleiben sollten, worum es sich bei dem durch § 202 a Abs. 1 StGB geschützten Rechtsgut zugegebenermaßen nicht handele.[160]

---

155 Antrag CDU/CSU und FDP vom 2.10.1985 (BT-Rechtsausschuß, Prot. 60, Anl. 7):
§ 291 Unbefugter Gebrauch von Computern:
(1) Wer eine Datenverarbeitungsanlage unbefugt in Gebrauch nimmt und dadurch den Gebrauchsberechtigten schädigt, wird mit Freiheitsstrafe bis zu einem Jahr oder mit Geldstrafe bestraft, wenn die Tat nicht in anderen Vorschriften mit Strafe bedroht ist.
(2) Die Tat wird nur auf Antrag verfolgt.

156 *Möhrenschlager*, wistra 1986, 128, 130.

157 Vgl. § 202 a Abs. 3: "Wer sich unbefugt Zugang zu den in Absatz 1 genannten Daten verschafft, wird mit Freiheitsstrafe bis zu einem Jahr oder mit Geldstrafe bestraft." (BT-Rechtsausschuß, Prot. Nr. 69, Anl. 1; s. auch S. 18 f.); für eine Strafbarkeit des Hacking war auch *Sieber*, Informationstechnologie, 54 f.

158 BT-Drs. 10/5058, S. 28 f.; CR 1986, S. 238 zu Art. 1 Nr. 2 c und 2 d (1 d).

159 Formulierungshilfe des BMJ vom 3.12.1985, BT-Rechtsausschuß, Prot. Nr. 69, Anl. 3; sowie S. 13 ff.; vgl. auch *Sieber*, Informationstechnologie, 54 f.; *ders.*, "Mißbrauch der Informationstechnik und Informationsstrafrecht", 608, 618.

160 *Lenckner/Winkelbauer*, CR 1986, 483, 488.

Doch dem muß entgegengehalten werden, dass mit dem erfolgreichen Eindringen in fremde Datenbanken die Integritätsinteressen von Betreibern und Benutzern bloß gefährdet sind, solange der Täter sich nicht die Daten selbst verschafft. Auch die Demonstration der Verletzlichkeit führt nicht zu einer Beeinträchtigung schützenswerter Interessen. Die Integrität, Vertraulichkeit und Verfügbarkeit der Daten bleiben gewahrt.[161] Die Gefährdung dieser Interessen kann nicht als Ansatzpunkt für einen neuen Straftatbestand in diesem Bereich dienen.[162]

Zudem wurden technische Nachweisschwierigkeiten der Strafverfolgungsbehörden als Argument für eine Strafbarkeit des Hacking angeführt, das damit als Vorfelddelikt zu den Straftaten nach §§ 202 a, 263 a, 269 oder 303 a StGB gedient hätte.[163] Hacker würden zwar ohne Schädigungsvorsatz tätig werden, aber dennoch Schäden verursachen.[164] Aber etwaige Erleichterungen der Ermittlungsarbeit dürfen nicht zu einer Verschärfung des Strafrechts führen. Diese Motivation für ein Vorfelddelikt stellt nicht mehr den Schutz der Rechtsgüter in den Vordergrund, sondern strafprozessuale Elemente. Sie ist daher abzulehnen.

Der als § 303 a StGB zunächst vorgesehene Tatbestand der Datenveränderung und Computersabotage[165] wurde aufgrund einer Formulierungshilfe des Bundesjustizministeriums vom 17.1.1986 in einen solchen der Datenveränderung (§ 303 a StGB) und einer der Computersabotage (§ 303 b StGB) aufgespaltet. Zumindest teilweise wurde damit der seit langem erhobenen Forderung nach einem allgemeinen Tatbestand der Wirtschafts- bzw. Betriebssabotage nachgekommen.[166] Dass damit die Datenverarbeitung gegenüber den sonstigen Wirtschaftsgütern bevorzugt wird, wurde wegen der Schwierigkeiten der Bildung eines allgemeinen Tatbestandes der Betriebssabotage bewußt in Kauf genommen.[167] Auch diese Tatbestände stießen jedoch auf Kritik. Es wurde die Notwendigkeit der Schaffung eines § 303 a StGB in Frage gestellt und die Unbestimmtheit des Tatbestandes, der das Problem der Datenzuordnung offenläßt,

161 Zu den einzelnen Definitionen siehe unten § 4A.

162 Vgl. BT-Drs. 10/5058, S. 28 f.

163 *Granderath*, DB, Beilage Nr. 18/86, S. 2; auf die Beweisschwierigkeiten verweisen auch *Lenckner/Winkelbauer*, CR 1986, 483, 488.

164 *Granderath*, DB, Beilage Nr. 18/86, S. 2; sofern die Störung durch das Eindringen so stark ist, dass Daten verändert werden oder die Anlage zerstört wird, kommt eine Strafbarkeit gem. §§ 303 ff. in Betracht, *Tröndle/Fischer*, 50.A., § 202 a, Rz. 2 a.E.

165 Antrag CDU/CSU und FDP vom 2.10.1985 (BT-Rechtsausschuß, Prot. Nr. 60, 30, Anl. 7).

166 Vgl. oben Fn. 97; *Lenckner/Winkelbauer*, CR 1986, 824, 829 f.; *Lampe*, Betriebssabotage, ZStW 89, 328; BT-Drs. 10/5058, S. 35.

167 *Möhrenschlager*, wistra 1986, 128, 141.

ebenso kritisiert[168] wie das Tatbestandsmerkmal "stört" des § 303 b StGB als "weiterer Zuwachs an ungenauem Strafrecht"[169].

Unter dem Eindruck der Entscheidung des BGH vom 13.6.1985 zum Kreditkartenmißbrauch[170] wurde auch der in der 9. Wahlperiode fallengelassene Tatbestand gegen Scheck- und Kreditkartenmißbrauch wieder aufgegriffen.[171] Allerdings war die Notwendigkeit dieser Vorschrift umstritten. Die Minderheit war der Meinung, dass mit dem Straftatbestand in systemwidriger Weise die Verletzung von Vertragspflichten strafrechtlich sanktioniert würde und der notwendige Rechtsschutz durch das Zivilrecht zu gewährleisten sei. Insbesondere sei es Aufgabe der Kreditinstitute, sich durch eine entsprechende Ausgestaltung der Rechtsbeziehungen zu den Inhabern der Scheckkarten und Kreditkarten und zu den Vertragsfirmen sowie durch eine sorgfältige Prüfung der Kreditwürdigkeit ihrer Kunden zu schützen.[172] Zugunsten dieses Tatbestandes wurde vorgebracht, dass dadurch zumindest die Gleichbehandlung des Scheck- und Kreditkartenmißbrauchs sichergestellt sei.[173]

III. Schlussphase: Gesetzgebung und deren Würdigung

In seiner abschließenden Entscheidung im Januar 1986 beschloß dann der Rechtsausschuß, trotz der erhobenen Kritik von *Haft*, *Sieber*, *Lenckner* und anderen, die Sondertatbestände gegen Computerbetrug und Fälschung beweiserheblicher Daten beizubehalten, also sich nicht mit bloßen Ergänzungen der §§ 263, 267 StGB zu begnügen.

---

168 *Welp*, iur 1988, Sonderheft 1988, 434, 438 f. § 303 a wird teilweise deswegen für verfassungswidrig gehalten (vgl. *NK-Zacyk*, § 303 a, Stand: 31.10.1998, Rz. 1 und 4 m.w.N.). Zum Problem der Bestimmung des Verfügungsberechtigten vgl. unten bei Fn. 403 f.

169 *Achenbach*, NJW 1986, 1835, 1838.

170 Nach Meinung des BGH (BGHSt 33, 244) fehlt es bei einem Kreditkartenmißbrauch durch den berechtigten Karteninhaber am Tatbestandsmerkmal des Irrtums, da sich die betroffenen Vertragsunternehmen über die Bonität des Karteninhabers im Hinblick auf die Garantie, die hinter der Kreditkarte stehe, keine Gedanken zu machen bräuchten. BGHSt 24, 386 ff. (Urteil vom 26.07.1972) geht davon aus, dass die Zahlung mit einem durch Scheckkarte garantierten, ungedeckten Scheck als Betrug, nicht als Untreue zu beurteilen sei, da es an der Vermögensbetreuungspflicht im Verhältnis des Scheckkarteninhabers zu seiner Bank (Scheckkarte im Interesse des Kunden) fehle. Der vorsätzliche Verstoß gegen die Pflicht, sich vertragsgemäß zu verhalten, sei als solcher keine Untreue.

171 Vgl. hierzu oben; Antrag CDU/CSU und FDP vom 2.10.1985 (BT-Rechtsausschuß, Prot. Nr. 60, 30, Anl. 5); *Möhrenschlager*, wistra 1986, 123, 125.

172 CR 1986, 239 f.; vgl. hierzu unten § 5F.I.

173 *Tiedemann*, JZ 1986, 865, 867 f.: *Tiedemann* wirft dabei auch die (rhetorische) Frage auf, ob und inwieweit es Aufgabe des Gesetzgebers sei, gesetzliche Interpretationshilfe für eine auf Abwege geratene Judikatur zu liefern.

Nach über 2 Jahre lang dauernden Beratungen wurde durch den BT-Rechtsausschuß in seiner 73. Sitzung vom 29.1.1986 ein Gesetzesentwurf verabschiedet.[174] Am 27.2.1986 wurde der Gesetzesentwurf in 2. und 3. Lesung beschlossen[175] und vom Bundesrat am 18.4.1986 angenommen[176]. Am 15.5.1986 wurde das 2. WiKG erlassen, in Kraft getreten ist es am 1.8.1986.

Der Gesetzgeber blieb damit bei der grundsätzlichen Linie der Strafrechtsreform. Spezifische Mängel und Lücken in den bestehenden Straftatbeständen wurden nicht durch deren Änderung und Ergänzung, sondern durch neue Tatbestände behoben. Damit brachte er gleichzeitig zum Ausdruck, dass es hier um neue Angriffsformen geht.[177] Andererseits hat er es vermieden, umfangreiche, in sich geschlossene gesetzliche Regelungen durch neue zu ersetzen oder solche Regelungen in einzelnen Bereichen erstmals zu schaffen, wie es beispielsweise der Alternativentwurf von 1977 "Straftaten gegen die Wirtschaft" vorgesehen hatte.[178]

Schon 1986 wurden aber die Regelungen zur Bekämpfung der Computerkriminalität als nicht ausreichend gesehen. Eine Erweiterung der §§ 17 ff. UWG, Änderungen im Urheberstrafrecht[179] und die Erfassung des unbefugten Zugriffs auf Daten in Kooperation mit internationalen Institutionen seien ebenso vonnöten wie empirische Untersuchungen, die Entwicklung von Sicherheitskonzepten und die Verbesserung der Strafverfolgung.[180]

---

[174] Vgl. BT-Drs. 10/5058.

[175] Plenarprotokoll 10/201, S. 15433-15445.

[176] BR-Drs. 155/86.

[177] *Möhrenschlager*, wistra 1986, 128, 130 f.; CR 1986, 238 f. zu Art. 1 Nr. 3 sowie S. 240 zu Art. 1 Nr. 6.

[178] *Möhrenschlager*, wistra 1986, 123, 126; die Verfasser dieses Alternativentwurfes haben bei der Überprüfung der (damals) bestehenden Strafvorschriften auf ihre Geeignetheit für den Schutz der Wirtschaft und des Staates ein so weitreichendes Defizit festgestellt, dass ein völlig neuer Abschnitt des Strafgesetzbuches entworfen werden mußte (vgl. AE, Vorbemerkung zum 2. Abschnitt, S. 19).

[179] Der Gesetzgeber hat zwischenzeitlich auch das Urheberrecht novelliert (vgl. hierzu unten § 2E.III).

[180] *Lenckner/Winkelbauer*, CR 1986, 483, 484; vgl. auch *Sieber*, Informationstechnologie, 63, der aber noch davon ausging, dass nur §§ 263 a, 269, 270 erlassen werden.

E. Nach dem Inkrafttreten des 2. WiKG erlassene Straftatbestände mit Bezug auf die Computerkriminalität

I. §§ 263 a Abs. 2 i.V.m. 263 Abs. 2 bis 7 StGB

Durch das 6. StrRG[181], das am 1.4.1998 in Kraft getreten ist, wurde § 263 StGB in seinen Absätzen 3, 5 und 7 erheblich umgestaltet. Gem. § 263 a Abs. 2 StGB gilt § 263 Abs. 2 bis 7 StGB entsprechend. Dadurch ist auch für einen besonderes schweren Fall des Computerbetrugs gemäß § 263 Abs. 3 StGB n.F. die Mindeststrafe von einem Jahr auf 6 Monate abgesenkt worden. § 263 Abs. 3 StGB enthält nun fünf Regelbeispiele.[182]

Der Verweis auf § 263 Abs. 3 StGB birgt für den Täter eines Computerbetrugs das Risiko, sehr schnell das Regelbeispiel des § 263 Abs. 3 Nr. 2 2.Alt. StGB zu erfüllen.[183] Denn gerade der Computerbetrug zeichnet sich durch einen Automatismus der Tat aus, so dass eine große Zahl von Menschen in die Gefahr des Verlustes von Vermögenswerten gebracht wird. In der Literatur wird die Auffassung vertreten, dass der Begriff der großen Zahl absolut unbestimmt sei; es sei jedoch von mindestens 50 Personen auszugehen.[184] Der Vorschlag[185], wie in der 1. Alternative zusätzlich die Möglichkeit eines Schadens großen Ausmaßes zu fordern, um so innerhalb der Nr. 2 nach gleichen Maßstäben zu bewerten, verwischt den Unterschied beider Alternativen. Mit dieser Auslegung wäre die 2. Alternative überflüssig bzw. müßte als Unterfall der 1. Alternative angesehen werden.

---

181 Vom 26.1.1998 (BGBl I 164, ber. S. 704).

182 Allerdings greift § 263 Abs. 3 Nr. 5 nicht für die Fälle des Computerbetrugs, vgl. *Tröndle/Fischer*, 50.A., § 263 a, Rz. 15.

183 Allerdings ruft gerade diese Regelbeispieltechnik, eine "in der modernen Strafgesetzgebung bevorzugte Technik" (BT-Drs. 13/7164, S. 36), wegen mangelnder Bestimmtheit Kritik hervor, vgl. *Stächelin*, StV 1998, 98, 102 f.; *Freund*, ZStW 109 (1997), 454, 470 f. Mit ihr soll nach dem Willen des Gesetzgebers die vielfach zu konstatierende besondere Komplexität der zu beurteilenden Sachverhalte aufgefangen werden, *Kreß*, NJW 1998, 633, 636.

184 *Schroth*, Strafrecht BT, 2.A., S. 131 und S. 19, geht von mindestens 50 Personen aus und kritisiert zugleich diese Qualifikationsmerkmale zu Recht als zu ungenau; ebenso *Stächelin*, StV 1998, 98, 100; *Rengier* (BT I, § 13, Rz. 119) läßt mit Verweis auf § 306 b Abs. 1 schon 10 Personen genügen; ähnlich *Tröndle/Fischer*, 50.A., § 263, Rz. 50, § 306 b, Rz. 5: jedenfalls bei 20 Personen. Für *Mitsch* (§ 7, Rz. 130) liegt die Zahl zwischen 10 und 100, kann aber im "fortgesetzten" Fall auch bei einer einzelnen Person erfüllt sein.

185 *Schroth*, Strafrecht BT, 2.A., S. 131.

Als Schadenshöhe für die 1. Alternative sind von den Materialien DM 100.000,- vorgesehen.[186]

Gem. § 263 Abs. 7 StGB sind unter bestimmten Voraussetzungen die §§ 43 a, 73 d StGB anzuwenden. Dieser Absatz wurde auf Vorschlag des Bundesrates eingefügt, der es für angezeigt hielt, für gewerbs- und bandenmäßiges Handeln den Anwendungsbereich von Vermögensstrafe und Erweitertem Verfall zu eröffnen. Das gelte auch für den Computerbetrug.[187]

Die Umgestaltung des § 263 StGB hat keine Neuerungen hinsichtlich der Annahme eines besonders schweren Falls gebracht. Schon bei § 263 Abs. 3 StGB a.F. lag ein Indiz für einen besonders schweren Fall vor, wenn ein besonders hoher Schaden[188] oder eine einen größeren Personenkreis beeinträchtigende Tat[189] vorlag.

II. §§ 269 Abs. 3 i.V.m. 267 Abs. 3 und 4 StGB

§ 267 StGB wurde in seinem Absatz 3 und dem neu eingefügten Absatz 4 ebenfalls mit Regelbeispielen und einer herabgesetzen Mindeststrafe versehen. Wie bei § 263 Abs. 2 Nr. 2 2. Alt. StGB fordert *Schroth* auch zu § 267 Abs. 3 Nr. 2 StGB, dass man von einem Betrag von DM 200.000 ausgehen sollte.[190] Aus dem bereits eben genannten Grund der nicht gerechtfertigten Mißachtung des ausdrücklichen Gesetzgeberwillens lehne ich dies ab.
§ 267 Abs. 3 Nr. 3 StGB erfordert eine konkrete Gefährdung des Rechtsverkehrs durch eine große Zahl unechter oder verfältschter Urkunden.[191]

Bezüglich der Regelbeispiele gilt ansonsten das oben zu § 263 StGB Gesagte analog.[192]

---

186 BT-Drs. 13/8587, S. 43; *Mitsch* (§ 7, Rz. 130) verweist auf das gleichnamige Merkmal in § 370 Abs. 3 S. 2 Nr. 1 AO und § 264 Abs. 2 Nr. 1 StGB. *Schroth* (a.a.O.) schlägt dagegen vor, einen Betrag von DM 200.000,- anzusetzen, da die Äußerung des Gesetzgebers nur "so nebenbei" gewesen sei. Dies erscheint mir eine nicht zu rechtfertigende Mißachtung des ausdrücklichen Willens des Gesetzgebers.

187 BT-Drs. 13/8587 Anlage 2.

188 Vgl. BGH, StV 1996, 34.

189 *Sch/Sch-Cramer*, 25.A., 1997, § 263, Rz. 188.

190 *Schroth*, Strafrecht BT, 2.A., S. 159.

191 Die Grenze dürfte bei 20 anzusiedeln sein, *Tröndle/Fischer*, 50.A., § 267, Rz. 40; auch hier gilt aber das Problem der Unbestimmtheit wie bei § 263 Abs. 3 StGB. Hingegen fordert *Hoyer* eher eine Unübersehbarkeit des Empfängerkreises, *SK-Hoyer*, § 267 (Stand: August 1999), Rz. 103.

192 Vgl. *Schroth*, Strafrecht BT, 2.A., S. 159; *Tröndle/Fischer*, 50.A., § 267, Rz. 35 ff.

III. Urheberrechtsnovelle

Mit dem Gesetz zur Änderung von Vorschriften auf dem Gebiet des Urheberrechts vom 24.6.1985[193] eröffnete der Gesetzgeber durch die Verschärfung des Urheberstrafrechts (§§ 108 ff. UrhG) bereits die Möglichkeit, gegen das unerlaubte Vervielfältigen und Verbreiten von Programmen für die Datenverarbeitung, nunmehr ausdrücklich als geschützte Werke in § 2 Abs. 1 Nr. 1 UrhG anerkannt, verstärkt vorzugehen.

Die Urheberrechtsnovelle ist am 24.6.1993 in Kraft getreten, die einen Abschnitt "besondere Bestimmungen für Computerprogramme" (§§ 69 a - 69 g UrhG) anfügte.[194] Damit wurde die EG-Richtlinie über den Rechtsschutz von Computerprogrammen[195] in deutsches Recht umgesetzt. Die deutsche Rechtsprechung[196] hatte ursprünglich solch hohe Anforderungen an den Schutz der Computerprogramme als geschützte Werke nach § 2 Abs. 2 UrhG a.F. (»persönliche geistige Schöpfungen«) gestellt, dass zweifelhaft war, ob selbst hochkomplexe Programme dem Urheberrechtsschutz unterstellt wurden.[197] Diese Ansprüche wurden nun auf ein europäisches Niveau gesenkt.[198]

Folge des urheberrechtlichen Schutzes ist, dass die unbefugte Vervielfältigung oder Verbreitung eines Computerprogrammes unter die Strafdrohung des § 106 UrhG (Freiheitsstrafe bis zu drei Jahren oder Geldstrafe) fällt. Die Tat wird nur auf Antrag verfolgt,[199] es sei denn, es wird ein besonderes öffentliches Interesse bejaht, § 109 UrhG. Falls der Täter gewerbsmäßig handelt, beträgt die Freiheitsstrafe bis zu fünf Jahren, § 108 a UrhG.

Auch die bloße Benutzung von Raubkopien wird vom Urheberstrafrecht erfaßt.[200] Hingegen ist der bloße Besitz von Raubkopien nach dem Urheberrecht nicht strafbar.[201] Ebenso wird die Weitergabe raubkopierter Software an Freunde

[193] BGBl. I S. 1137.

[194] BGBl 1993 I 910 (§ 2 Abs. 1 Nr. 1 UrhG wurde insofern geändert, als dass nun von Computerprogrammen die Rede ist); näher dazu *Junker*, NJW 1993, 824 ff.; *ders.*, NJW 1994, 897, 898; *ders.*, NJW 1998, 947, 948.

[195] Richtlinie des Rates vom 14.5.1991 über den Rechtsschutz von Computerprogrammen (91/250/EWG), GRUR Int. 1991, 545 ff.; vgl. hierzu *Lehmann*, S. 1 ff.

[196] BGHZ 94, 276, 279 (Inkassoprogramm), BGH MDR 1991, 503 (Betriebssystem).

[197] *Beermann*, JURA 1995, 610.

[198] *Junker*, NJW 1993, 824 und 826.

[199] Privatklagedelikt, § 374 Abs. 1 Nr. 8 StPO.

[200] Str., vgl *Heinrich*, JZ 1994, 938, 940, Fn. 22 m.w.N. Der Arbeitgeber haftet zivilrechtlich im Rahmen seiner Aufsichtspflicht dafür, dass der Arbeitnehmer keine illegale Software am Arbeitsplatz einsetzt, vgl. *Gallist*, MMR 1998, 569.

[201] *Beermann*, JURA 1995, 610, 611; *Heinrich*, JZ 1994, 938, 940; jedoch hat der Rechtsin-

oder Bekannte urheberrechtlich nicht erfaßt, da eine Strafbarkeit wegen unerlaubter Verbreitung gemäß § 106 Abs. 1 UrhG am Tatbestandsmerkmal der Öffentlichkeit scheitert.[202] Der eigentlich Kopiervorgang hingegen ist strafbar für den Vervielfältigenden gemäß § 106 Abs. 1 UrhG in der Tatbestandsalternative des Vervielfältigens. Auf der anderen Seite ist die Entgegennahme der lizensierten Software kein urheberrechtlich relevanter Vorgang und folglich die bloße Entgegennahme raubkopierter Software nicht strafbar.[203] In Betracht kommt allenfalls eine Hehlerei gem. § 259 StGB, die aber tatbestandlich schon deshalb ausscheidet, weil Computerprogramme keine Sachen sind.[204]

F. Internetkriminalität

Auch nach dem 2. WiKG von 1986 ist das Computerzeitalter natürlich weiter vorangeschritten. Telekommunikation, Unterhaltungselektronik und multimediale Anwendungen sind nur ein paar Stichwörter aus dem breiten Spektrum des jüngsten Fortschritts. Insbesondere das Internet hat eine große Rolle in der heutigen Diskussion übernommen. Der Gesetzgeber hat auf diese Entwicklung 1997 mit dem Erlaß des IuKDG[205] reagiert.[206]

Breiten Raum in der juristischen Diskussion nimmt inzwischen die Frage einer Strafbarkeit für die Verbreitung rechtswidriger Inhalte im Internet ein.[207] Vor allem die Tatbestände der Verbreitung pornographischer Schriften, § 184 StGB,[208] und Volksverhetzung, § 130 StGB, sowie Urheberrechtsverletzungen

---

haber gem. § 69 f. UrhG einen zivilrechtlichen Anspruch auf Vernichtung der Vervielfältigungsstücke.

202 *Heinrich*, Die Strafbarkeit der unbefugten Vervielfältigung und Verbreitung von Standardsoftware, S. 220 f. m.w.N.

203 *Heinrich*, JZ 1994, 938, 945 m.w.N.

204 Siehe unten § 3B.

205 Siehe oben bei Fn. 25.

206 Durch das IuKDG wurde im Strafgesetzbuch lediglich im § 11 Abs. 3 StGB der Schriftenbegriff auf Datenspeicher ausgedehnt.

207 Laut *Bär*, BKA-Konferenz "Bekämpfung der Kriminalität im Internet" 14./15.12.1998, haben nach Schätzungen 1% der Internet-Seiten, das entspricht ca. 4 Mio. Seiten, kriminelle Inhalte. Zu anderen Schätzungen vgl. den Tagungsbericht, CR 1999, 200 ff.

208 *Stange*, CR 1996, 424 ff.; 1998 wurden 2.068 Delikte ermittelt, 87,5 % davon betrafen die Kinderpornographie (NJW, Heft 52/98, XXXV mit Verweis auf FAZ, 30.11.1998); nach *Meseke* (BKA) beträgt der Anteil von Kinderpornographie an den ermittelten Delikten im Internet 61,94 % und der Tierpornographie 8,68 % (BKA-Konferenz "Bekämpfung der Kriminalität im Internet" 14./15.12.1998); die Internet Watch Foundation (s. § 5B.I) geht von 40.000 bis 70.000 kinderpornographischen Bildern im WWW aus (*Kranz*, BKA-Konferenz "Bekämpfung der Kriminalität im Internet" 14./15.12.1998); andere Schätzungen gehen sogar von 10 Millionen Seiten sowie einem weltweiten Umsatz von 5 Milliar-

spielen eine Rolle.[209] Ein Beispiel aus jüngster Zeit ist die erstinstanzliche Verurteilung des Geschäftsführers eines Providers, der erst in der Berufungsinstanz freigesprochen wurde.[210]

Mit § 5[211] des Teledienstgesetzes (TDG)[212] hat der deutsche Gesetzgeber versucht, die Verantwortlichkeit für Inhalte zu regeln. Absatz 1 bestimmt, dass Diensteanbieter für ihre eigenen Inhalte voll verantwortlich sind. Diensteanbieter, die fremde Inhalte zur Nutzung bereithalten, sind nach Absatz 2 nur dann verantwortlich, wenn sie konkrete Kenntnis von den Inhalten haben und wenn ihnen eine Löschung oder Sperrung dieser Inhalte technisch möglich und zumutbar ist. Dies ist die sog. "notice and take down"-Pflicht. Hingegen bleiben Diensteanbieter, die lediglich den Zugang vermitteln, straflos gemäß Absatz 3.[213]

---

den US-Dollar bzw. in Deutschland von 1,5 Millionen DM aus (http://www.heise.de/newsticker/data/fm-16.06.99-000/).
Sieber, NJW 1999, 2065 ff., bejaht die Anwendbarkeit deutschen Strafrechts bezüglich des "Zugänglichmachens" von strafbaren Inhalten im Internet i.S.d. §§ 3, 9 StGB nur dann, wenn diese durch Push-Technologien nach Deutschland übermittelt werden, nicht jedoch durch den Abruf aus Deutschland durch Pull-Technologien.

209 Grundlegend hierzu *Sieber*, JZ 1996, 429 ff. und 494 ff. Das Internet wird aber auch als Medium für den Aufruf zum Mord genutzt, vgl. SZ, 14.7.1999, S. 1.

210 AG München, NJW 1998, 2836 ff. mit krit. Anmerkungen u.a. von *Hoeren*, NJW 1998, 2792 f., *Moritz*, CR 1998, 505 ff., *Sieber*, MMR 1998, 438 ff., *Vassilaki*, NStZ 1998, 521 f., *Kühne*, NJW 1999, 188 f. Aufgrund einer von Staatsanwaltschaft und Verteidigung zugunsten des Angeklagten eingelegten Berufung wurde er freigesprochen, LG München I, NJW 2000, 1051 f. mit Besprechung *Kühne*, NJW 2000, 1003 f. Vgl. auch die eigene Homepage zu diesem Fall unter http://www.somm-case.de/.

211 Vgl. auch den insofern gleichlautenden § 5 MDStV. Zu § 5 TDG vgl. *Sieber*, CR 1997, 581 ff. und 653 ff.; *Hoeren/Sieber-Sieber*, Teil 19, Rz. 219 ff.; *Barton*, S. 81 ff.; *Vassilaki*, MMR 1998, 630 ff.; vgl. nunmehr auch die Artikel 12 bis 15 des Vorschlags der Europäischen Kommission für eine Richtlinie über bestimmte rechtliche Aspekte des elektronischen Geschäftsverkehrs im Binnenmarkt vom 18.11.1998 (KOM (1998) 586 endg.); hierzu *Sieber*, ZUM 1999, 196, 202 f.

212 Art. 1 des Informations- und Kommunikationsdienste-Gesetz - IuKDG vom 22. Juli 1997 (BGBl. I S.1870), Gesetz über die Nutzung von Telediensten (Teledienstegesetz - TDG); beachte auch den Mediendienste-Staatsvertrag, inkraftgetreten am 1.8.1997.

213 Allerdings bemüht sich der Generalbundesanwalt, Access-Provider strafrechtlich zu verfolgen, die den Zugriff auf fremde Server nicht sperren, vgl. *Hoeren*, NJW 1998, 2792, 2793; Generalbundesanwalt beim BGH, DuD 1998, 290 ff.

G. Kriminalitätsentwicklung

Der nachfolgende Abschnitt soll, nachdem bei den einzelnen Tatbeständen bereits teilweise auf die Kriminalitätsentwicklung eingegangen worden ist, einen Überblick über die Entwicklung der Computerkriminalität anhand der Polizeilichen Kriminalitätsstatistik[214] in den vergangenen Jahre geben.[215] Diese kann als ungefähres Lagebild der Computerkriminalität dienen, ohne dass man sich auf eine der zahlreichen Definitionen[216] der Computerkriminalität festlegen müsste. Diese Vielzahl an Definitionen läßt aber erkennen, dass auch heute noch nicht eindeutig feststeht, was alles der Bezeichnung Computerkriminalität unterfällt. *Kaiser*[217] spricht von einem "pragmatischen Sammelbegriff verschiedener Tatbestände", der "dennoch inzwischen relativ scharfe Konturen erhalten" habe. Auch die neuen Begriffe des "Informationsstrafrechts", des "Kommunikationsstrafrechts" oder der "IuK"-(Informations- und Kommunikations-) Kriminalität[218] haben keine genauere Definition in die Diskussion eingebracht.[219]

---

214 Polizeiliche Kriminalstatistik (PKS), Hrsg. Bundeskriminalamt.

215 Praxisorientiert ordnet die PKS der Computerkriminalität (Summenschlüssel 8970) folgende Straftaten zu (vgl. PKS 1998, 16): Computerbetrug, Betrug mittels rechtswidrig erlangter Karten für Geldausgabe- bzw. Kassenautomaten sowie der Betrug mit Zugangsberechtigungen zu Kommunikationsdiensten als Unterfall des Computerbetrugs, Fälschung beweiserheblicher Daten und Täuschung im Rechtsverkehr, Datenveränderung, Computersabotage, Ausspähen von Daten sowie die gewerbliche und private Softwarepiraterie, die vorrangig den Strafbestimmungen der §§ 106, 108 Abs. 1 Nr. 7 und 108 a UrhG unterfällt (vgl. *Heinrich*, 1993, S. 318). Nicht erfaßt sind damit Verstöße gegen datenschutzrechtliche Bestimmungen.

216 Eine sehr weitgehende Definition sieht z.B. als Computerkriminalität „alle Sachverhalte, bei denen die EDV Tatmittel und/oder Tatobjekt ist und die den Verdacht einer Straftat begründen." (*Bunge*, Kriminalistik 1987, 75; so auch *Steinke*, CR 1992, 698). Damit unterfallen dieser Definition auch Strafbestimmungen der Nebengesetze, z.B. des Urhebergesetzes, des Außenwirtschaftsgesetzes oder Datenschutzgesetzes. Hiergegen wendet sich *Möhrenschlager* (wistra 1991, 321), der die Beschränkung auf computerspezifische Delikte, bei denen der Täter die besonderen technischen Möglichkeiten der Datenverarbeitung in einer Weise ausnutzt, dass ohne sie die Tat in vergleichbarer Form nicht oder nur mit erheblichen Schwierigkeiten begangen worden wäre, vornehmen möchte.

217 *Kaiser*, Kriminologie, 3.A., § 74, Rz. 47; vgl. auch *Göppinger*, Kriminologie, S. 545 f.

218 Vgl. *LK-Tiedemann*, 11.A., 1998, § 263 a, Rz. 1 mit Verweis auf *Sieber*, ZStW 103 (1991), 779, 786 sowie NJW 1989, 2569 ff.

219 Vgl. *Möhrenschlager*, in: Information Technology Crime, 197, wonach eine allseits akzeptierte Definition nicht existiert. Eine Differenzierung zwischen Telekommunikations- und Computerstrafrecht erscheint nicht sinnvoll, da immer mehr Computer über das Telekommunikationsnetz vernetzt sind und die Telefonanlagen zugleich Computersysteme sind, vgl. BT-Drs. 13/11002, S. 111 f. Zum Versuch einer eigenen Definition unter Verknüpfung der Informationstechnologie mit dem Strafrecht siehe unten § 4C a.E.

I. Kriminalstatistik 1998

1998 wurden 46.022 Fälle von Computerkriminalität erfaßt und damit 17,0 Prozent mehr als im Vorjahr.[220] Fast vier Fünftel der Fälle, nämlich 35.909, entfielen auf Betrug mittels rechtswidrig erlangter Karten für Geldausgabe- bzw. Kassenautomaten[221]. Auf den Computerbetrug (§ 263 a StGB) entfielen 6.465 Fälle, 2.109 Fälle auf den Betrug mit Zugangsberechtigungen zu Kommunikationsdiensten[222], 349 Fälle auf Fälschung beweiserheblicher Daten oder Täuschung im Rechtsverkehr bei Datenverarbeitung, 326 Fälle auf Datenveränderung oder Computersabotage, 267 Fälle auf Ausspähen von Daten und 651 Fälle auf Computer-Software-Piraterie. Die Entwicklung der einzelnen Straftatengruppen ist höchst unterschiedlich. Während der Betrug mittels rechtswidrig erlangter Karten, das Ausspähen von Daten und vor allem die Delikte nach §§ 303 a, 303 b StGB zugenommen haben, ist bei anderen Gruppen teilweise ein erheblicher Rückgang zu verzeichnen.[223]
Die Aufklärungsquote differiert stark.[224] Sie liegt insgesamt bei 43,4 %. Im einzelnen beträgt sie bei den Delikten "Karten für Geldausgabe- bzw. Kassenautomaten" 39,4 %, beim Computerbetrug 60,7 %, beim Betrug mit Zugangsberechtigungen zu Kommunikationsdiensten 31,5 %, bei der Fälschung beweiserheblicher Daten und Täuschung im Rechtsverkehr bei Datenverarbeitung (§§ 269, 270 StGB) 89,7 %, bei den Straftatbeständen der Datenveränderung und Computersabotage (§§ 303 a, 303 b StGB) 40,2 %, bei dem Ausspähen von Daten (§ 202 a StGB) 80,1 % und bei der gewerblichen bzw. privaten Softwarepiraterie 98,3 bzw. 96,4 %.

---

220 Wegen zusätzlicher Aufnahme von Betrug mit Zugangsberechtigung zu Kommunikationsdiensten (Schlüssel: 5179) ist ein Vergleich der Computerkriminalität (8970) zum Jahr 1997 beeinträchtigt.

221 Diese Fälle werden in der PKS seit dem 1.4.1988 zur gezielteren Analyse gesondert vom Computerbetrug ausgewiesen (CR 1989, 870). 1994 wurde die Erfassung der ec-Kartenmißbrauchsfälle umgestellt. Vorher war die Anzahl der geschädigten Personen (eine im Falle eines Mißbrauchs) maßgeblich, ab 1994 wurde auf die unterschiedlichen räumlich getrennten Tatorte abgestellt (*Niehoff*, DuD 1998, 534; *Schindler*, NJW-CoR 1998, 223, 224). Dies ist sicherlich mit ein Grund für den starken Anstieg 1994.

222 Vgl. dazu bereits oben Fn. 220 und die Definition auf S. 13 der PKS: „Unter die Kommunikationsdienste fallen alle Übertragungen von Sprache/Ton, texten und Bildern, unabhängig vom Übertragungsweg. Die Zugangsberechtigung kann dabei eine Karte (Telefonkarte mit Vorausgebühr, Telefonkarte als Kreditkarte, sonstige Zugangsberechtigungskarte/Chip) und/oder ein anderes Zugangsdatum (z.B. Paßwort) sein."

223 Der Rückgang bei der Software-Piraterie soll aus komplexen Ermittlungsvorgängen mit zahlreichen Einzelfällen im Jahr 1997 resultieren (PKS 1998).

224 Siehe hierzu § 2G.III a.E.

II. Verlauf der Kriminalstatistiken 1987 - 1998

Die Computerkriminalität wird erstmals 1987 in der PKS erfaßt. Seitdem ist die Gesamtzahl der bekanntgewordenen Fälle stetig gestiegen, v.a. durch die stark ansteigende Zahl von Betrugsfällen mittels rechtswidrig erlangter Karten. Diese Kategorie macht im Jahre 1998 78,03 % der gesamten Computerkriminalität aus. Unklar ist aber, ob die Kriminalität tatsächlich in diesem Umfang gestiegen ist, oder ob nur mehr Fälle zur Anzeige gebracht werden, etwa weil eine erhöhte Bereitschaft dazu besteht oder der Fall als solcher entdeckt wird.[225]

	1993	1994	1995	1996	1997	1998
Computerkriminalität gesamt	13898	20998	27902	32128	39331	46022
Betrug mittels rechtswidrig erlangter Karten	10754	17357	23315	26802	30727	35909
§ 263 a StGB	2247	2754	3575	3588	6506	6465
Betrug mit Zugangsberechtigung zu Kommunikationsdiensten						2109
§§ 269, 270 StGB	156	179	227	198	380	349
§§ 303 a, 303 b StGB	137	188	192	228	187	326
Ausspähen von Daten	103	165	110	933	213	267
Softwarepiraterie		267	363	192	546	362
Softwarepiraterie gewerblich		89	120	187	772	289

Bei den Computerstraftaten überwiegen mit teilweise weit über 65 % erwachsene Tatverdächtige ab 21 Jahren.[226] Die Tatverdächtigen sind dabei überwiegend (über 75 %) männlich.

Die Zahl der Abgeurteilten (A) und Verurteilten (V) läßt sich für die Jahre 1987 bis 1997 in den alten Bundesländern einschließlich Berlin-West folgender Statistik entnehmen:[227]

---

225 Siehe dazu sogleich § 2G.III.
226 PKS 1998, T234.
227 Statistisches Bundesamt – Reihe 3 Strafverfolgung; CR 1996, 255.

	§ 202 a		§ 263 a		§ 303 a		§ 303 b	
Jahr	A	V	A	V	A	V	A	V
1987	1	1	165	150			3	1
1988	4	2	366	317			–	–
1989	4	1	489	392	8	6	5	3
1990	1	–	599	504	8	4	13	6
1991	1	–	732	636	9	6	9	5
1992	3	1	963	824	12	4	7	4
1993	5	1	1331	1129	11	5	5	5
1994	2	1	1582	1352	8	5	9	2
1995[228]	3	1	1797	1541	11	7	7	3
1996	9	7	2013	1742	6	5	7	2
1997	12	8	2319	1980	12	10	10	3

Bei der Kriminalität mit Karten für Geldausgabe- bzw. Kassenautomaten dominiert eine Schadenshöhe zwischen DM 1.000 und 5.000 je Fall, gefolgt von DM 100 bis 500 und dann DM 500 bis 1.000. Beim Computerbetrug und bei der privaten Softwarepiraterie ist es ähnlich, auch wenn hier jeweils ein sehr deutlicher Anstieg im Bereich zwischen DM 100 und 500 zu verzeichnen ist. Bei der gewerblicher Softwarepiraterie verschiebt sich der Rahmen eher in den Bereich zwischen DM 1.000 bis 5.000 und die Bereiche bis zu DM 50.000.

III. Dunkelfeld

Aber nicht jedes begangene Delikt wird bemerkt, und selbst wenn es bemerkt wird, wird es den Strafverfolgungsbehörden oft nicht mitgeteilt. Diese Gesamtheit der Straftaten ohne polizeiliche Registrierung ist das Kriminalitäts-"Dunkelfeld". Dieses Dunkelfeld entzieht sich einer statistischen Erfassung. Lediglich Schätzungen können hierzu abgegeben werden. Methoden zur Aufhellung des Dunkelfeldes sind die systematische Befragung von Opfern, Tätern und Experten, sowie das Experiment und die teilnehmenden Beobachtung.[229] Beachtlich ist auch das "Aufklärungs-Dunkelfeld".

---

228 Wegen Computerbetruges sind 1995 insgesamt 3.575 Ermittlungsverfahren eingeleitet worden. Außerdem gab es 110 Ermittlungsverfahren wegen Computerspionage (Antwort Bundesregierung (BT-Drs. 13/7753) auf eine Kleine Anfrage (BT-Drs. 13/7594)).

229 *Streng*, Strafrechtliche Sanktionen, S. 17.

Die Wahrnehmbarkeit des Rechtsbruches hängt von der rein faktischen Wahrnehmbarkeit ab sowie von der Bewertung der Tat als strafrechtlich relevant.[230] Bei den Computerstraftatbeständen ist die Wahrnehmbarkeit häufig nicht gegeben, u.a. bedingt durch die Komprimierung und die damit im Zusammenhang stehende Verschlüsselung und Anonymisierung der EDV-Daten.[231] Bei der Computerspionage wird das Rechtsgut dadurch beeinträchtigt, dass die Information dupliziert wird und folglich nach wie vor beim Opfer vorhanden ist. Auch bei der Computersabotage kann es lange dauern, bis die Tat (z.B. die Infizierung durch einen Virus) bemerkt wird.[232] Und auch dann stellt sich die Frage, ob man sich einen Virus "eingefangen" hat oder ob der Systemabsturz bzw. gar der Defekt der Hardware nicht auf einen üblichen technischen Defekt zurückzuführen ist. Auch für § 263 a StGB relevante Tathandlungen können "übersehen" werden, wenn die Größenordnung stimmt, d.h. die Größe der Manipulation unterhalb der Schwelle liegt, bei der das Sicherheitssystem Alarm schlägt.[233]

Wesentlich beeinflußt wird das Dunkelfeld durch die Anzeigebereitschaft der Opfer. Hier spielt der jeweilige Grad der Betroffenheit, die Hoffnung auf Kompensation durch ein Strafverfahren, die Enge der Beziehung zum Täter, die Erwartung von Belastungen und Nachteilen durch das Verfahren[234] bzw. durch Maßnahmen des Täters und seiner Freunde bzw. durch Reaktionen der Allgemeinheit, die jeweilige Möglichkeit oder Bereitschaft, auf den Täter selbst zuzugreifen sowie der grundsätzliche Grad an Bereitschaft zur Zusammenarbeit mit staatlichen Stellen eine Rolle.[235] Diese ist bei der Computerkriminalität gering. Meist einigen sich die Parteien. Zahlreiche der aufgedeckten Fälle werden innerbetrieblich geregelt.[236] Bei einem Verbleiben des Täters im Betrieb kann eher auf ihn eingewirkt werden, den angerichteten Schaden zumindest teilweise wiedergutzumachen. Ob es auch heute noch bei einigen Unternehmen sogar zu den Prinzipien gehört, dass diejenigen Arbeitnehmer, die sich Unregelmäßigkeiten zuschulden kommen lassen, nicht strafrechtlich verfolgt werden, kann nicht beurteilt werden.[237]

---

230 *Streng*, Strafrechtliche Sanktionen, S. 28 f.

231 Vgl. *Sieber*, Tagungsbericht, Band 12, Anl. 2, S. 32 und 37.

232 *Sieber* weist allgemein auf das Problem der Zeitdifferenz zwischen Tatbegehung und dem Bekanntwerden, ein typisches Merkmal der Computerkriminalität, hin (Tagungsbericht, Band 12, Anl. 2, S. 38).

233 Vgl. die "Rundungstrick-Fälle" bei *Sieber*, Computerkriminalität, 2.A., 56 f.

234 Viele Unternehmen fürchten das Tätigwerden der Ermittlungsbehörden in ihren Betrieben, vgl. nur *Sieber*, Computerkriminalität, 2.A., 177.

235 *Streng*, Strafrechtliche Sanktionen, S. 29; BT-Drs. 13/11002, S. 112.

236 *Sieber*, Computerkriminalität, 2.A., 175 m.w.N.; *ders.*, Tagungsbericht, Band 12, Anl. 2, S. 37 f.; nunmehr auch *Hofmann*, WPg 1990, 233, 238.

237 Vgl. dazu *V. zur Mühlen*, NJW 1971, 1642.

Diese gütliche Einigung zwischen Schädiger und Geschädigtem liegt somit oft in beiderseitigem Interesse:[238] Der Täter ersetzt aus dem noch vorhandenen Geld den Schaden so weit als möglich, dafür entgeht er einer Strafe. Die Unternehmen realisieren lieber zivilrechtliche Ansprüche anstatt eine Anzeige zu stellen, die zur Folge haben kann, dass der Schuldner zu einer Freiheitsstrafe oder einer nicht an das Unternehmen fließenden Geldstrafe verurteilt wird, die eventuell dazu führt, dass dem Täter das Geld für den Schadensersatz fehlt.
V. zur Mühlen wies darauf hin, dass es einem Unternehmen nicht viel nütze, vor Gericht einen Schadensersatzanspruch zugesprochen bekommen zu haben, wenn der Schädiger fruchtlos gepfändet sei und den Offenbarungseid geleistet habe. Deswegen hätte manches Unternehmen diesen Weg nicht beschritten, um nicht auch noch für den Fall der Zahlungsunfähigkeit des Schuldners für Gerichtskosten und Anwälte aufkommen zu müssen.[239]
Auf den ersten Blick erscheint dies geradezu paradox. Obwohl der Täter das Vertrauen des Unternehmens mißbraucht und es geschädigt hat, wird trotzdem weiter an ihm festgehalten. Realistischerweise kann dies aber nur in der Form geschehen, dass der Täter nun vollständig kontrolliert wird oder aber mit EDV-Angelegenheiten nichts mehr zu tun hat, um so künftige Computermanipulationen zu vermeiden.[240]

Dies alles planen gerade die gerissenen, wirtschaftlich denkenden und Risiken genau kalkulierenden Täter ein.[241] Hierdurch wird die generalpräventive Wirkung des Strafrechts empfindlich abgeschwächt. *Tiedemann* stellt fest, dass "vor allem die Intensität der praktischen Verfolgung von Wirtschaftsdelikten abschreckende Wirkung zu entfalten (vermag)."[242] Dem ist allenfalls abzuhelfen, indem man der Wirtschaft Sinn und Zweck der Strafverfolgung nahelegt. Oder man mißt dem Täter-Opfer-Ausgleich größere Bedeutung bei.[243]

Banken und renommierte Firmen verheimlichen zudem die Eingriffe, um in der Branche oder bei den Kunden nicht in den Ruf des unsicheren und unzuverlässigen Geschäftspartners zu kommen.[244] Negative Publizität durch bekanntgewordene Sicherheitsrisiken im Umgang mit Daten verschreckt Kunden. Dies gilt insbesondere bei Unternehmen, deren eigene Sicherheit die Grundlage des Vertrauens ihrer Kunden darstellt. Insider beziffern aber allein im Bereich des elek-

---

238 So schon *Sieben/v. zur Mühlen*, DSWR 1972, 397, 398; *v. zur Mühlen*, 1973, 30 f.
239 *V. zur Mühlen*, 1973, 108.
240 Vgl. *Lampe*, Tagungsbericht, Band 12, Anl. 3, S. 29; *Tiedemann*, 49. DJT, C 68.
241 Vgl. *Tiedemann*, 49. DJT, C 40 f.
242 *Tiedemann*, 49. DJT, C 41.
243 Vgl. *Schlüchter*, Kommentar zum 2. WiKG, S. 39 f.
244 Vgl. *Tiedemann*, FS Kaiser, 1373, 1374.

tronischen Überweisungsverkehrs den in den BRD jährlich unaufklärbaren Verlust auf mindestens 1 Mrd. DM.[245]

Bei den sog. Computermißbrauchsversicherungen haben sich Versicherungsgesellschaften auf diesen Wunsch eingestellt und machen im Schadensfall ihre Leistungen nicht davon abhängig, dass die geschädigte Firma Strafanzeige erstattet.[246] Dies zeigt die Unzulänglichkeiten in der Bekämpfung der Computerkriminalität. Denn die innerbetriebliche Regelung hat aus Sicht der Unternehmen den Vorrang gegenüber einer Strafanzeige. Die Betriebe erstatten häufig nur dann Anzeige, wenn der Beschuldigte das Delikt nicht zugibt, eine Tataufdeckung nicht möglich ist oder eine Wiederholungsgefahr befürchtet wird.[247]

Hingegen ist *Steinke* der Überzeugung, dass das Dunkelfeld der Computerkriminalität nicht besonders groß und die weitere Entwicklung, die weitestgehend Spezialisten vorbehalten sei, nicht sonderlich besorgniserregend sei.[248] Er stützt sich dabei auf die Zahlen im Meldedienst für die Computerkriminalität.

Die oben angeführten Gründe für das Vorhandenseins eines Dunkelfelds überzeugen, vor allem wegen der mangelnden Wahrnehmbarkeit des Delikts und der Sorge des Opfers vor negativen Schlagzeilen wegen Sicherheitslücken. Das Dunkelfeld der Computerkriminalität wird bis zum 100-fachen der bekannten Anzeigen (1994: rund 21.000) geschätzt. Der jährliche Schaden soll etwa 150 Mrd. DM betragen.[249] Dabei geht man gerade bei der Softwarepiraterie und bei der Computersabotage von einem erheblichen Dunkelfeld aus.[250] Denn der Umfang der unerlaubt angefertigten Kopien von Software ist groß. Nach Expertenschätzungen belief sich Anfang der 90er Jahre in Deutschland das Verhältnis von Raubkopien zu Originalprogrammen auf 10:1.[251] Diese Schätzung wurde jedoch inzwischen nach unten korrigiert. Die Industrievereinigung "Business Software Alliance (BSA)"[252] schätzt die Raubkopierrate in Deutschland 1998 auf 28 %.[253] Jede dritte betrieblich eingesetzte Anwendung war demnach illegal.[254]

---

245 So *Müller/Wabnitz* in der 3.A., 1993, S. 32.

246 *Paul*, CR 1993, 233, 234; *Sieben/v. zur Mühlen*, DSWR 1972, 397, 298; *v. zur Mühlen*, 1973, 31; Computerwoche Nr. 43 vom 25.10.1985 (Gespräch mit Verantwortlichen der Hermes Kreditversicherung, Hamburg).

247 Vgl. *Sieber*, Computerkriminalität, 2.A., 175, Fn. 201.

248 *Steinke*, CR 1992, 698.

249 Kriminalistik-Lexikon, 3.A. (1996), Stichwort: Computerkriminalität.

250 Vgl. PKS 1998, 233, allerdings ohne Angabe von Gründen.

251 *Meier*, JZ 1992, 657; Heinrich, JZ 1994, 938, 939 jeweils m.w.N.

252 Mitglieder sind u.a. Microsoft, Corel und Apple Computer (http://www.bsa.de/inhalt.html)

253 Aufgrund einer weltweiten Studie des unabhängigen Instituts International Planning & Research Corporation (IPR) im Auftrag der zwei international führenden Softwarever-

Das hohe Dunkelfeld erklärt auch die hohe Aufklärungsquote[255] von über 90% bei der Softwarepiraterie: Zur Anzeige werden nur gelöste Fälle gebracht. Die offizielle Schadenssumme bei der Softwarepiraterie privater Anwendungen betrug dabei 1,4 Mio. DM, in Form gewerbsmäßigen Handelns 5,2 Mio. DM. Gemessen an den Umsätzen der Software-Industrie und der großen Verbreitung von Raubkopien ein vergleichsweise geringer Betrag. Die tatsächlichen jährlichen Umsatzverluste werden in Deutschland 1998 auf 839 Mio. DM geschätzt,[256] 1997 waren es noch 891 Mio. DM.[257] Weltweit wird der Verlust durch illegale Kopien von Software 1998 auf ca. 11 Mrd. Dollar taxiert.[258] Allein bei der Unterhaltungssoftware entsteht ein Schaden von 2,5 Mrd. DM jährlich durch Raubkopien.[259] Dabei werden nur die Umsatzausfälle erhoben, die durch "klassische" Softwarepiraterie, d.h. durch Raubkopierer, die Datenträger zur illegalen Vervielfältigung von Programmen verwenden, verursacht wird. Aufgrund der Möglichkeiten des Internet entsteht durch die Internet-Piraterie ein Schaden, der angeblich weit mehr als doppelt so hoch ist. Gründe hierfür sind zum einen, dass sich die Raubkopierer in der "virtuellen Geschäftswelt" bewegen und folglich nicht lokalisierbar sind, zum anderen ist die internationale Gesetzgebung und Rechtsprechung noch nicht einheitlich.[260]

Auch in Zukunft wird daher das Dunkelfeld erheblich bleiben. Denn das Kopieren von Daten hinterläßt meist keine oder nur wenig Spuren. Insbesondere bei der Softwarepiraterie fehlen auch Möglichkeiten für die Ermittlung der Täter.

---

bände BSA sowie Software & Information Industry Association (SIIA), http://www.bsa.de/zahlen.html. 1997 waren es noch 33 %. Dagegen wurde diese Anfang der 90er Jahre noch auf 76 % geschätzt, vgl. *Sieber*, "Mißbrauch der Informationstechnik und Informationsstrafrecht", 608, 620. In Vietnam, China und den GUS-Staaten soll sie aber über 90 % liegen (BSA, http://www.bsa.de/zahlen.html).

254 *Gallist*, MMR 1998, 569; SZ, 17.11.1998, V2/15; so auch in etwa in SZ, 31.8.1998, S. 17; BSA, http://www.bsa.de/inhalt.html. Meldungen über eine Dunkelziffer von 1.000 % sind daher wohl deutlich zu hoch gegriffen (*Paul*, CR 1993, 233, 234, mit Verweis auf eine Untersuchung eines Marktforschungsunternehmens).

255 Die Aufklärungsquote bezeichnet das prozentuale Verhältnis von aufgeklärtem zu bekanntgewordenen Fällen im Berichtszeitraum. Ein aufgeklärter Fall ist die rechtswidrige (Straf-)Tat, für die nach den polizeilichen Ermittlungsergebnis ein mindestens namentlich bekannter oder auf frischer Tat ergriffener Tatverdächtiger festgestellt worden ist.

256 BSA, http://www.bsa.de/zahlen.html.

257 *Gallist*, MMR 1998, 569.

258 BSA, http://www.bsa.de/zahlen.html; SZ, 31.8.1998, S. 17; vgl. auch New York Times, 30.4.1999, mit Verweis auf eine Studie von PricewaterhouseCoopers.

259 SZ, 17.11.1998, V2/15.

260 Vgl. *Gallist*, MMR 1998, 569.

H. Polizeiliche Strafverfolgung und strafprozessuale Eingriffsbefugnisse

Entscheidend für die Beurteilung der Gefahren der Computerkriminalität ist auch, wie die Strafverfolgungsbehörden damit umgehen. Unerläßlich ist deren organisatorische Spezialisierung und Besetzung mit EDV-Spezialisten sowie eine entsprechenden Ausstattung, um das Dunkelfeld zu reduzieren und die Strafverfolgung effektiver zu gestalten.[261] Diese ist bereits im Gange.[262]
Die Entwicklung der Computer hat dazu geführt, dass auch Kriminelle ihre Aufzeichnungen elektronisch speichern und verarbeiten.[263] Die eingesetzten Computer und die Daten sind deshalb ein begehrtes Objekt der Strafverfolgungsbehörden. Erschwert wird der Zugriff auf diese Daten vor allem dann, wenn die Daten verschlüsselt abgespeichert werden, mit einem Paßwort geschützt oder gar auf einem im Ausland stehenden Rechner transferiert sind.[264] Besonders in der Wirtschaftskriminalität können die Datenmengen und die Sicherheitsvorkehrungen gegen den Zugriff der Strafverfolgungsbehörden groß sein. Selbst wenn die Strafverfolgungsbehörden bereits "vor Ort" sind, können durch unvorsichtiges Vorgehen bei der Beweissicherung die Daten gelöscht werden.[265]
Bei einer Beschlagnahme hat der Gewahrsamsinhaber den Gegenstand auf Erfordern vorzulegen und auszuliefern, § 95 Abs. 1 StPO.[266] Nur in diesem Rahmen besteht seine Mitwirkungspflicht. Darüber hinaus ist er aber nicht zur Aufbereitung der Daten verpflichtet.[267] Die erforderlichen Kennwörter können eventuell durch eine Vernehmung anwesender Personen als Zeugen erlangt werden, jedoch ist auch der Zeuge nicht zum Ausdruck von Daten verpflichtet.[268]

---

261 Vgl. auch BT-Drs. 13/11002, S. 124 f.

262 So hat das Kriminalistische Institut des BKA einen Fachbereich „Strategische Kriminalitätsanalyse" (SKA) eingerichtet. Hier versucht man, mögliche Chancen für Gesetzesbrecher schon im voraus zu ermitteln und frühzeitig Gegenmaßnahmen zu entwickeln (DIE WELT, 12.10.1999, http://www.welt.de/daten/1999/10/12/1012ns132994.htx).

263 Vgl. *Paul*, CR 1993, 233, 235.

264 Allerdings werden bereits Gespräche über die "grenzüberschreitende Durchsuchung" ("transbonder search") geführt, die rein technisch leicht möglich sind. Zur Kryprokontroverse vgl. unten § 5C.III.2, zur Außerkraftsetzung der Verschlüsselungsprogramme vgl. unten bei Fn. 655.

265 Vgl. zu dieser Art der "Verdunkelung" von Beweismitteln *Bär*, Der Zugriff auf Computerdaten im Strafverfahren, S. 46; zu den Problem im Ausland hinsichtlich der Probleme bei der Durchsuchung von Computersystemen, bei der Beschlagnahme von Daten, bei der Aufzeichnung der Telekommunikation zwischen Computersystemen, beim Zugriff auf Fernmeldedaten und bei der elektronischen Überwachung von Computern vgl. *Sieber*, Mißbrauch der Informationstechnik und Informationsstrafrecht, 608, 637.

266 Der Beschuldigte selbst muß den Schlüssel nicht herausgeben, s. unten bei Fn. 646.

267 *Möhrenschlager*, wistra 1991, 321, 329 mit Verweis auf eine entgegenstehende Rechtsprechung des LG Oldenburg, CR 1988, 679.

268 *Sieber*, "Mißbrauch der Informationstechnik und Informationsstrafrecht", 608, 637; *Hoeren/Sieber-Sieber*, Teil 19, Rz. 711; vgl. *Bär*, a.a.O., S. 217, 385 f., 387 f. ("Diese Form

Die Vorschriften über die Durchsuchung, §§ 102 ff. StPO, sind anwendbar, wenn zum Auffinden von Beweismitteln nach Computern und Datenträgern gefahndet wird. Zulässig ist dabei auch das Auffinden von "Spuren", die nicht der Beschlagnahme fähig sind, z.B. die Einsichtnahme in auf einem Bildschirm sichtbare Daten.[269] Dabei ist grundsätzlich auch die Inbetriebnahme solcher Anlagen zulässig.[270] Die Durchsicht der Datenträger und der Computer erfolgt gem. § 110 StPO.[271]

In einer Entscheidung zum heimlichen Zugriff auf Daten in einer Mailbox führt der BGH[272] zu recht aus, dass sich der beabsichtigte Datenzugriff nicht nach den Vorschriften über die Durchsuchung und Beschlagnahme nach §§ 94 ff., 102 ff. StPO[273] beurteilt, da die Beschlagnahme auf körperliche Gegenstände beschränkt ist und auch kein körperliches Eindringen in einen Raum vorliegt. Vielmehr ist § 110 a StPO anzuwenden. Der Begriff des Fernmeldeverkehrs in § 100 a StPO umfaßt nämlich neben dem klassischen Telefonverkehr auch andere nichtkörperliche Telekommunikationsformen wie etwa Bildtelefon, Telefax oder e-mail.[274] Es ist nach Auffassung des BGH auch nicht sachgerecht, einen Zugriff auf gespeicherte Daten in der bezeichneten Weise aus dem Anwendungsbereich des § 100 a StPO zu nehmen. Dieser darf nicht auf den jeweiligen aktuellen Übermittlungsvorgang innerhalb des öffentlichen Leitungsnetzes beschränkt sein.[275] Zusätzlich sind jedoch die Voraussetzungen des § 103 Abs. 1 S. 1 StPO zu berücksichtigen, und der Zugriff auf die bereits gespeicherten Daten darf nur einmal erfolgen.[276]

---

der Inanspruchnahme beruht nicht mehr auf der Mitteilung eigener Wahrnehmungen"); BT-Drs. 13/11002, S. 119; vgl. auch *Bär*, a.a.O., S. 418 ff., zur von ihm verneinten Verpflichtung zum Datenausdruck gem. § 261 HGB (im Gegensatz zu LG Oldenburg, CR 1988, 679) sowie S. 437 ff. zur allgemeinen staatsbürgerlichen Mitwirkungspflicht.

269 *Möhrenschlager*, wistra 1991, 321, 329.

270 *Kleinknecht/Meyer-Goßner*, 44.A., § 102, Rz. 10a.

271 *Kleinknecht/Meyer-Goßner*, 44.A., § 110, Rz. 1; BGH, StV 1988, 90.

272 BGH, NJW 1997, 1934 ff. = CR 1996, 488 ff. mit Anm. *Bär*; siehe auch *Hoeren/Sieber-Sieber*, Teil 19, Rz. 701 ff.; vgl. auch LG Hanau, NJW 1999, 3647.

273 Hingegen halten *Palm/Roy*, NJW 1997, 1904, § 100 a StPO für unanwendbar und nur die Durchsuchung und Beschlagnahme für zulässig. *KK-Nack*, 4.A., § 100 a, Rz. 7 ff., unterscheidet 3 Phasen: das Absenden der Nachricht bis zum Ankommen im Speicher des Mailbox-Betreibers, das „Ruhen" der Nachricht und das Abrufen der Nachricht durch den Empfänger. Für die 2. Phase gelten demnach § 94 StPO, ansonsten ebenfalls §§ 100 a, 100 b StPO; *Matzky* (S. 244) beurteilt den Zugriff auf den Datenbetsand eines Mailbox-Rechners nach §§ 94 ff., 102 ff.

274 Vgl. § 3 Nr. 16 TKG; *Kleinknecht/Meyer-Goßner*, 44.A., § 100 a, Rz. 2; KK-Nack, 4.A., § 100 a, Rz. 2; *Bär*, CR 1998, 434, 435.

275 BGH, NJW 1997, 1934, 1935. So auch *Kudlich*, JuS 1998, 209, 214; dagegen *Bär*, CR 1996, 490, 491.

276 Ein mehrfacher Zugriff ist auch nicht erforderlich, da die Datenveränderungen im Wege

Zu diskutieren ist der derzeit noch bestehende Unterschied für die Postbeschlagnahme gemäß §§ 94, 99 StPO einerseits und die Überwachung des e-mails-Verkehrs gemäß § 100 a StPO andererseits. Denn für letztere muß der einfache Verdacht einer Katalogtat vorliegen.[277] Allerdings kann hier die Überwachung und Auswertung durch die Digitalisierung auch wesentlich leichter vonstatten gehen.[278]

Für den Zugriff auf Fernmeldedaten haben die Betreiber von Telekommunikationsanlagen gem. § 88 Abs. 1 TKG die technischen Einrichtungen zur Umsetzung der gesetzlich vorgesehenen Maßnahmen zur Überwachung der Telekommunikation auf eigene Kosten[279] zu gestalten und vorzuhalten. § 100 b Abs. 3 StPO nimmt hierauf Bezug.[280] § 90 TKG verpflichtet die Anbieter von Telekommunikationsdiensten, Kundendateien zu führen, die die Regulierungsbehörde so abrufen kann, dass dem Anbieter dieses nicht zur Kenntnis gelangt. Die Regulierungsbehörde leitet diese Daten dann auf Ersuchen an die in Absatz 3 genannten Sicherheitsbehörden weiter.

Die Strafverfolgungsbehörden werden im Bereich der Verfolgung der Kriminalität auch im Internet aktiv. Sogenannte "Netzpatrouillen" durchsuchen in zunehmendem Maße anlaßunabhängig das Internet nach strafrechtlich relevantem Material und leiten ihre Erkenntnisse an die Strafverfolgungsbehörden weiter.[281] Ein zumindest fragwürdiges Unterfangen, soweit dadurch die private Kommu-

---

der normalen Telefonüberwachung nachvollzogen werden können; vgl. auch *Kudlich*, JuS 1998, 209, 214.

277 Vgl. *Volk*, StPO, § 10, Rz. 41.

278 Vgl. BT-Drs. 13/11002, S. 118.

279 Das kann enorme Kosten verursachen, denn z.B. die Einrichtung eines einfachen und preiswerten Überwachungssystems für einen kleinen Internet-Provider kostet bereits zwischen 15.000 und 30.000 DM, die laufende Betreuung nochmals 100.000 DM jährlich (*Schulzki-Haddouti*, SZ 19.5.1999, V3/7).

280 Zu den Schwierigkeiten bei der praktischen Durchführung vgl. *Bär*, CR 1998, 434, 436 f.

281 Auf Bundesebene erfolgt dies nach einem Beschluß der Innenminister aus Bund und Ländern durch eine Zentralstelle des BKA mit rund 20 Beamten. In den ersten fünf Monaten wurden 40 linksextremistische Aufrufe zu Gewalttaten, 22 rechtsextremistische Internet-Botschaften und 368 Fälle von Kinderpornographie entdeckt (http://www.heise.de/newsticker/data/ame-16.06.99-000/; SZ, 22.6.1999, V2/12). In Bayern geschieht dies beim LKA und beim Polizeipräsidium München (vgl. http://www.polizei.bayern.de/schutz/kriminal/text.htm). Zu verdachtslosen Recherchen und Ermittlungen im Internet vgl. *Zöller*, GA 2000, 563 ff.
Allerdings stellt sich die Frage, inwieweit die Bundesrepublik Deutschland dem Ausland ihre Wertvorstellungen, die einer deutschen Strafbarkeit zugrundeliegen, aufzwingen darf, wenn die Daten im Ausland selbst als strafrechtlich irrelevant angesehen werden, vgl. BT-Drs. 13/11004, S. 23.

nikation wahllos überwacht wird.[282] Hierzu werden selbstverständlich auch (anonyme) Hinweise verwendet, die vielfach von Initiativen[283] gegeben werden.

Die Internationalisierung der Computerkriminalität hat jedoch zur Folge, dass der Täter häufig nicht gefaßt werden kann. Dieses Manko kann nur durch eine internationale Zusammenarbeit auf dem Gebiet der Strafverfolgung abgeschafft werden.[284] Deshalb wurde von den führenden westlichen Industrienationen und Rußland die G-8-Arbeitsgruppe "High-Tech-Kriminalität" eingerichtet, die eine 24-Stunden-Kontaktgruppe unterhält. Ziel ist es, sich über die Landesgrenzen hinweg bei der Sicherstellung von Beweisdaten zu helfen. Dazu soll auch die Vorgehensweise bei der Durchsuchung und Beschlagnahme vereinheitlicht werden, damit die Beweise auch gegenseitig anerkannt werden.[285]

Die polizeiliche Strafverfolgung und die strafprozessualen Eingriffsbefugnisse sind nicht hinreichend für die Bekämpfung und Verfolgung der Computerkriminalität effektiviert. In vielen Bereichen besteht ein großer Handlungsbedarf.

---

282 Für den Bundesdatenschutzbeauftragten *Jacob* kann dies letztlich zu einem Einschüchterungseffekt führen, der Meinungsfreiheit, Meinungsvielsfalt und damit auch die Demokratie gefährden könnte (17. Tätigkeitsbericht 1997-1998).

283 Die u.a. vom Deutschen Kinderschutzbund, Stern Online und Spiegel Online ins Leben gerufene Initiative "Netz gegen Kinderpornographie" hat bislang 450 Hinweise gegeben, die zu 300 Ermittlungsverfahren führten; vgl. auch unten § 5B.I.
Polizei und Provider sollen aufgrund einer Initiative des BKA gemeinsam einen Code-of-Conduct sowie Absprachereglen von Vorgehensweisen bei der Strafverfolgung erarbeiten. (vgl. c't 01/99, S. 16).

284 Vgl. *Paul*, CR 1993, 233, 235.

285 *Schulzki-Haddouti*, http://www.heise.de/tp/deutsch/inhalt/te/2937/1.html, 11.6.1999; *dies.*, SZ, 8.6.1999, V2/17. Ein Schlagwort in dieser Diskussion ist „Enfopol", vgl. dazu http://www.spiegel.de/netzwelt/politik/0,1518,51141,00.html und http://www.heise.de/tp/deutsch/special/enfo/default.html.

§ 3 Weitergehende Kriminalisierung

In der Diskussion steht auch eine Ausweitung der bestehenden sowie die Neuschaffung einzelner Straftatbestände. Damit soll die Computerkriminalität wirkungsvoller bekämpft werden.

A. Erstellen von Computerviren

Die Programmierung eines Computervirus wird vielfach als strafwürdig angesehen.[286] Damit möchte man bereits die Vorstufe des eigentlichen Schadenseintritts unter Strafe stellen. Denn sobald und soweit der Computervirus tatsächlich Daten infiziert, kommt eine Strafbarkeit v.a. gemäß §§ 303 a, 303 b StGB in Betracht.
Ein Computervirus ist nach heute gängiger Definition "eine nicht selbständige Programmroutine, die sich selbst reproduziert und dadurch vom Anwender nicht kontrollierbare Manipulationen in Systembereichen, an anderen Programmen oder deren Umgebung vornimmt"[287]. Computerviren gehören zu den Programmen mit Schadensfunktionen.[288] Der Schaden liegt nicht unbedingt im Verlust materieller Werte, sondern insbesondere im Verlust oder der Verfälschung von Daten oder Programmen. Diese Folgen können sowohl unbeabsichtigt als auch bewußt gesteuert auftreten.

I. Entwicklung und Gefahrenpotential der Computerviren

Es stellt sich zunächst die Frage, ob der Gesetzgeber des 2. WiKG bewußt die Programmierung von Computerviren nicht unter Strafe gestellt hat oder ob er deren potentielle Gefahr noch nicht in seine Überlegung miteinbeziehen konnte. Hierzu dient ein kurzer Ausblick auf die Entwicklung der Computerviren bis ins Jahr 1986.[289]

Zwar wurde schon 1949 durch den ungarischen Informatiker *von Neumann* ein Virusprogramm präsentiert, dieses wird aber erst heute als Virus angesehen. Er erläuterte seine Theorie über Computerprogramme, welche sich selbst vervielfältigen können, blieb dabei aber ohne Beachtung. 1980 verfaßte *Kraus* eine Di-

---

[286] Vgl. die Nachweise in Fn 307.

[287] http://www.bsi.de/literat/viren/kap1/kap1_2.htm; vgl. auch *v. Gravenreuth*, Computerviren, 2.A., 1998, S. 1 f.

[288] Zur Frage nach „gutartigen" Computerviren vgl. Vgl. *v. Gravenreuth*, Computerviren, 2.A., S. 16 f.

[289] Quelle: *Jamin*, Computerviren – Merkmale und Gegenmittel.

plomarbeit mit dem Titel "Selbstreproduktion bei Programmen". In dieser Arbeit wurde zum ersten Mal auf die Möglichkeit hingewiesen, dass sich bestimmte Programme ähnlich wie biologische Viren verhalten können. *Kraus* schilderte die Konstruktion möglichst einfacher selbstreproduzierender Programme. Die Arbeit wurde nicht veröffentlicht.

Der Begriff „Computervirus“ wurde erstmals 1981 von *Adleman* in seiner Diskussion mit *Cohen* über sich selbst reproduzierende Programme verwandt. 1984 veröffentlichte *Cohen* dann seine Dissertation mit dem Titel "Computer Viruses - Theory and Experiments". Da er insbesondere auf die Gefahren einging, die Computer-Viren für Rechner darstellen können, erregte seine Untersuchung auch internationales Aufsehen.

Ende 1983 wurde der erste funktionsfähige Virus unter dem Betriebssystem UNIX entwickelt. Erst im April 1985 publizierte eine deutschsprachige Zeitschrift ("Bayerische Hackerpost") über Computerviren und *Cohens* Doktorarbeit. Man sah ein großes Risiko für Großrechneranlagen, nicht aber für Personal Computer. Kurz darauf folgte in der Zeitschrift „KES“ die erste fachliche Arbeit über Computerviren in deutscher Sprache.

Im Januar 1986 wurde die ersten MS-DOS-Viren entdeckt, die einfach aufgebaut waren und anhand fester Zeichenfolgen im Programm-Code entdeckt werden konnten. Häufig sollte zu irgendeinem bestimmten Zeitpunkt eine Meldung erscheinen. Nach solchen Meldungstexten wurde gesucht, um den Virus selbst zu entdecken.[290]

Als Resümee dieses geschichtlichen Überblicks kann somit festgehalten werden, dass zum Zeitpunkt des Erlasses des 2. WiKG sowohl der Gesetzgeber wie auch die Fachwelt noch nicht ausreichend über die Gefahren von Computerviren informiert sein konnten, um in irgendeiner Weise gesetzgeberisch darauf reagieren zu können.

1990 tauchten die ersten sog. polymorphen Computerviren auf.[291] Um einen der-

---

290 Vgl. http://www.bsi.de/literat/viren/kap1/kap1_1.htm sowie zur Geschichte der Computerviren: http://support.uni-oldenburg.de/antivir/Gesch.htm.

291 Soll ein Programm eine bestimmte Funktion erfüllen, so kann man dafür die verschiedensten Befehle in der unterschiedlichsten Anordnung verwenden. Zur Verdeutlichung ein Vergleich: Soll durch eine Addition von Zahlen ein bestimmter Wert, z.B. 17, erreicht werden, so kann man auf verschiedene Weise vorgehen: 7+10 oder 7+9+1 oder 2+6+0+9 oder 6+7+8+1-9+9-5 usw. Polymorphe Viren funktionieren ähnlich, indem sie entweder verschiedene Befehle verwenden bzw. Befehle anders anordnen. Dadurch können die unterschiedlichsten Programmcodes die gleiche Virusfunktion ergeben.

artigen Virus zu entdecken, genügt es nicht mehr, nach bestimmten Zeichenfolgen zu suchen, sondern man muß ein algorithmisches Verfahren, das nach bestimmten Eigenschaften des Virus sucht, anwenden. Zunehmend wurden in Zeitschriften und Büchern Programmcodes für Viren abgedruckt, so dass auch weniger versierte Personen durch Abtippen der Befehle neue Viren kreieren konnten. Sog. "Viren-Baukästen" können sogar die Arbeit des Abtippens abnehmen.[292] Bei speziellen Programmen benötigt man lediglich einen einzigen fertigen Virus, und nach dessen Behandlung mit diesem Programmsystem entstehen Millionen von verschiedenen Varianten.

Ab Mitte 1995 traten sogenannte Makroviren[293] auf. In der Praxis hat diese Bedrohung insbesondere bei den Dateien der Programme Winword und Excel seit 1996 weltweit beträchtlich zugenommen. Die Word-Makro-Viren haben inzwischen die Spitzenstellung bei den gemeldeten Infektionen eingenommen.[294]

Der Personenkreis der Programmierer von Computerviren reicht vom Schüler, der seinem Freund einen Streich spielen will und deshalb einen harmlosen Virus verbreitet, über das (angeblich) verkannte Genie, das glaubt, auf diese Weise seine Programmierkunst beweisen zu müssen, bis hin zum Cyber-Terroristen, der möglichst viel Schaden anrichten will.[295] Somit kann hier kein einheitliches Täterprofil erstellt werden.

Bei den am meisten verbreiteten Betriebssystemen wurden Ende 1997 weltweit rund 18.000 Viren (einschließlich Varianten) gezählt.[296] Entsprechend vielfältig sind weitere Merkmale und Eigenschaften.[297] Jedoch sind nur 50 bis 100 fehlerfrei programmiert und lediglich 10 bis 20 potentiell gefährliche Viren im Umlauf.[298] 1990 haben Computerviren in Deutschland mehr als 160 Mio. DM Schaden verursacht, 1992 waren es schon Schäden in Höhe von mindestens 230 Mio. DM. Die früheren Hochrechnungen, die für das Jahr 2000 einen Aufwand von einer halben Milliarde Mark für die Behebung von Virenschäden prognostizierten,[299] sind inzwischen längst überholt. Allein in der ersten Hälfte 1999 wurden

---

292 Vgl. *v. Gravenreuth*, Computerviren, 2.A., S. 29.

293 Beim Aufruf des Makros werden häufig benötigte Steuerungsaufgaben automatisch ausgeführt.

294 Zwar sind nur 13% aller Computerviren Makro-Viren, aber sie verursachen 80% aller Schäden (SZ, 10.11.1998). Nach einer Statistik des BSI haben Makroviren inzwischen einen "Marktanteil" von knapp 50 %.

295 IT-Grundschutzhandbuch 1997; sie sind typischerweise 20 bis 30 Jahre alt und - soweit bekannt - männlich (SZ, 10.11.1998).

296 Nach einer Meldung des BSI erscheinen pro Monat ca. 200 neue Viren.

297 IT-Grundschutzhandbuch 1997.

298 SZ, 10.11.1998.

299 http://support.uni-oldenburg.de/antivir/Gesch.htm; in den USA entstehen den Unterneh-

durch Viren weltweit Schäden in Höhe von 7,6 Mrd. US-Dollar verursacht,[300] der Makrovirus "Melissa"[301] richtete in den USA und Kanada bislang Schäden von ca. 720 Mio. DM an.[302]

Es gibt vor allem zwei Gründe für diese Entwicklung. Zum einen bietet die weltweite Vernetzung eine ideale Infrastruktur für die rasche Verbreitung, zum anderen sorgt die fast monopolartige Stellung des Windows-Betriebssystems für eine anfällige Monokultur.

Die Schäden in diesem Komplex lassen sich dabei verschiedenen Bereichen zuordnen:[303]

- Beabsichtigte, programmierte zerstörerische Schadensfunktionen.
- Unbeabsichtigte Nebeneffekte bei angeblich harmlosen "Scherz-Viren".
- Inanspruchnahme von Speicherplatz im Hauptspeicher und auf Datenträgern.
- Materieller und personeller Aufwand beim Suchen und Entfernen.
- Zusätzlich zu ergreifende organisatorische Abwehrmaßnahmen.
- Panikreaktionen von Anwendern.
- Verunsicherung der Anwender.

Das Versenden von sog. "Hoaxes" – meist sind dies Warnungen vor angeblichen Viren – sind an sich nicht schädlich, sondern eben oft nur als Scherz gedacht. Aber durch die massenhafte Verbreitung von warnenden e-mails entsteht eine erhebliche Netzbelastung. Zudem verursachen die digitalen Scherze Kosten dadurch, dass sich der Adressat mit falschen Virenmeldungen beschäftigt.[304]

Bisher waren die Programmierer von Anti-Virus-Software stets in der Lage, den Vorsprung der Virenprogrammierer im Wettlauf mit der Zeit relativ rasch einzuholen. Dass das auch weiterhin so bleibt, ist zu hoffen. Im Kampf gegen die "digitale Epidemie" bilden sich Teams aus Spezialisten der Anti-Viren-Firmen, die in Zentren in der ganzen Welt 24 Stunden am Tag einsatzbereit sind.[305]

---

men derzeit jährlich Schäden in Höhe von 550 Mio. US-Dollar (SZ, 10.11.98). Durchschnittlich 15.000 DM kostet Firmen eine Virenattacke. 115 Stunden dauert es im Schnitt, bis ein Firmennetz nach einem Virenbefall wieder bereinigt ist (Internationale Vereinigung für Computersicherheit ICSA, in SZ, 10.11.1998).

300 http://www.heise.de/newsticker/data/fr-19.06.99-000/.

301 Vgl. http://www.heise.de/tp/deutsch/inhalt/te/1993/1.html.

302 SZ, 17.6.1999.

303 Computer-Viren, http://www.bsi.de/literat/faltbl/vir003.htm.

304 Vgl. SZ, 24.11.1998.

305 SZ, 10.11.1998. Als neueste Abwehrtechnik wird ein virtueller Computer kreiiert, in dem die Viren ihre Schadensfunktionen entfalten, weil sie nicht feststellen können, dass sie nur in einer künstlich erzeugten Welt aktiviert wurden. Einmal enttarnt, können sie nun

II. Strafbarkeit der Programmierung von Computerviren

Geht man davon aus, dass das Risikostrafrecht vor Gefahren schützen soll, die unkalkulierbar sind,[306] so erscheint es insofern nachvollziehbar, dass zunehmend die Schaffung abstrakter Gefährdungsdelikte zur Bekämpfung von Computerviren gefordert wird.[307] Immer wieder wird verlangt, dass durch den Gesetzgeber geprüft wird, inwieweit man der Ausbreitung von Viren, der Veröffentlichung von Virencodes und insbesondere der Verbreitung von Virenbaukästen einen wirksamen Riegel vorschieben kann.[308]

Das schweizerische[309] Strafgesetzbuch bietet seit dem 1.1.1995 mit der Nummer 2 des Art. 144*bis* ("Datenbeschädigung")[310] als abstraktes Gefährdungsdelikt die Möglichkeit, gegen den Verbreiter von Computerviren strafrechtlich vorzugehen. Diese Vorschrift begründet eine sehr weitgehende Strafbarkeit, da sogar beispielsweise die bloße Anleitung zur Herstellung unter Strafe gestellt ist.[311] Dies ist im deutschen Strafrecht selbst bei den Geldfälschungs-[312] und Urkun-

---

bekämpft werden, vgl. SZ, 23.2.2000, V2/25.

306 Zum Risikostrafrecht s.o. § 4B.

307 *Sieber*, "Mißbrauch der Informationstechnik und Informationsstrafrecht", 608, 631 in Fn. 65; *ders.*, ZStW 104 (1992), 697, 709; *Dannecker*, BB 1996, 1285, 1289 und 1291. In den USA sollte der "Computer Virus Eradication Act of 1989" (10st Congress, 1st Session, H. R. 55) Schutz vor Viren bieten. Die absichtliche Infiltration von Viren wird unter Strafe gestellt, sofern diese finanzielle Verluste oder Auswirkungen auf das allgemeine Wohl zur Folge hat. Vor allem in Bezug auf Viren, die nur zu Zeitverlusten führen, existierte in den USA noch keine juristische Regelung (CR 1989, 662).

308 BSI, 1.1 Geschichte der Computer-Viren; vgl. BT-Drs. 13/11002, S. 117 und 13/11004, S. 23; vgl. auch die Empfehlung des Europarats No. R (89) 9 vom 13.9.1989, wonach die Verbreitung von Viren unter Strafe gestellt werden kann.

309 So stellt Finnland das Schreiben und Verbreiten von Viren mit bis zu zwei Jahren Gefängnis unter Strafe, http://www.heise.de/tp/deutsch/inhalt/te/5316/1.html. Zu den Straftatbeständen anderer europäischer Staaten vgl. *v. Gravenreuth*, Computerviren, 2.A., 1998, S. 103 ff.

310 Art. 144*bis* Datenbeschädigung
1. Wer unbefugt elektronisch oder in vergleichbarer Weise gespeicherte oder übermittelte Daten löscht, verändert oder unbrauchbar macht, wird, auf Antrag, mit Gefängnis oder mit Buße bestraft.
Hat der Täter einen großen Schaden verursacht, so kann auf Zuchthaus bis zu fünf Jahren erkannt werden. Die Tat wird von Amtes wegen verfolgt.
2. Wer Programme, von denen er weiß oder annehmen muß, dass sie zu den in Ziffer 1 genannten Zwecken verwendet werden sollen, herstellt, einführt, in Verkehr bringt, anpreist, anbietet oder sonstwie zugänglich macht oder zu ihrer Herstellung Anleitung gibt, wird mit Gefängnis oder mit Buße bestraft.
Handelt der Täter gewerbsmäßig, so kann auf Zuchthaus bis zu fünf Jahren erkannt werden.

311 Zu Art. 144*bis* schweizerisches StGB vgl. *Schmid*, CR 1996, 163, 168 f.

312 Hierzu ausführlich *Hefendehl*, JR 1996, 353 ff. Bei den Geldfälschungsdelikten ist Zweck

dendelikten nicht strafbar. Hier wird erst das Herstellen sanktioniert, das zudem in der Absicht geschehen muß, das Falschgeld in den Verkehr zu bringen bzw. durch die Tathandlung im Rechtsverkehr zu täuschen.[313] Geht man von diesen (deutschen) Tatbeständen aus, kann nur der bereits zur Computersabotage entschlossene Programmierer von Computerviren für eine vorverlagerte Strafbarkeit in Betracht kommen.

Es stellt sich daher die Frage, inwieweit es legitim ist, ein Handeln unter Strafe zu stellen, das selbst keinen legitimen Zweck zu verfolgen scheint, als Mittel privater Lebensgestaltung mithin ausscheidet, sondern letztlich nur als Rechtsgutsgefährdung anzusehen ist. Dies kann aber nur ein Indiz für eine legitime Pönalisierung sein, "positiv nachgewiesen ist die Legitimität freilich dadurch noch nicht, wenn man mit der Notwendigkeit eines hinreichenden Bezugs von tatbestandsmäßiger Handlung und Rechtsgut auf der Kriminalisierungsebene Ernst macht."[314]

Der Programmierer eines Computervirus stellt ein Tatmittel her, das geeignet ist, Schäden zu verursachen. Sobald dieser Virus "freigesetzt" ist, ist es ihm nicht mehr möglich, auf diesen einzuwirken oder die Verbreitung aufzuhalten. Die schädigende Kausalkette droht sich in der Anonymität der Massengesellschaft zu verlieren.[315] Die Zurechnung eines bestimmten Computervirus zu seinem Erzeuger ist schwer. Und es erscheint kaum vorstellbar, dass der Programmierer aus reiner Freude am Programmieren einen Virus schreibt, dem die Schadensneigung inhärent ist. Im Gegensatz dazu gibt es allerdings auch zahlreiche harmlose Viren, die beispielsweise nur eine kleine Meldung auf dem Bildschirm erzeugen und sich dann wieder selbst löschen. Hier wird zwar die Verletzlichkeit des Systems demonstriert, aber es droht keine tatsächliche Gefahr für das Rechtsgut.

Sofern man eine Strafbarkeit überhaupt in Erwägung zieht, kommen verschiedene Ausgestaltungen des Tatbestandes in Betracht. Für das bloße Erstellen von Computerviren könnte man in Anlehnung an den schweizerischen Straftatbe-

---

der Vorschrift, das Allgemeininteresse an der Sicherheit und Zuverlässigkeit des Geldverkehrs und das Vertrauen in diesen zu schützen. Mit § 149 soll schon Handlungen entgegengetreten werden können, die den Boden für die Geld- und Wertzeichenfälschung erst vorbereiten (*Sch/Sch-Stree/Sternberg-Lieben*, 26.A., § 146, Rz. 1, sowie § 149, Rz. 1).

[313] Vgl. § 146 Abs. 1 Nr. 1 und 2 und § 267 Abs. 1. Auch bei § 149 wird gefordert, dass die Vorbereitungshandlung mit dem Vorsatz geschehen muß, die in Aussicht genommene Tat zu fördern, vgl. *Tröndle/Fischer*, 50.A., § 149, Rz. 2; *LK-Ruß*, 11.A., 2000, § 149, Rz. 6.

[314] *Hefendehl*, Kollektive Rechtsgüter im Strafrecht, § 5 V 4b.

[315] *Schünemann*, GA 1995, 201, 212.

stand ein abstraktes Gefährdungsdelikt[316] schaffen, weil eben diese Neuschöpfung als solche eine Gefahr für die Datenverarbeitung werden kann.
Falls man zusätzlich fordert, dass der Computervirus in Umlauf gelangt und die Gefahr einer Datenveränderung oder Computersabotage besteht, könnte dies ein konkretes Gefährdungsdelikt[317] begründen.

Beide Varianten stoßen aber auf berechtigte Kritik. Die Schaffung von abstrakten Gefährdungsdelikten im Bereich von Computerviren stellt eine zu weitgehende strafrechtliche Verschärfung dar.[318] Motiv[319] im Bereich der Strafbarkeit der Programmierung von Computerviren wäre die Integrität, Verfügbarkeit und Verbindlichkeit von Daten. Aber es besteht im Moment der Programmierung noch keine Verbindung zu dem einzelnen Arbeitsplatz und den denkbaren Rechtsgütern Dritter. Ein Vergleich verdeutlicht dies. Bei der Trunkenheit im Verkehr (§ 316 StGB) ist es notwendig, dass sich der Täter bereits mit dem Auto fortbewegt. Ein bloßes Betrinken mit dem Vorsatz, anschließend Auto zu fahren, erfüllt diesen Tatbestand nicht.[320] Handlung und Tatobjekt sind zu weit voneinander entfernt. Nichts anderes kann bei der Programmierung von Computerviren gelten.[321]
In diesem Bereich besteht ein Freiheitsanspruch des Individuums[322] in dem Sinne, dass der Staat nicht eingreifen darf, wenn der Bürger Computerviren auf seinem PC programmiert. Zwar wäre dies allenfalls eine vorübergehende Garantie, dass nichts passiert. Es bliebe immer die Wahrscheinlichkeit, dass es doch noch zu einem Delikt kommt.[323] Die Grenze muß aber darin liegen, dass nur solches Verhalten kriminalisiert wird, das unabhängig von aktuellen Planungen des Tä-

---

316 Bei diesen beruht die Strafwürdigkeit auf der generellen Gefährlichkeit der tatbestandsmäßigen Handlung, der Eintritt der Gefahr selbst gehört hier also nicht zum Tatbestand (*Jescheck/Weigend*, AT, 5.A., § 26 II 2; *Roxin*, AT, 3.A., § 10, Rz. 123 und § 11, Rz. 127 ff.).

317 Bei diesen wird die Gefahr einer Verletzung als Erfolg der Handlung gefordert. Das Handlungsobjekt im individuellen Fall hat sich wirklich in Gefahr befunden, ein Ausbleiben des Erfolgs ist mithin nur zufällig (*Roxin*, AT, 3.A., § 10, Rz. 123 und § 11, Rz. 121 ff.).

318 So auch *Sieber*, "Mißbrauch der Informationstechnik und Informationsstrafrecht", 608, 642 in Fn. 108.

319 Das geschützte Rechtsgut eines abstrakten Gefährdungsdelikts wird im Tatbestand nicht genannt, sondern ist nur der Beweggrund für die Schaffung eines derartigen Delikts, vgl. *Roxin*, AT, 3.A., § 2, Rz. 25.

320 Erforderlich ist bei § 316, dass der Täter das Auto führt, also das Fahrzeug in Bewegung setzt oder es unter Handhabung seiner technischen Vorrichtungen während der Fahrtbewegung lenkt, *Tröndle/Fischer*, 50.A., § 316, Rz. 4 mit Verweis auf § 315 c, Rz. 3.

321 Zu den Geldfälschungsdelikten vgl. bereits oben bei Fn. 313.

322 *Schünemann*, GA 1995, 201, 210 ff., insbesondere 212 f. (2. Prüfungsstufe).

323 Vgl. *Jakobs*, ZStW 97 (1985), 751, 770 f.

ters nicht mehr toleriert werden kann.[324] Ein wichtiges Indiz für die Strafwürdigkeit von Vorbereitungshandlungen ist die Möglichkeit, dass sich Dritte die vorhandenen Vorrichtungen und dergleichen für kriminelle Zwecke zunutze machen.[325] Das kann bei Computerviren also nur der Fall sein, wenn diese Dritten zugänglich gemacht werden. Die Programmierung allein ist hierfür gerade nicht geeignet, so dass auch aus diesem Grund die Schaffung eines derartigen abstrakten Gefährdungsdelikt abzulehnen ist.

In dem Moment, in dem der Virus in Umlauf gebracht wird, greift jedoch bereits die Versuchsstrafbarkeit der §§ 303 a Abs. 2 und 303 b Abs. 2 StGB, wenn der Täter den Vorsatz hat, eine Datenveränderung oder Computersabotage zu verursachen. Denn der Virus wird entweder zielgerichtet an einen bestimmten Personenkreis gesendet oder auf einem Server in Verbindung mit einer unverfänglich wirkenden Datei zum Herunterladen angeboten. Immer sollen dadurch Datenverarbeitungsanlagen vorsätzlich beeinträchtigt werden. Gerade in der Bestimmung des vorsätzlichen Beeinträchtigens liegt jedoch ein Problem. Denn wenn ein Programmierer den Computervirus freisetzt, kann er nicht wissen, ob überhaupt Computer[326] und in welchem Umfang ein einzelner Computer in seiner Funktion gestört wird. Allerdings genügt es für den bedingten Vorsatz, wenn der Täter die Möglichkeit ernstnimmt, dass der Erfolg eintritt, also mit ihr rechnet. Es ist nicht erforderlich, dass er schon zu diesem Zeitpunkt konkret weiß, welche Rechner im einzelnen beeinträchtigt werden. Der Unrechtskern ist hinreichend bestimmt, wenn er weiß, dass ein bestimmter tatbestandlicher Erfolg eintritt. Damit macht sich der Täter wegen versuchter Datenveränderung, § 303 a Abs. 2 StGB, bzw. versuchter Computersabotage, § 303 b Abs. 2 StGB, strafbar. Der dann anzusetzende Strafrahmen genügt.[327]

Eine weitere Vorfeldkriminalisierung ist nicht notwendig.[328] Das bloße, versehentliche Freisetzen eines Computervirus und die damit verbundene Möglichkeit einer Infektion eines Computers beeinträchtigt die Rechtsgüter noch nicht direkt. Zwar liegt nun der Vergleich zu § 316 StGB näher. Hier reicht es aus, wenn der fahruntüchtige Fahrer ein Fahrzeug führt, obwohl er eigentlich nicht mehr in der

---

324 *Jakobs*, ZStW 97 (1985), 751, 765 und 771.

325 *Weber*, Beilage ZStW 1987, 1, 18.

326 Hier liegt der Unterschied zum Schulbeispiel des Massenmörders Thomas, der sich nicht ganz sicher ist, ob die von ihm gelegte Bombe explodieren wird, aber für diesen Fall vom sicheren Tod der Schiffsbesatzung ausgegangen ist, mithin also mit direktem Vorsatz handelte, vgl. *Roxin*, AT, 3.A., § 12, Rz. 18.

327 Gemäß §§ 23 Abs. 2, 49 StGB besteht die Möglichkeit (!) der Strafmilderung für den Versuch der §§ 303 a, 303 b StGB. Das Höchstmaß der Freiheitsstrafe ist dann 21 Monate bei § 303 a StGB bzw. 3 Jahre und 9 Monate bei § 303 b StGB.

328 Die Enquete-Kommission hat diesbezüglich noch eine Prüfungsempfehlung abgegeben, vgl. BT-Drs. 13/11002, S. 117.

Lage ist, es sicher zu führen. Und der Virus droht Daten, die mit ihm in Kontakt kommen, anzugreifen und zu beeinträchtigen.
Doch liegt tatsächlich kein Bedürfnis für eine Gefährdungsstrafbarkeit vor. Durch das nicht zielgerichtete in Umlauf bringen der Computerviren droht keine Verletzung eines elementaren Bedürfnisses für das Funktionieren unserer Gesellschaft. Zwar könnte ein besonders raffinierter, bösartiger und sich über das Internet rasend schnell verbreitender Virus diese Bewertung ad absurdum führen. Denn dann kann in der Tat ein Kollaps der Datenverarbeitungsanlagen der Wirtschaft und Verwaltung mit eben diesen weitreichenden Folgen für die Gesellschaft drohen. Aber das Existieren eines solchen Megaviruses kann nicht mit der für eine Strafbarkeit begründenden Sicherheit bestimmt werden. Ein Abgrenzungskriterium, wann ein derartiger Virus vorliegt, kann nur die Geeignetheit zur Beeinträchtigung der Computersysteme sein. Darüber könnten aber nur Mutmaßungen angestellt werden.[329] Eine hinreichende Grundlage für eine Verurteilung kann das aber nicht sein.[330]

III. Schlußfolgerung

Die Ansicht, die schon die bloße Programmierung eines Computervirus unter Strafe stellen möchte, ist abzulehnen und erinnert an Gesinnungsstrafrecht. Ein ähnlicher Schutz, wie es § 127 OWiG für die Geldfälschungsdelikte[331] anbietet, ist nicht vonnöten.
Sofern der Virus tatsächlich in Umlauf gerät, ist nur ein "böser" Virus schädlich. In diesem Fall greifen aber §§ 303 a, 303 b StGB ein, unter Umständen in Form einer Versuchsstrafbarkeit.

---

329 Bei den Geldfälschungsdelikten kann dieses Tatbestandsmerkmal ohne weiteres eingesetzt werden, da dort nach Inverkehrbringen des Falschgeldes keine weiteren Sicherheitsvorkehrungen greifen und die Gefährdung des Vertrauens in die Sicherheit des Zahlungssystems unmittelbar bedroht wird. Zudem kann eine Befragung der Bevölkerung über die Qualität des Falschgelds ohne Gefahr für das Rechtsgut durchgeführt werden. Bei Computersystemen ist dies nicht möglich.

330 Vgl. aber die Voraussetzungen für die Annahme eines hinreichend verletzungsursachentauglichen Sachverhalts bei *Hoyer*, Die Eignungsdelikte, S. 111 ff.; zum Problem des sog. Eignungsdelikts bei kollektiven Rechtsgütern vgl. *Hefendehl*, Kollektive Rechtsgüter im Strafrecht, § 5 III 2 und 3.

331 Nach § 127 OWiG handelt derjenige ordnungswidrig, der zur Herstellung von Geld geeignete Druckstöcke herstellt, ohne dass er eine Geldfälschung vorbereitet.

B. Datenhehlerei

Die Datenhehlerei ist bislang nicht von § 259 StGB erfaßt, da computergespeicherte Informationen, also auch Software keine Sachen sind. Daten sind „geistige Entitäten ohne jedes körperliche Substrat“.[332] Nur der Datenträger selbst gilt als Sache,[333] an diesem kann eine Hehlerei begangen werden, wenn er strafbar erlangt weitergegeben wird.[334] Der Datenträger selbst ist aber im Gegensatz zu den auf ihm enthaltenen Daten nahezu wertlos. Und bei online-Übertragungen ist auch dieser nicht mehr vorhanden, so dass ein alleiniges Abstellen auf diesen sachfremd erscheint.
Andererseits hat man das Löschen von Magnetbändern oder Programmen als Sachbeschädigung im Sinne des § 303 StGB angesehen[335], hier also den Sachenbegriff bejaht.[336] Ein Argument für diese Unterscheidung ist nicht ersichtlich. Eine eingehendere Untersuchung über Sinn und Zweck des Hehlereitatbestandes soll klären, ob nicht auch aus einem anderen Grund der Hehlereitatbestand abzulehnen ist.

Die Hehlerei inkriminiert die Aufrechterhaltung des durch die Vortat geschaffenen rechtswidrigen Vermögenszustandes durch einverständliches Zusammenwirken mit dem Vortäter.[337] Als Vortat kommt nur eine gegen fremdes Vermögen gerichtete rechtswidrige Tat in Betracht. Die Tat selbst muß aber kein Vermögensdelikt sein.[338] Die sog. Perpetuierungstheorie stellt das Festigen oder Verlängern der widerrechtlichen Sachentziehung unter Strafe.[339] Es stellt aber beispielsweise keine Aufrechterhaltung einer rechtswidrigen Besitzlage dar, wenn Raubkopien erworben werden.[340] Dies resultiert aus der Behandlung der Verfügungsbefugnis an Daten,[341] wonach bei § 259 StGB der ursprüngliche Verfügungsberechtigte das Verfügungsrecht an den unerlaubt kopierten Daten verlieren muß. Bei einem Kopieren der Daten bleiben diese aber dem Opfer er-

---

332 *Hilgendorf*, JuS 1997, 323, 326.
333 *Sch/Sch-Stree*, 26.A., § 259, Rz. 5; *Tröndle/Fischer*, 50.A., § 242, Rz. 3; vgl. *Beermann*, JURA 1995, 610, 612; *Otto*, Grundkurs Strafrecht, § 40, Rz. 3; *Palandt-Heinrichs*, 59.A., § 90, Rz. 2.
334 *Tröndle/Fischer*, 50.A., § 259, Rz. 6 a.E.
335 Vgl. oben bei Fn. 90 ff.
336 Vgl. *v. Gravenreuth*, Computerrechtshandbuch, Nr. 106, Rz. 29, der den Sachenbegriff bei der Hehlerei bejaht.
337 *Tröndle/Fischer*, 50.A., § 259, Rz. 1.
338 *SK-Samson*, § 259 (Stand: Sept. 1986), Rz. 6 f.
339 Anders z.B. die Konstruktion bei der Steuerhehlerei, vgl. *Volk*, Stree/Wessels-FS, 493 ff.
340 *Tröndle/Fischer*, 50.A., § 259, Rz. 6 m.w.N.; *Heinrich*, JZ 1994, 938 ff.; kritisch *Ganter*, NJW 1986, 1479, 1480.
341 Siehe hierzu § 4C.I.

halten;[342] er kann weiterhin über sie verfügen. Deshalb würde die Datenhehlerei ein dem Sinn und Zweck des Hehlereitatbestandes widersprechender Straftatbestand sein.

Etwas anderes muß jedoch dann gelten, wenn dem Opfer die Daten vollkommen entzogen, also nicht nur kopiert werden. Wenn in diesem Fall die Daten weitergegeben werden, tritt die gleiche Konstellation wie beim Entzug von Sachen ein, nämlich die Festigung der Entziehung. Dann ist eine Gleichbehandlung mit § 259 StGB gerechtfertigt.[343]

C. Fahrlässigkeitsstrafbarkeit

Aufgrund der relativ hohen Anfälligkeit der EDV-Systeme vor Schäden kann man darüber diskutieren, inwieweit eine Fahrlässigkeitsstrafbarkeit im Bereich der EDV sinnvoll und legitim ist. Geht man von der Schadensverteilung aus, so entstehen große Schäden auch durch grobe Fahrlässigkeit. Meist geht die Gefahr durch Irrtümer oder Nachlässigkeit der eigenen Mitarbeiter aus[344], die selbst elementare "Bedienungs-Obliegenheiten" vernachlässigen. So kann durch das einfache Abspeichern einer Datei unter dem Namen einer bereits vorhanden Datei die alte Datei unwiederbringlich verloren sein. Das kann letztendlich zu einem erheblichen Eingriff in ein Unternehmen führen.

Das deutsche Strafrecht kennt im Gegensatz zum Zivilrecht (§ 823 Abs. 1 BGB) oder zum spanischen Código penal in Art. 565 kein allgemeines Fahrlässigkeitsdelikt, sondern nur einzelne, in das StGB nur sparsam aufgenommene Fahrlässigkeitsstraftatbestände, vgl. § 15 StGB. Für viele wichtige Vorsatzdelikte wie die meisten Vermögensdelikte hat der Gesetzgeber die Strafwürdigkeit des entsprechenden Fahrlässigkeitsdelikts verneint.[345]

---

342 Aus diesem Grund kann eine Empfehlung des Europarats (No. R (89) 9 vom 13.8.1989), nach der auch das Handeltreiben mit unbefugt erlangten Paßwörtern unter Strafe gestellt werden kann, nicht unter den derzeitigen Hehlereitatbestand subsumiert werden, da das Paßwort als solches ja dem Berechtigten erhalten bleibt. Vielmehr paßt dieses Delikt unter § 17 Abs. 2 Nr. 2 UWG.

343 Im schweizerischen StGB sollte ursprünglich ein Straftatbestand der Datenhehlerei als neuer Art. 160 eingefügt werden (vgl. *Schmid*, CR 1991, 418, 423).

344 KES/UTIMACO-Sicherheitsstudie 1998 (zitiert in NJW-CoR 1998, 368). Außer Betracht soll hier bleiben, dass ein großer Prozentsatz der Schäden durch unzufriedene Mitarbeiter verursacht wird: Die IDC-Studie "Delivering the Value of IT: Security as a Strategic Priority" kommt auf mehr als 45 Prozent (http://www.zdnet.de/news/artikel/1999/06/14002-wc.html).

345 *Jescheck/Weigend*, AT, 5.A., § 54 I 5.

Das derzeitige Strafrecht stellt weder die fahrlässige Sachbeschädigung unter Strafe[346], noch gibt es den fahrlässigen Betrug, fahrlässige Urkunden- oder Geheimnisdelikte. Es gibt keinen Grund, für die fahrlässige Schädigung datenverarbeitender Systeme mit der Strafbarkeit anzufangen.[347] Dogmatisch kann man dies damit begründen, dass die Strafwürdigkeit der Fahrlässigkeit mangelnde Aufmerksamkeit z.B. aufgrund Rücksichtslosigkeit oder Gleichgültigkeit voraussetzt, wohingegen Lücken des Wissens und der Erfahrung oder Mängel an Umsicht und Geschick nicht strafwürdig sind.[348] Die hohen Schäden durch Irrtümer oder Nachlässigkeit der Mitarbeiter fallen hierunter, auch wenn eine Sorgfaltspflicht als Erfüllung einer Erkundigungspflicht[349] durchaus konstruiert werden könnte. Die dadurch entstehende Verunsicherung unter den EDV-Nutzer würde jedoch zu einer ungleich größeren wirtschaftlichen Belastung führen als die tatsächlich entstehenden Schäden.

Eine Ausweitung der Strafbarkeit auf fahrlässiges Handeln kommt folglich nicht in Betracht.

D. Computererpressung und sonstige Delikte

Der Begriff der "Computererpressung" wird häufig genannt. Als eines der jüngsten publik gewordenen Beispiele ist der Fall zu nennen, bei dem ein serbischer Hacker einen schweizerischen Internet-Anbieter gezwungen hat, eine in ganz Europa gelesene kosovo-albanische Online-Wochenzeitung vom Netz zu nehmen, andernfalls er die Anlagen des Providers zerstören würde. Er unterstrich seine Drohung, indem er aus der Ferne eine Festplatte des Providers abstürzen ließ.[350] Dieser Cyber-Terrorismus beruht beispielsweise bei der Erpressung von Banken auf folgender Überlegung: Banken sind darauf angewiesen, dass ihre Kunden auf eine diskrete Abwicklung ihrer Geldgeschäfte vertrauen. Darüber hinaus wollen die Kunden sicher sein, dass sich ihr Vermögen jederzeit aus den Zahlen der Datenbestände der Bankcomputer wieder in Bargeld oder andere greifbare Formen zurückverwandeln läßt. US-Präsident *Clinton* hat 1999 ein 1,5 Mrd. US-Dollar-Programm aufgelegt, das maßgeblich auch der Bekämpfung des Cyber-Terrorismus dienen soll.[351] In Deutschland befaßt sich die Arbeitsgruppe

346 Vgl. aber § 315 c Abs. 1 Nr. 2, Abs. 3 (fahrlässige Gefährdung fremder Sachen von bedeutendem Wert).

347 Ebenso *Sieber*, Informationstechnologie, 15.

348 *Jescheck/Weigend*, AT, 5.A., § 54 I 4 b.

349 *Jescheck/Weigend*, AT, 5.A., § 55 I 3 c; *Roxin*, AT, 3.A., § 24, Rz. 34.

350 FR, 17.10.1998.

351 http://www.zdnet.com/zdnn/stories/news/0,4586,2192375,00.html; vgl. auch die eigene Homepage unter http://www.ciao.gov/. Die US-Streitkräfte wollen eine Forschungsstelle

„Informationstechnische Bedrohungen für kritische Infrastrukturen" (Kritis) mit dieser Form des Terrorismus.[352]

Die Möglichkeiten der Computersabotage wurden inzwischen auch im militärischen Bereich erkannt. "Strategic Information Warfare" ist zu einer eigenen Form der potentiellen Kriegführung geworden. Gegenstand von Information Warfare sind die Informationssysteme des Gegners[353] und der Schutz des eigenen Kommando-Systems vor Manipulation[354] sowie die Beeinflussung der Medien.[355] Nach Auskunft des CIA bereiten zahlreiche Staaten[356] Computerprogramme vor, die in der Lage sind, ausländische Rechnersysteme zu zerstören.[357] Auch Angriffe auf das Rechtsgut Leben sind denkbar – wie bei der Manipulation eines Flugleitsystems oder eines Krankenhauscomputers. So veränderte 1994 ein britischer Hacker die Rezepte auf dem Rechner eines Krankenhauses. Nur der Aufmerksamkeit einer Krankenschwester war es zu verdanken, dass ein 9-jähriger Junge nicht durch die so entstandene, hochgiftige Mixtur gestorben ist.[358]

Diese Taten stellen jedoch bei all dem Aufsehen, dass sie erregen, nur besondere Begehungsweisen der in Frage kommenden Delikte dar, in den vorgenannten Fällen also v.a. §§ 303 a und 303 b StGB sowie § 253 StGB bzw. § 240 StGB. Deshalb bedarf es hierfür von vornherein keiner besonderen Tatbestände.

---

für Computernetzwerkangriffe aufbauen, http://www.heise.de/tp/deutsch/special/info/5652/1.html.

352 SZ, 3.4.2000, S.1.

353 Im Kosovo-Krieg sollen angeblich Hacker des CIA in die Computer ausländischer Banken eingebrochen sein und die Konten des jugoslawischen Präsidenten Milosevic gelöscht haben (*Benderath*, Der Kosovo-Krieg im Cyberspace, Telepolis, 19.07.1999, http://www.heise.de/tp/deutsch/special/ info/6449/1.html).

354 Im militärischen Bereich heißt dies EloKa (Elektronische Kampfführung).

355 BT-Drs. 13/11002, S. 30 f.

356 Wie die US-Zeitschrift "News and World Report" schreibt, befinden sich unter den rund ein Dutzend Staaten auch China, Iran, Irak, Libyen und Rußland., Quelle: SZ, 7.7.1998.

357 Deshalb hat im Jahre 1995 US-Präsident *Clinton* die Einsetzung einer Kommission angeordnet, die einen "National Information Warfare Defense Plan" ausgearbeitet hat, vgl. CR 1998, 641, 642. Allerdings weist das amerikanische Verteidigungsministerium darauf hin, dass ein mißbräuchlicher Einsatz die Gefahr in sich birgt, eines Kriegsverbrechens beschuldigt zu werden (vgl. http://www.washingtonpost.com/wp-dyn/articles/A35345-1999Nov7.html).

358 Der Spiegel, 28.2.1994, S. 243.

§ 4 Status quo in der Informationstechnologie

Der technische Fortschritt vor allem in den letzten 25 Jahren ist gewaltig. Nicht mehr der Computer als Einzelplatzrechner steht im Vordergrund, sondern die Vernetzung bestehender und die Entwicklung neuartiger Informationssysteme. Es hat sich der Begriff der Informationstechnologie (kurz: IT) entwickelt.[359] Die Einsatzmöglichkeiten dieser Technologie bestimmen einen Großteil unseres Alltagslebens. Im Gegensatz zu den Anfängen des Informationszeitalters wird auch das Strafrecht immer mehr mit dieser Materie konfrontiert. Das ist ein natürlicher Prozess. Das Problem besteht jedoch darin, dass das Strafrecht bislang diese Entwicklung nicht genügend berücksichtigt. In der Diskussion steht derzeit vor allem der strafrechtliche Umgang mit Delikten im Internet. Man sollte jedoch m.E. noch weiter gehen. Die Aufgabe des deutschen Gesetzebers sollte darin bestehen, Lebenssachverhalte auf ihre Strafwürdigkeit hin zu überprüfen. Hierfür ist es aber zwingend erforderlich, die Prinzipien der Technik aufzuzeigen und diese dann mit bestehenden strafrechtlichen Strukturen zu vergleichen. Dabei zeigt sich, dass die Sicherheit aus Sicht der Informationstechnik als Grundlage für die weitere Entwicklung des Computerstrafrechts dienen kann.

A. Sicherheit in der Informationstechnologie

Betrachtet man bei einer Analyse bestehender EDV-Probleme die verschiedenen Risiken des Computerzeitalters aus Sicht der Informationstechnik, so bedeutet Sicherheit der Informationstechnik nach heute herrschendem Verständnis:[360]

- Vertraulichkeit von Daten
- Unversehrtheit (Integrität) von Systemen und Daten
- Verfügbarkeit von Daten und Dienstleistungen
- Verbindlichkeit von Information

Diese IT-Sicherheitskriterien wurden aus Arbeiten des US-Verteidigungsministeriums fortentwickelt.[361] Die ersten drei Punkte gelten als die drei Säulen der IT-Sicherheit.[362]

---

359 Zur Kritik an diesem Begriff vgl. *Schneider*, B 423, der im Abstellen auf die Information*stechnik* die Anbindung an die konventionelle Datenverarbeitung vermißt und den Begriff der Informationsverarbeitung (abgestuft nach Automations- und Gefährdungsgrad) bevorzugt.

360 Vgl. nur BT-Drs. 13/11002, S. 21.

361 "Trusted Computer System Evaluation Criteria", vgl. dazu *Möhrenschlager,* wistra 1991, 321, 331, und BT-Drs. 13/11002, S. 73.

362 Vgl. auch BT-Drs. 11/5436, S. 64.

Die Vertraulichkeit von Daten bedeutet, dass Daten und Informationen mit vertraulichem Inhalt vor der Einsichtnahme durch Unbefugte zu schützen sind. Dabei gelten für personenbezogene Daten in erster Linie die Datenschutzgesetze, durch die die Institutionen verpflichtet sind, angemessene Maßnahmen zu ergreifen, um die Vertraulichkeit dieser Daten zu wahren (z.B. § 9 BDSG, Art. 16 f. EG-Datenschutzrichtlinie[363]). Neben diesen Datenschutzansprüchen, die auf das Recht zur informationellen Selbstbestimmung zurückgehen, ergeben sich aber auch weitere Notwendigkeiten, Daten vertraulich zu behandeln, die für den hier zu untersuchenden Bereich besonders interessant sind. Gemeint sind Firmengeheimnisse, Dienstgeheimnisse oder Behördeninterna.[364] Der Verlust an Vertraulichkeit ist somit ein Spionageaspekt.

Daten und Programme sind integer, wenn ihr Inhalt korrekt ist und sie nicht unbefugt abgeändert wurden. Eine Verfälschung der Daten und die Verarbeitung falscher Daten muß verhindert werden. Ebenso muß die Manipulation von Programmen und der Hardware unterbunden werden, damit nicht (insbesondere unbemerkt) fehlerhafte Ergebnisse erzeugt, unerwünschte Funktionen ausgeführt oder gewünschte Funktionen unterlassen oder fehlerhaft ausgeführt werden. Damit kommt ein Sabotageaspekt ins Spiel. Nur mit integeren Daten ist eine korrekte Entscheidungsfindung in Politik, Gesellschaft und vor allem in der Wirtschaft gewährleistet.

Erforderlich ist aber, dass diese Informationen überhaupt verfügbar sind und nicht unbefugt vorenthalten werden. Es ist folglich dem vorzubeugen, dass Daten verschwinden oder der Zugriff nicht in akzeptabler Zeit möglich ist, wenn sie gebraucht werden, Programme nicht funktionsbereit sind, wenn sie aufgerufen werden sollen, und dass Hardware und sonstige technische Mittel nicht funktionsfähig oder gar verschwunden sind, wenn sie für die Verarbeitung benötigt werden. Andernfalls tritt eine Verhinderung oder Unterbrechung der Kommunikation und damit ein Funktionsverlust ein.
Die Bedrohung der Verbindlichkeit, d.h. der Authentizität, betrifft vor allem Daten, die elektronisch übertragen werden. An der Herkunft der Daten darf kein Zweifel bestehen und es ist weiter dafür Sorge zu tragen, dass der Urheber der Daten einwandfrei authentifiziert werden kann.

Als weitere Ziele kommen v.a. im Bereich der mehrseitigen Sicherheit die Unbeobachtbarkeit der Kommunikationspartner in offenen Netzen, die Anonymität von Daten in Datenbanken und die Anonymität bzw. Pseudonymität von Kommunikationspartnern in Betracht.[365] Dies sind letztendlich Forderungen nach

---

[363] Vgl. *Kloepfer*, D 104 ff., 123 f.

[364] IT-Grundschutzhandbuch 1997.

[365] *Pohl/Weck*, DuD 1993, 18, 21 f.; BT-Drs. 13/11002, S. 21 f. ("7 Bausteine für Sicher-

Vertraulichkeit und Integrität. Durch die Anonymisierung sind ein perfekter Datenschutz, aber auch neue Einsatzarten, wie anonymes digitales Geld (e-cash) möglich.[366]

Um die dargestellte IT-Sicherheit zu gewährleisten, gibt es sogenannte IT-Grundschutzmaßnahmen. Diese sind obligatorischer oder optionaler Natur. Erstere sind u.a.:[367]

- Erstellen von Sicherungskopien aller eingesetzten Programme sowie deren sichere Aufbewahrung.
- Wöchentliche Sicherung aller Daten auf externen Datenträgern mit drei Generationen.
- Sichere Aufbewahrung dieser Datenträger außerhalb des Büros.
- Sporadische Überprüfung, ob der Datenbestand mit den gesicherten Daten wiederhergestellt werden kann.
- Meidung von Software aus fragwürdigen Quellen.
- Regelmäßiger Einsatz eines Virensuchprogramms.
- Prüfung eingehender Dateien auf Makro-Viren.
- Verwehrung des Zugangs zu Büro und PC für Unbefugte.
- Sicheres Verschließen des Büros.
- Periodische Sicherung von Arbeitsergebnissen während der Erstellung durch Abspeichern auf die Festplatte (z. B. stündlich).
- Aktivieren des BIOS-Paßwortschutzes.

Optionale Maßnahmen für einen erhöhten Schutzbedarf sind:

- Tägliche Datensicherung auf externe Datenträger aller veränderten/benutzten Dateien mit drei Generationen.
- Einsatz eines PC-Sicherheitsproduktes, das nur berechtigten Personen die Arbeit am PC erlaubt (Paßwort oder Identifikationskarte), sämtliche Daten auf der Festplatte verschlüsselt, sowie den Benutzern nur den Zugriff auf bestimmte Dateien erlaubt und die Nutzung des PC protokolliert.
- Beschaffung eines weiteren PC, um nach Ausfall des ersten auf diesem weiterzuarbeiten.

---

heitskriterien").

366 Bereits in den 80er Jahren hat v.a. *David Chaum* Anonymitäts- und Anonymisierungstechniken vorgestellt. Zu heutigen Anonymitätstechniken vgl. *Federrath/Pfitzmann*, DuD 1998, 628 ff. und *Roessler*, DuD 1998, 619 ff.

367 Vgl. die Sicherheitsmaßnahmen beim PC-Einsatz, http://www.bsi.de/literat/faltbl/002sipc.htm#h4.

Die Ziele der IT-Sicherheit stimmen nur teilweise überein mit den im Strafgesetzbuch niedergelegten Straftatbeständen der Computerkriminalität. Dafür ist vor allem das häufig festzustellende Desinteresse des Strafrechts gegenüber der sich im Gange befindlichen IT-Diskussion verantwortlich.[368] Denn die Entwicklung hat bislang gezeigt, dass der Schutz von Informationen häufig in Analogie zum Schutz körperlicher Gegenstände ohne Beachtung der Besonderheiten immaterieller Güter entwickelt wird.[369] Die Integrität, die Verfügbarkeit sowie das Geheimhaltungsinteresse an gewissen Daten und Informationen wurden durch das Strafrecht bis zum Erlaß des 2. WiKG nur begrenzt geschützt.[370]
Die IT-Sicherheit zielt darauf ab, dem Nutzer von EDV-Systemen bzw. dem Empfänger von Informationen ein möglichst hohes Maß an Verläßlichkeit zukommen zu lassen. Vertrauen in die Computertechnik und Sicherheit bei deren Anwendung stehen im Vordergrund, um so diesem wichtigen Wirtschaftsgut gerecht zu werden. Das kann aber nur durch eine aktive Rolle des Nutzers geschehen. Denn Informationen werden nicht nur durch das bewußte Eingreifen Dritter bedroht, sondern zum größten Teil durch Stromausfälle oder plötzliche Defekte der Hardware.[371] Wenn vorab keine entsprechenden Sicherungsmaßnahmen getroffen wurden, kann die Information unter Umständen unwiederbringlich verloren sein.
Hingegen sehen die geltenden Straftatbestände gegen die Computerkriminalität nur in begrenztem Rahmen eine Mitwirkungspflicht des Nutzers bzw. Opfers vor. Allein § 202 a StGB hat als Tatbestandsmerkmal die "besondere Sicherung".

Die Informationstechnologie kann nur in begrenztem Umfang auf das Strafrecht übertragen werden. Sie stellt nicht die Lösung dar, mit deren Hilfe kriminelles Verhalten abgewehrt werden kann. Sie kann jedoch als Leitlinie dienen, mit der es gelingt, die Straftatbestände letztendlich auf ihr eigentliches Ziel zu führen, nämlich den Schutz der Informationstechnologie bzw. den Schutz individueller Rechtsgüter im Umgang mit dieser. Diese muß Ausgangspunkt der Überlegungen sein, um eine sinnvolle Verknüpfung von Technik und Recht zu erzielen. Das Strafrecht kann nur und muß insoweit der Entwicklung folgen.

---

368 *Hilgendorf*, JuS 1996, 509, 510.

369 Vgl. auch *Sieber*, "Mißbrauch der Informationstechnik und Informationsstrafrecht", 608, 644 Fn. 110 und 645.

370 *Möhrenschlager*, wistra 1991, 321, 325.

371 Vgl. die Graphik unter § 3C.

B. Informationstechnik als Teil der Risikogesellschaft

Wie in der Einleitung dargestellt, ist unser Alltagsleben in zunehmendem Maße von der Computertechnik abhängig. Deren Komplexität und Entwicklungsgeschwindigkeit wachsen rasant. *Sieber* hat daher auch für den Bereich der Informationstechnik eine Parallele zum "Recht der Risikogesellschaft" gezogen.[372] Dieser Begriff soll zunächst beleuchtet werden, ehe eine Entscheidung darüber getroffen wird, ob die Computerkriminalität tatsächlich der Risikogesellschaft zuzuordnen ist.

Für *Nowotny* und *Evers* hat die Risikogesellschaft aus unberechenbaren Risiken handhabbare Risiken gemacht, hat also einen spezifischen "Umgang mit Unsicherheit" entwickelt. Für *Beck* ist sie eine Gesellschaft, die sich mit qualitativ und quantitativ neuartigen und die Existenzbedingungen der Menschheit bedrohenden Gefahren konfrontiert sieht.[373] Die Gefahren der Risikogesellschaft seien erstens dadurch gekennzeichnet, dass sie nach Ort, Zeit und Kreis der Betroffenen nicht einzugrenzen, zweitens nach den geltenden Regeln von Kausalität, Schuld und Haftung nicht zurechenbar und drittens nicht versicherungsfähig seien.[374]

Das "Risikostrafrecht"[375] behandelt die Frage, inwieweit das herkömmliche Strafrecht geeignet ist, den modernen Lebensrisiken entgegenzuwirken. Dies wird zwar vielfach verneint. Allerdings kann man auch nicht die Ursachen dieser Risiken ausreichend ausschalten. So bleibt das Strafrecht immer noch als angemessenes Mittel übrig, sofern dabei der Rechtsgutbezug und die übrigen rechtsstaatlichen Zurechnungsgrundsätze zwingend bewahrt bleiben.[376]

Gerade dieser Rechtsgutsbezug scheint aber verloren zu gehen. Das Strafrechtsgut des § 303 b StGB (Funktionsfähigkeit der Datenverarbeitung in Wirtschaft und Verwaltung) beispielsweise ist denkbar weit gefaßt.[377] Aus diesem Grund

---

[372] Vgl. nur *Sieber*, "Mißbrauch der Informationstechnik und Informationsstrafrecht", 608, 645 ff.

[373] Zitiert aus *Prittwitz*, Strafrecht und Risiko, S. 49; vgl. zu den Modellen der Risikogesellschaft *Prittwitz*, S. 167 f.

[374] *Beck*, Politik in der Risikogesellschaft, S. 10.

[375] Dieser Begriff wurde von *Wolter* in seiner Habilitation "Objektive und personale Zurechnung von Verhalten, Gefahr und Verletzung in einem funktionalen Straftatensystem", 1981, S. 36, erfunden, auch wenn er selbst diesbezüglich auf andere Autoren verweist, die den Begriff selbst aber nicht erwähnen.

[376] *Roxin*, AT, 3.A., § 2, Rz. 28 m.w.N.

[377] *Hassemer*, NStZ 1989, 553, 557; *Hassemer* kritisiert, dass auf dem Gebiet der automatischen Datenverarbeitung das Schutzobjekt (er nennt die Datenverarbeitung in Wirtschaft und Verwaltung) seine Schlichtheit und Konkretheit abgelegt habe, wie wir sie aus den

wird teilweise der Versuch abgelehnt, die Probleme der Datenverarbeitung durch ein präventives Strafrecht bekämpfen zu wollen.[378]

Andererseits erscheint es untauglich, bei einem feststehenden objektiven Gefährdungspotential effektiven Rechtsgüterschutz über konkrete Gefährdungsdelikte oder gar Verletzungsdelikte zu gewährleisten. Kleinste Datenveränderungen können riesige Summen von Buchgeld verschieben. Ein Eingriff in die Datenverarbeitung eines Kernkraftwerkes kann zum GAU führen. Der einzelne hat es aufgrund des nicht vorhersehbaren Kausalverlaufes nicht in der Hand, das Risiko[379] zu beherrschen. Würde man bei diesen Konstellationen den Eintritt eines konkreten Gefahrerfolgs oder gar eine Verletzung fordern, „wäre die Chance effektiven Rechtsschutzes vertan".[380]

Insofern erscheint mir der Begriff "Recht der Risikogesellschaft" angebracht. Hier kann eine kleine Ursache eine große Wirkung, die nicht mehr faßbar ist, dadurch erzielen, dass sich die Auswirkungen kumulieren oder ein wichtiges Glied in der Kette der Datenverarbeitung manipuliert wird. Für die Mehrzahl der Fälle der Computerkriminalität, nämlich den einfachen Betrug mittels rechtswidrig erlangter Karten, ist der Begriff jedoch nicht gerechtfertigt.

Die Entscheidung über den Einsatz strafrechtlicher Sanktionen muß sorgfältig abgewogen werden. Das Gefährdungsstrafrecht birgt die Gefahr, dass es sich negativ auf die gesellschaftliche Selbstregulation von Gefährdungslagen auswirkt. Durch die Gefährdungsdelikte wird der Forderung nach staatlichem Zwang und Sanktionen nur vordergründig Rechnung getragen. Negative Folge hieraus ist aber, dass die Verantwortlichkeit, die Kompetenz und der Ideenreichtum der Gesellschaft in eigenen Sicherheitsbelangen sinkt.[381] Aus diesem Grund erfordert die zukünftige Informationsgesellschaft vor allem außerstrafrechtliche Maßnahmen zur Bekämpfung der Computerkriminalität. Soziale Regularien, technische Sicherheitsstandards, eine Aufklärung der betroffenen Systembenutzer sowie geeignete zivilrechtliche und öffentlich-rechtliche Rahmen-

klassischen Verletzungen kennen, es habe sich ins Allgemeine erhoben, besetze großen Flächen und franse an seinen Rändern aus. Moderner Rechtsgüterschutz sei Schutz von Universalrechtsgütern in möglichst plakativer Umschreibung. Das Strafrecht entwickle sich aus einem Instrument der Verbrechenskontrolle zu einem globalen Steuerungssystem und einer sozialen "Handlungsorganisation", was als Antwort auf die Anforderungen der modernen "Risikogesellschaft" gelte (*Hassemer*, Grundlagen, 2.A., 275 f.; *ders.*, StV 1990, 328, 330).

378 *Hassemer*, ZRP 1992, 378, 381.

379 Risiko = Schadenshöhe x Eintrittswahrscheinlichkeit.

380 *Hefendehl*, Kollektive Rechtsgüter im Strafrecht, § 5 III 3 b aa.

381 *Hefendehl*, Kollektive Rechtsgüter im Strafrecht, § 5 III 3 b bb mit Verweis auf *Herzog*, in: Strafrechtstheorie, S. 367, 368 f.

bedingungen sind in der Lage, eine Gefährdung bereits im Vorfeld zu erkennen und auf sie entsprechend zu reagieren.[382] Sie sind damit grundsätzlich vorzugswürdig und werden auch in dieser Untersuchung präferiert.

Dass daneben auch eine Anpassung des Strafrechts an die neuen Risiken erforderlich ist, zeigt das Internet. Dessen Entwicklung war zum Zeitpunkt des Erlasses des 2. WiKG im Jahre 1986 noch überhaupt nicht absehbar. Hier wurde durch das bereits erwähnte Teledienstegesetz[383] ein erster Schritt in Richtung moderner Verantwortlichkeitsregelung getan.
Der Gesetzgeber muß den raschen technischen Fortschritt im Hinblick auf Risiken, aber auch und gerade hinsichtlich der Möglichkeiten der Risikovorbeugung sorgfältig beobachten. Der Deutsche Bundestag hat im Jahre 1990 das Büro für Technikfolgen-Abschätzung (TAB) eingerichtet mit dem Ziel, Beiträge zur Verbesserung der Informationsgrundlagen forschungs- und technologiebezogener Entscheidungsprozesse zu leisten.[384] Auf der Grundlage einer Analyse der Potentiale neuer technischer Entwicklungen und deren gesellschaftlichen, wirtschaftlichen und ökologischen Chancen und Risiken sowie der Untersuchung der geltenden Rahmenbedingungen sollen alternative Handlungs- und Gestaltungsoptionen entwickelt werden.[385] Technikfolgen sind dabei auch die menschenbedingten Folgen, die durch den Umgang von Menschen mit der Technik entstehen.[386] Das beinhaltet auch die Beurteilung, inwieweit das geltende Strafrecht die Schutzbedürfnisse der Informationsgesellschaft hinreichend schützt.[387]

C. Zukünftige Grundlagen eines Informationsstrafrechts

Bei einer Fortentwicklung der Informationstechnologie werden sich die Probleme eines effektiven Rechtsgüterschutzes noch verschärfen. Im Mittelpunkt des Interesses wird im zunehmenden Maße die Information stehen. Informationen werden immer wichtiger. Der Bedarf an unfangreichen Hintergrundinformationen steigt. Je mehr Informationen dabei dem Entscheidungsträger zur Verfügung stehen, desto besser lassen sich die Risiken kalkulieren. Dies bedingt auch neue Grundsätze für den strafrechtlichen Schutz von Informationen.[388] Denn letztend-

---

382 Vgl. *Sieber*, "Mißbrauch der Informationstechnik und Informationsstrafrecht", 608, 648; *Dölling*, 61. DJT, C 44 ff.; vgl. hierzu unten § 5.

383 Oben bei Fn. 212.

384 http://www.tab.fzk.de/.

385 Vgl. im einzelnen http://www.tab.fzk.de/deut/kurzinfo.htm.

386 *Rossnagel*, 1993, 75 ff.

387 Vgl. auch *Sieber*, "Mißbrauch der Informationstechnik und Informationsstrafrecht", 608, 648.

388 *Sieber*, ZStW 103 (1991), 779, 787.

lich kann der Schutz vor Computerkriminalität darauf reduziert werden, dass der Berechtigte ungehindert und unbeeinträchtigt über die Daten und damit über die ihm zur Verfügung stehenden Informationen verfügen kann. Eine Theorie für den Schutz von Informationen fehlt jedoch bisher. Der strafrechtliche Schutz der Privatsphäre, des Vermögens und des geistigen Eigentums gegen Computerkriminalität wird in der Regel getrennt erörtert.[389]

Auch eine allgemeine Definition für Information fehlt,[390] sie wird regelmäßig lediglich umschrieben. Eigenschaften von Information sind der potentielle Wert ihres alleinigen Besitzes, ihre Duplizierbarkeit und der mögliche Wertzuwachs durch Akkumulation. Information selbst ist die Kenntnis eines bestimmten Empfängers über Sachverhalte und Vorgänge. Durch sie wird der Kenntnisstand des Empfängers verändert. Information ist aber subjekt- und kontextrelativ, denn eine bestimmte Nachricht oder ein Text kann für eine bestimmte Person in einer bestimmten Situation einen hohen Wert haben, für eine andere Person jedoch vielleicht unverständlich oder wertlos sein. Die Menge aktuell verfügbarer Informationen eines Menschen oder eines sonstiges informationsverarbeitenden Systems wird als Wissen bezeichnet. *Schneider*[391] betont die - auch im Gesetz immer wieder zu findende - Unterscheidung zwischen Daten und Informationen etwa danach, dass Daten die syntaktische Ebene betreffen, Informationen die pragmatische Verwendungsebene und aus Daten entstehen können.

Die Entwicklung des "Informationsrechts" oder "Recht der Informationstechnik" als eine allgemeine Theorie über den rechtlichen Status von Information, die diesen Veränderungen Rechnung tragen soll, wurde von *Sieber* vorangetrieben. In Übereinstimmung mit den Erkenntnissen von Kybernetik[392] und Informatik bewertet diese Theorie Information als eine dritte "Grundgröße" neben Materie und Energie.[393] Information ist danach ein neues wirtschaftliches, kulturelles und

389 *Sieber*, ZStW 103 (1991), 779, 787; vgl. auch *NK-Jung*, § 202 a (Stand: 1995), Rz. 1.

390 Vgl. hierzu *Hoeren*, Beilage MMR 9/98, 6.

391 Schneider, O 1 ff., 10.

392 Die Kybernetik ist interdisziplinäre Wissenschaft, die sich mit Kommunikations- und Steuerungssystemen in lebenden Organismen, Maschinen und Organisationen beschäftigt. Sie entwickelte sich als die Untersuchung der Techniken, durch die Informationen in die gewünschte Leistung umgesetzt werden. Um bei menschlichen Organen und mechanischen Geräten eine gewünschte Leistung zu erhalten, müssen Informationen über den tatsächlichen Ausgang einer erwünschten Handlung als Anhaltspunkt für zukünftige Handlungen verfügbar sein. Im menschlichen Körper koordinieren Gehirn und Nervensystem Informationen, die dann dazu eingesetzt werden, den weiteren Handlungsverlauf zu bestimmen. Kontrollmechanismen zur Selbstkorrektur in Maschinen dienen einem ähnlichen Zweck (aus: Microsoft Encarta 97 Enzyklopädie, Stichwort: Kybernetik).

393 *Sieber,* NJW 1989, 2569, 2572 f. und JURA 1993, 561, 570 in Anlehnung an den Mathematiker *Norbert Wiener*, der die Kybernetik 1948 zum ersten Mal auf die Theorie von

politisches Gut, schafft aber auch ein besonderes Gefährdungspotential, z.B. durch unrichtige, unbefugt gesteuerte, fehlende und rechtsgutgefährdende Information.[394] Die moderne Informationstechnik steigert die Bedeutung von Information dadurch, dass diese ohne weiteres menschliches Tätigwerden in automatischen Datenverarbeitungssystemen aktiv Veränderungen vornimmt. Dies geschieht in Bruchteilen von Sekunden. Wenn man einen Blick auf die heutige Geschäftswelt wirft, überzeugt diese Darstellung. Der Börsenhandel ist weitgehend computergesteuert. Am 19.10.1987, dem sog. "Schwarzen Montag", trafen die Computer aufgrund vorgegebener Parameter selbständig Verkaufsentscheidungen und waren deshalb eine der Hauptursachen für einen weltweiten Börsencrash. Damit wird vor allem die Art des Umgangs mit Information entscheidend. Sobald man beispielsweise einzelne Informationen vernetzt und untereinander abgleicht, erschließen sich Strukturen und Schemata. Schon aus wenigen Bruchstücken kann man dadurch auf weitere Muster schließen. Diese Potenzierung des Wesens von Information macht es notwendig, sie rechtlich anders als materielle Güter zu beurteilen.[395]

An Informationen haben drei Gruppen jeweils ein Interesse, das mehr oder weniger schutzwürdig ist und meist den anderen Interessen diametral gegenübersteht. Erstens der Verfügungsberechtigte über die Information, zweitens der Betroffene, also derjenige, über den die Daten etwas aussagen, und drittens unbeteiligte Dritte, die aber auf diese Information aus bestimmten Gründen zugreifen möchten, wollen ihr Interesse möglichst umfassend geschützt sehen. Es kommt zu einem dreiseitigen Spannungsverhältnis zwischen Informationsinhaber, Informationssuchendem und Informationsbetroffenem, in dem geklärt werden muß, inwieweit „Exklusivitätsrechte an, Ansprüche auf und Verbote von Information gelten sollen".[396] *Philipps* hat schon frühzeitig darauf hingewiesen, dass es eine vordringliche Aufgabe für die moderne Jurisprudenz sei, "Kategorien und Modelle zu entwickeln, in denen das Phänomen der Information und die Rechte auf Empfang, Zurückhaltung und Weitergabe von Information in ebenso grundsätzlicher und differenzierter Weise ausgeformt werden, wie es die Jurisprudenz bei den Freiheits- und Vermögensrechten schon vor langer Zeit geleistet habe"[397].

Gleichzeitig kann die Darstellung der Interessensgruppen dazu dienen, eine neue Definition der Computerkriminalität zu geben. Denn wenn die im folgenden näher dargestellten Parteien diejenigen sind, die an Informationen ein legitimes

Steuermechanismen angewendet hat.

394 Vgl. *Sieber,* NJW 1989, 2569, 2571.

395 Vgl. hierzu *Schulze-Heiming,* S. 3 ff.

396 *Sieber,* NJW 1989, 2569, 2576 und 2578.

397 *Philipps*, in: Rechtstheorie (Hrsg. Arth. Kaufmann), 1971, 125, 132.

Interesse nachweisen können, so muss eine Definition gegen sie gerichteter Kriminalität auch auf sie eingehen. Computerkriminalität ist demnach für mich die Kriminalität, bei der die Belange der durch computergesteuerte bzw. -gespeicherte Information betroffenen oder an ihr interessierten Rechtssubjekte in rechtswidriger Weise beeinträchtigt werden. Mit dieser Definition werden die beteiligten Interessen in Bezug zueinander gebracht.
Ihr könnte vorgeworfen werden, dass der Begriff der Information selbst bislang nicht hinreichend genau definiert ist. Auch das Verstellen einer eingerichteten Kaffeemaschinenautomatik würde eine Information verändern. Dem kann allerdings entgegengehalten werden, dass z.B. auch bei der Sachbeschädigung unerhebliche Beeinträchtigungen auszuscheiden sind,[398] ohne dass dies ausdrücklich gesetzlich bestimmt ist. Beeinträchtigungen des Informationsinteresses unterhalb einer bestimmten Schwelle bleiben also straflos.
Gegen die vorgeschlagene Definition könnte auch argumentiert werden, dass die Rechtswidrigkeit der Beeinträchtigung zu unspezifisch ist. Hier muß zunächst jeweils auf die konkrete Relation abgestellt werden, um dann die entsprechenden gesetzlichen oder vertraglichen Rechtsfertigungsgründe prüfen zu können.
Die vermeintlichen Ungenauigkeiten der Definition sind damit m.E. nicht vorhanden, so dass mir diese Begriffsbestimmung daher am besten geeignet erscheint, die Informationstechnologie und das Strafrecht miteinander zu verknüpfen.

I. Schutz des Eigentümers oder Besitzers

Ein erster Punkt betrifft dabei den Schutz des "Eigentümers" oder "Besitzers" von materiellen und immateriellen Gütern. Im Gegensatz zu körperlichen Gegenständen, die in der Regel ausschließlich bestimmten Personen zugeordnet sind und dem Schutz des Art. 14 GG und § 903 BGB unterstehen, ist Information eher ein "öffentliches Gut", das in einer offenen Gesellschaft frei fließen muß und deswegen grundsätzlich nicht wie körperliche Gegenstände durch Ausschließlichkeitsrechte geschützt werden darf. Dafür bedarf es einer Rechtfertigung,[399] wie es sie insbesondere durch das Patent- und Urheberrecht gibt. Hier wird die besondere Kreativität des Schöpfers an der Schaffung geistigen Eigentums gewürdigt. Dieses grundlegende Prinzip der "Informationsfreiheit" und des "freien Informationsflusses" ist eine wesentliche Voraussetzung für ein freies wirtschaftliches und politisches System.[400] Allerdings darf dabei nicht unberück-

398 *Lackner-Kühl*, 23.A., § 303, Rz. 5; BGH NStZ 1982, 508.
399 *Hoeren*, Beilage MMR 9/98, 6, 7.
400 Vgl. auch *Sieber*, ZStW 103 (1991), 779, 787 f.; *ders.*, ZStW, 104 (1992), 697, 701; *ders.*, "Mißbrauch der Informationstechnik und Informationsstrafrecht", 608, 644; *Schulze-Heiming*, S. 3 f.

sichtigt bleiben, dass gerade Information ein entscheidender Wettbewerbsvorteil ist. In einer freien Marktwirtschaft ist man gerade nicht verpflichtet, einen Wissensvorsprung preiszugeben.[401] Es muß sich also auch für den Informationsinhaber die Investition der Informations(an)schaffung rechnen.

Bei körperlichen Gegenständen und Forderungen ist es meist einfach, festzustellen, wer der Verfügungsberechtigte ist.[402] Die Zuordnungskriterien für Information aber sind genauso vielfältig wie schwierig. Es kommen das Geheimnis, die Fixierung auf Datenträger, der Personenbezug, die Signatur, die Schöpfung und die Investition als Anknüpfungspunkte in Betracht.[403] Dies ist letztlich das Problem der Verfügungsbefugnis bei Daten, das z.B. bei § 202 a StGB relevant wird.[404] *Gallwas*[405] geht im Datenschutz davon aus, dass, solange der Gesetzgeber keine andere Zuordnung vornimmt, das Verfügungsrecht über Informationen letztlich dem Recht zur Informationsverschaffung folgt, das seine Grenzen seinerseits findet am Informationsverfügungsrecht anderer sowie am Gebot, auf das informationelle Selbstbestimmungsrecht des Betroffenen nach Maßgabe der Abwägung Rücksicht zu nehmen. Diese Einschätzung berücksichtigt die Interessen des Verfügungsberechtigten in ausreichender Form.

Unabhängig davon, wer nun der Verfügungsberechtigte über die Information ist, wird dieser in seinen Interessen durch das geltende Strafrecht geschützt. Die Schwierigkeit liegt primär im ersten Schritt, nämlich der Feststellung des Opfers. Sodann greifen vor allem §§ 202 a, 303 a, 303 b StGB und das Urheberstrafrecht ein, §§ 106 ff. UrhG.
Andererseits zielt auch die IT-Sicherheit auf den Schutz des Verfügungsberechtigten ab. Die vorgenannten Grundpfeiler, nämlich Vertraulichkeit, Unversehrheit, Verfügbarkeit und Verbindlichkeit, sind in der Lage, ihn in seiner Rechtsposition zu bewahren. Die dafür entwickelten Techniken gewährleisten dabei einen aktiven Schutz vor Verletzungen.
Damit kann für den Schutz des Eigentümers oder Besitzers von Informationen konstatiert werden, dass er diese sowohl selbst schützen kann als auch dass seine Beziehung zu ihnen strafrechtlich geschützt wird. Da aber der technische Schutz schon im vorhinein greift und die Information dem rechtswidrigen Angriff entzieht, ist er vorzugswürdig.

---

401 Vgl. insofern nur die Aufklärungspflicht hinsichtlich einer Betrugsstrafbarkeit.

402 Ggf. kommen gesetzliche Vermutungen ins Spiel, z.B. § 1006 BGB.

403 *Hoeren*, Beilage MMR 9/98, 6, 7; *Splitt* stellt im Zuge seiner Analyse des Rechtswidrigkeitsbegriffs im Rahmen des § 303 a StGB auf § 950 BGB und die dort entwickelten Kriterien ab.

404 Vgl. hierzu bereits *Schulze-Heiming*, S. 28 ff., und ansatzweise *SK-Hoyer*, § 303 a (Stand: August 1999), Rz. 5 f.

405 *Gallwas*, NJW 1992, 2785, 2789.

II. Schutz des Betroffenen

Informationen beziehen sich immer auf einen bestimmten Sachverhalt oder auf bestimmte Personen. Sie haben somit nicht nur einen Nutzen für den Verfügungsberechtigten, sondern sie tangieren naturgemäß immer auch andere Interessen. Materielle Güter hingegen können auch dergestalt eingesetzt werden, dass sie nur im Rechtskreis des Eigentümers verbleiben.[406] Diese Besonderheit von Informationen gilt es daher zu berücksichtigen.[407] Gezielt gesammelte Informationen über Personen können für umfangreiche Überwachungen genutzt werden; falsche Informationen können jemanden leicht in Mißkredit bringen und ihn in seiner Persönlichkeit verletzen.[408] Das Gefahrenpotential von Informationsinhalten ist im Jugend- und Staatsschutz[409] bereits anerkannt.[410]

Der Betroffene hat daher ein grundlegendes Interesse daran, zu wissen, wer welche Daten über ihn sammelt und ob dies überhaupt notwendig ist.[411] Der Verfügungsberechtigte über die Information will hingegen möglichst viele Daten.[412] Diese beiden Bereiche müssen klar voneinander abgegrenzt werden. Sodann ist eine Abwägung der jeweiligen Schutzbedürfnisse und die Entwicklung geeigneter Ausgleichsmechanismen vorzunehmen. Bislang stehen dem Betroffenen entsprechende Datenschutzgesetze zur Seite. Diese weisen jedoch erhebliche Unzulänglichkeiten auf, beispielsweise durch die Datenvermehrung und Kom-

---

406 Andernfalls hat aber auch der Eigentümer einer Sache gesetzliche Einschränkungen oder Rechte Dritter zu berücksichtigen, vgl. nur § 903 BGB.

407 Rechtsregeln für Informationen können daher nicht im Wege einer Analogie aus Vorschriften über materielle Gegenstände hergeleitet werden, sondern müssen auf einer eigenständigen Grundlage entwickelt werden (vgl. *Sieber,* ZStW 103 (1991), 779, 788).

408 Vgl. das Volkszählungsurteil des BVerfG und das dort postulierte Recht auf informationelle Selbstbestimmung, BVerfGE 65, 1 ff. = NJW 1984, 419 ff.

409 Vgl. das Gesetz über die Verbreitung jugendgefährdender Schriften und § 86 StGB.

410 *Sieber,* NJW 1989, 2569, 2571.

411 Vgl. hierzu das Bundesdatenschutzgesetz, insbesondere § 34 (siehe unten § 4C.III).

412 Ein gutes Beispiel ist die Datenspur, die man im Internet durch das Zulassen von sog. „cookies" hinterläßt. Jeder Mausklick und jeder Tastendruck können zurückverfolgt werden. So kann man feststellen, wie lange sich ein Verbraucher für welches Produkt interessiert und welchem Produkt er sich anschließend zugewandt hat. Diese Informationen können gesammelt und zusammengeführt werden (vgl. BT-Drs. 13/11003, S. 12). Dem Nutzer kann dann bereits bei seinem nächsten Besuch ein bestimmtes Angebotssortiment präsentiert werden, ohne dass er die Gesamtauswahl zu sehen bekommt. Die weltgrößte Online-Marketing-Agentur hat in den letzten Jahren etwa 100 Mio. cookies verteilt. Gibt nun der Nutzer auf einer einzigen von der Firma betreuten Seite seine Identität preis, so können damit die gesammelten Daten personalisiert werden, vgl SZ, 1.2.2000, V2/14. Gegen das Setzen von cookies wurde in Texas eine Sammelklage wegen Belästigung in Höhe von 50 Mrd. US-Dollar eingereicht, http://www.heise.de/newsticker/data/fr-18.02.00-000/.

merzialisierung der Datenverarbeitung.[413] In moderneren Gesetzen wird auf diesen Aspekt besondere Rücksicht genommen. Beispielsweise verpflichtet § 3 Abs. 4 TDG die Anbieter von Tele- und Mediendiensten dazu, die Gestaltung und die Auswahl technischer Einrichtungen an dem Ziel auszurichten, keine oder so wenige personenbezogene Daten wie möglich zu erheben.

Kloepfer hat dargelegt, dass es bei einer Neuorientierung des Datenschutzrechts vor allem darum geht, den Datenschutz als konstitutiven Teil einer umfassenden Informationsordnung zu begreifen. Diese Informationsordnung solle als eine übergreifende soziale Ordnung begriffen werden, deren rechtlicher Rahmen „das Informationsrecht im Sinne eines Rechtsgebiets mit öffentlich-, privat- und strafrechtlichen Gehalten" sei.[414] Die Chance für eine Neubesinnung des deutschen Datenschutzproblems bietet die EG-Datenschutzrichtlinie[415]. Sie stellt prinzipiell datenschutzrechtliche Anforderungen für staatlich und privat veranlaßte Gefährdungen des informationellen Selbstbestimmungsrechts auf.[416]

Sofern Daten erhoben werden (dürfen), hat der Betroffene ein Interesse daran, dass diese wenigstens einem möglichst geringen Kreis bekannt und nicht nachträglich zu seinen Ungunsten verändert werden.
Dieses Interesse daran, dass seine Daten vertraulich behandelt werden, ist im Strafgesetzbuch jedoch nicht berücksichtigt. Denn § 202 a StGB schützt die Daten nicht im Interesse des Betroffenen.[417] Damit werden seine Interessen nicht unmittelbar strafrechtlich geschützt.
Die Ziele der IT-Sicherheit und ihre IT-Sicherheitskriterien befriedigen dieses Interesse besser. Hiernach sollen die Daten unversehrt bleiben und verbindlich sein. Auch hier zeigt sich wieder, dass der technische Schutz die Interessen der Beteiligten umfangreich sichern kann. Denn er unterscheidet nicht zwischen den Interessen des Verfügungsberechtigten und des Betroffenen, sondern gewährleistet durch den Schutz des ersteren in gleicher Weise auch den Schutz des letzteren.

---

413 Vgl. dazu *Kloepfer*, D 66 ff.

414 *Kloepfer*, D 85; er fordert die Schaffung eines Bundesdatengesetzes (BDG) oder gar Informationsgesetzbuch (IGB), welches den Vorteil hätte, den "Wildwuchs daten- und informationsrechtlicher Regelungen" zu beschneiden und systematisch zu ordnen (D 90 ff.).

415 Richtlinie 95/46/EG vom 24.10.1995, ABl. EG Nr. L 281/31.

416 *Kloepfer*, D 104 ff.; vgl. auch *Simitis*, NJW 1997, 281 ff.

417 Vgl. unten § 5C.I, insbesondere Fn. 524, sowie bei Fn 710 f.

III. Informationszugangsrechte

Wie eingangs festgestellt, werden Informationen immer wichtiger. Politik, Wirtschaft und Gesellschaft sind deshalb auf sie angewiesen. Die Informationsgesellschaft ist dabei aber nicht automatisch mit "informierter Gesellschaft" gleichzusetzen. In Zukunft wird es noch mehr auf die Auswahl, die Einordnung und die Bewertung der Informationen ankommen. Eine Teilung der Gesellschaft in "information rich" und "information poor" ist zu erwarten.[418] Neben öffentlich zugänglichen Informationsquellen wie Tageszeitungen, Fernsehen oder dem Internet kommen auch nicht frei fließende Informationen in Betracht bzw. sind gerade diese interessant.[419] Aus staatlicher Sicht regeln dieses Informationsbedürfnis zahlreiche Rechtsgrundlagen, z.B. aus strafprozessualer Sicht die Befugnis zum Abhören des Telefons. Die Wirtschaft muß sich die Informationen meist selbst erarbeiten oder erkaufen. Denn das Fehlen von Informationen oder der Ausfall von Informationstechnik kann den Lebensnerv eines Unternehmens treffen. Der Bürger hingegen ist teilweise auf ein Informationszugangsrecht (sog. "access to information rights") angewiesen, um seine Abhängigkeit von Informationen zu befriedigen.[420] Dieses allgemeine Recht ist zu unterscheiden von dem Recht, das die Verfügbarkeit von Informationen aus Regierung und Verwaltung für Bürger im Auge hat.[421] Dieses wird durch Informationszugangs- oder Akteneinsichtsgesetze[422] geregelt. Nunmehr wird verstärkt gefordert, dass alle Bereiche öffentlicher Verwaltung für den Informationsanspruch der Bürger geöffnet werden, soweit sich das Verwaltungshandeln nicht ausschließlich auf die Rechtsverhältnisse individuell betroffener Personen bezieht.[423]

---

418 *Kloepfer*, D 11 mit Verweis auf *Roßnagel*, ZRP 1997, 26, 30. *Roßnagel* sieht es als Aufgabe des informationellen Sozialstaates an, die Kluft zwischen Informationsarmen und Informationsreichen zumindest durch eine Grundversorgung mit Informationsmöglichkeiten zu lindern.

419 Zu Informationsbeschaffungsverträgen vgl. *Fritzsche*, CR 1998, 632 ff.

420 Vgl. *Bleyl*, DuD 1998, 32, 33.

421 Vgl. hierzu z.B. *Burkert*, DuD 1998, 430 f.; *Kneifel-Haverkamp*, DuD 1998, 438 ff.; *Bleyl*, DuD 1998, 32 ff.

422 Vgl. § 29 VwVfG oder das Umweltinformationsgesetz (BGBl 1994 I, 1490 ff.); das Stasi-Unterlagengesetz (BGBl 1991 I, 2026) regelt den Zugang von Opfern und Forschern zu den Dossiers des Staatssicherheitsdienstes der ehemaligen DDR; vgl. insgesamt dazu *Lodde*, Informationsrechte des Bürgers gegen den Staat, 1996.

423 Vgl. *Bleyl*, DuD 1998, 32, 33; die Europäische Kommission hat beschlossen, ein Grünbuch darüber zu veröffentlichen, wie die von staatlichen und öffentlichen Stellen gesammelten Informationen so genutzt werden können, dass die europäischen Bürger und Unternehmen auf dem Weg in die Informationsgesellschaft daraus den größten Nutzen ziehen können. Die europäische Wirtschaft leide unter einem Wettbewerbsnachteil gegenüber ihren Konkurrenten aus den USA, wo schon 1966 ein "Freedom of Information Act" verabschiedet wurde. Seither gewähren öffentliche Stellen in den USA kostenlos oder für

Im deutschen Recht ist das Informationszugangsrecht nur höchst unvollständig geregelt. Im Grundgesetz gibt es nach *Gallwas* als ausdrückliche Vorgaben für eine Informationsverfassung, "verstanden als rechtliche Grundstruktur für das Nehmen, Geben und Bewahren von Informationen in unserem Gemeinwesen"[424], nur einige wenige Artikel.[425] Art. 5 Abs. 1 GG garantiert jedermann das Recht, sich aus allgemein zugänglichen Quellen frei zu informieren. Die Informationsfreiheit ist somit die Voraussetzung der Meinungsäußerungs- und -verbreitungsfreiheit.[426] Unter dem Begriff der Allgemeinzugänglichkeit ist die faktische Zugänglichkeit für einen unbestimmten Personenkreis zu verstehen.[427] Der Schutz des Art. 5 Abs. 1 GG besteht also nur dann, wenn es sich um allgemein zugängliche oder ohne Zutun des Betroffenen oder Dritten erschließbare Daten und Informationen handelt. Die Informations- und allgemeine Handlungsfreiheit endet, wo das berechtigte Abschirmungsinteresse oder Informationsverfügungsrecht eines anderen beginnt.[428] Sie begründet keinen Anspruch auf Zugang zu abgeschirmten Informationen und schafft auch keinen Rechtfertigungsgrund für ein Handeln, das eigenmächtig solche Abschirmungen zu durchbrechen sucht.

Der Schutz der Informationsverfassung ist damit nur unvollständig. Deswegen muss man auf die Auffangfunktion des allgemeinen Persönlichkeitsrechts zurückgreifen, das damit subsidiär ein Grundpfeiler des Informationsverfassungsrechts ist. Im Drittverhältnis, also wenn sich zwei Private gegenüberstehen, ist man aber auf das Abwägungsmodell und dessen Konkretisierung durch Gesetzgebung und Rechtsprechung angewiesen, weil die Freiheitsrechte im Verhältnis der Privaten untereinander nicht unmittelbar gelten. Dabei ist man auf eine anspruchsbegründende zivilrechtliche Vorschrift angewiesen.[429]

---

wenig Geld Zugang zu hochentwickelten, leistungsfähigen Informationssystemen, vgl. http://www.echo.lu/legal/en/access/access.html. Auch in Europa beginnen einige Mitgliedstaaten diesen Weg zu beschreiten. Aber die Strategien, Rechtsvorschriften und Systeme hier sind uneinheitlich und dadurch oft wenig nutzerfreundlich und wenig transparent. Das Grünbuch schlägt nicht vor, dass die Mitgliedstaaten mehr Informationen sammeln oder veröffentlichen sollten, sondern dass die vorhandenen und im Prinzip zugänglichen Informationen potentiellen Nutzen unter transparenteren und einfacheren Bedingungen zur Verfügung gestellt werden sollten.

424 *Gallwas*, NJW 1992, 2785, 2786.

425 Insbesondere die Verbreitungs- und Zugangsrechte des Art. 5 Abs. 1 und Abs. 3 GG sowie die Geheimnisse des Art. 10 GG.

426 *Maunz/Dürig-Herzog*, Stand: Dez. 1992, Art. 5, Rz. 82.

427 *Maunz/Dürig-Herzog*, Stand: Dez. 1992, Art. 5, Rz. 90.

428 *Gallwas*, NJW 1992, 2785, 2787.

429 Vgl. *Maunz/Dürig-Dürig*, Stand: 1958, Art. 1, Rz. 127 ff, 132; *Sachs-Höfling*, Art. 1, Rz. 104.

Einfachgesetzliche Normen finden sich v.a. im Datenschutzrecht. § 34 BDSG gibt dem Betroffenen grundsätzlich ein Auskunftsrecht über die zu seiner Person gespeicherten Daten, auch soweit sie sich auf Herkunft und Empfänger beziehen, den Zweck der Speicherung sowie Personen und Stellen, an die seine Daten regelmäßig übermittelt werden, wenn seine Daten automatisiert verarbeitet werden. Zweck des Bundesdatenschutzgesetzes ist es, den einzelnen davor zu schützen, dass er durch den Umgang mit seinen personenbezogenen Daten in seinem Persönlichkeitsrecht beeinträchtigt wird, § 1 Abs. 1 BDSG.

Somit entsteht ein Spannungsverhältnis zwischen dem Recht auf informationelle Selbstbestimmung und dem Informationszugangsrecht. Beide zusammen sind aber unerläßlich für die Entfaltungsmöglichkeiten der Menschen in der heutigen Informationsgesellschaft.[430] Letztlich hat jeder ein Recht auf Informationsbeschaffung und -verarbeitung unter dem Vorbehalt der Rücksichtnahme auf vorrangige Interessen des jeweils Betroffenen und umgekehrt ein Recht auf informationelle Selbstbestimmung unter dem Vorbehalt der Rücksichtnahme auf vorrangige Informationsinteressen. Im Drittverhältnis ist man daher auf das Abwägungsmodell angewiesen.[431] Diese Abwägung fällt schwer, denn es fehlt an sicheren Kriterien für die Verteilung von Informationszugangs- und Informationsausschließlichkeitsrechten.[432]
Sofern Dritte ein Recht auf Information haben, wird dieses mittelbar durch das Strafrecht geschützt. Dies geschieht vor allem durch §§ 303 a und 303 b StGB, aber auch durch §§ 263 a und 269 StGB.
Auch unter den IT-Sicherheitskriterien wird dieses Interesse des Dritten gewährleistet, nämlich dadurch, dass die Daten für den Verfügungsberechtigten unversehrt, verfügbar und verbindlich sind.

IV. Zusammenfassung

Die Darstellung der Interessengruppen kann m.E. als Grundlage für eine genauere Bestimmung der durch einen Computerstraftatbestand geschützten und im folgenden dargestellten Rechtsgüter sowie für eine gerechte Abwägung ihrer Interessen dienen.

Das aufgezeigte Spannungsfeld zwischen den Interessen des Verfügungsberechtigten über Informationen, den möglicherweise durch diese Betroffenen und den Interessen der Gesellschaft an der nützlichen und gerechten Verbreitung der ge-

---

430 Vgl. *Bleyl*, DuD 1998, 32, 33 f.; *Gallwas*, NJW 1992, 2785, 2787; zur Vision einer "civil information society" vgl. *Roßnagel*, ZRP 1997, 26, 30.

431 *Gallwas*, NJW 1992, 2785, 2788.

432 *Hoeren*, NJW 1998, 2849, 2850.

schaffenen Information ist schwer aufzulösen. Dem ersten soll ein Anreiz zur Schaffung von Informationen gegeben werden, ohne dass er um seine Investition fürchten muß. Der Betroffene will aber verständlicherweise so wenig wie möglich über sich preisgeben, während aus gesellschaftspolitischer Sicht eine möglichst umfassende Informationsbasis nur zu begrüßen ist, um eine aufgeklärte Gemeinschaft zu erreichen.

Eine Abwägung muß zunächst die Interessen des Betroffenen berücksichtigen. Deshalb ist der Datenschutz hochzuhalten. Der Schöpfer der Information kann deshalb nur in diesem Rahmen geschützt werden. Erst zuletzt können die Interessen der Allgemeinheit beachtet werden. Das deutsche Strafrecht schützt bislang deren Interesse nicht unmittelbar. Ein strafrechtlicher Schutz erscheint auch nicht erforderlich, vielmehr sollte hier auf das Verwaltungsrecht zurückgegriffen werden.[433]

Gleichzeitig kann die Darstellung der Interessensgruppen dazu dienen, eine neue Definition der Computerkriminalität zu geben. Sie ist die Kriminalität, bei der die Belange der durch computergesteuerte bzw. -gespeicherte Information betroffenen oder an ihr interessierten Rechtssubjekte in rechtswidriger Weise beeinträchtigt werden.

[433] Hingegen will *Sieber*, "Mißbrauch der Informationstechnik und Informationsstrafrecht", 608, 645, auch für Informationszugangsrechte strafrechtlichen Schutz.

§ 5 Prävention von Computerkriminalität

Der Schutz der Rechtsgüter kann auf vielfältige Weise geschehen. Zum einen im Vorfeld durch Schaffung sozialer Kontrollmechanismen, innerbetriebliche Prophylaxen oder wirtschaftsrechtliche Regelungen und technische Präventivmaßnahmen, zum anderen durch Strafgesetze.
Die gleiche Sachproblematik kann entweder durch das Strafrecht oder durch das Zivilrecht erfaßt werden. Europäische Staaten neigen beispielsweise eher zu strengeren strafrechtlichen Regelungen zur Bekämpfung von Urheberrechtsverletzungen und Wirtschaftsverrat, wohingegen anglo-amerikanische Staaten zivilrechtliche Sanktionen präferieren.[434] Die europäischen Datenschutzgesetze kriminalisieren im Gegensatz zum anglo-amerikanische Recht die meisten zivil- und verwaltungsrechtlichen Verstöße auch mit einer akzessorischen Strafvorschrift.[435] Ein Vorteil im Hinblick auf die Effektivität des Rechtsgüterschutzes des einen oder anderen Wegs ist nicht ersichtlich.
Versteht man das Prinzip der Subsidiarität des Strafrechts "als eine rein strafrechtliche, kriminalpolitische Direktive, wird man in vielen Fällen auf neue Straftatbestände verzichten und die zu lösenden Probleme an das Zivilrecht, Wirtschafts- und Verwaltungsrecht weiterreichen können (müssen)."[436] Diese eine Theorie, wann Strafrecht überflüssig ist, wenn und weil Wirtschafts- und Verwaltungsrecht befriedigend greifen (könnten), fehlt leider,[437] und scheint auch nicht möglich zu sein, wie sich sogleich zeigen wird.

A. Strafrecht als "ultima ratio"

Schon während des Gesetzgebungsverfahrens zum 2. WiKG standen auch außerstrafrechtliche Mittel zur Bekämpfung der Computerkriminalität zur Diskussion, der Gesetzgeber hat es aber versäumt, die Subsidiarität des Strafrechts hinreichend zu erörtern und Sicherheitskonzepte zu entwickeln. Die Kommission sollte grundsätzlich von geltenden Straftatbeständen ausgehen und dabei auch prüfen, ob sich deren Ausdehnung durch präventive Maßnahmen erübrigt. Man glaubte, durch diese Methode stärker im Bereich oder in unmittelbarer Nähe der Sozialschädlichkeit zu bleiben und das Prinzip der Verhältnismäßigkeit präven-

---

434 *Sieber*, NJW 1989, 2569, 2579 mit Fn. 108; *ders.*, "Mißbrauch der Informationstechnik und Informationsstrafrecht", 608, 629.

435 *Sieber*, "Mißbrauch der Informationstechnik und Informationsstrafrecht", 608, 629; vgl. nunmehr Art. 24 EG-Datenschutzrichtlinie (95/46/EG vom 24.10.1995); vgl. hierzu auch *Kloepfer*, D 104 ff. mit zahlreichen weiteren Nachweisen.

436 *Volk*, JZ 1982, 82, 88.

437 *Volk*, JZ 1982, 82, 88.

tiver Regelungen besser wahren zu können.[438] Dabei war man sich bei der Vorbereitung und Realisierung der Gesetzgebung sehr wohl bewußt gewesen, dass eine Eindämmung der Wirtschaftskriminalität nicht nur mit Mitteln des Strafrechts erreicht werden kann und dieses immer nur begrenzt möglich sein wird, vielmehr präventive bzw. außerstrafrechtliche Maßnahmen gleichermaßen wichtig sind.[439] Der Gesetzgeber wurde davor gewarnt, "in blindem Eifer neue Vorschriften gegen die Computerkriminalität zu schaffen"[440]. Noch weiter ging die Kritik[441], die sich darauf berief, dass in allen Fällen die strafrechtliche Einordnung in bestehende Strafrechtsnormen keine Schwierigkeiten bereite, so dass der Ruf nach neuen Strafnormen eigentlich verstummen müßte. Das Problem der Bekämpfung der Computerkriminalität liege nicht in der Abschreckung durch hohe Strafdrohung, sondern durch Maximierung der Gefahr des Entdekkungsrisikos durch Sicherungsmaßnahmen und durch eine verbesserte Strafverfolgung.

I. Verzicht auf Strafrecht

Unter dem Gesichtspunkt der "ultima ratio" des Strafrechts wären diese außerstrafrechtlichen Mittel natürlich vorzugswürdig (gewesen). Nach diesem Grundsatz ist das Strafrecht das letzte unter allen in Betracht kommenden Schutzmaßnahmen, d.h. es darf nur dann eingesetzt werden, wenn andere Mittel der sozialen Problemlösung versagen. Dies folgt aus dem Verhältnismäßigkeitsgrundsatz.[442]

Eine Strafbarkeit bestimmter Verhaltensweisen kann demzufolge zu weitgehend sein, da das geschützte Rechtsgut auch anderweitig ausreichend geschützt werden kann. Das Problem besteht jedoch darin, zu erkennen, welche Verhaltensweisen ein legitimer Gegenstand der Strafgesetzgebung sein dürfen.[443]

So kommen prophylaktische gesetzgeberische Maßnahmen, etwa wirtschaftsrechtliche Regelungen in Betracht, nach denen bestimmte sensible Bereiche einer strikten Funktionstrennung bei der Computerbedienung und -zugänglichkeit unterliegen. Dadurch könnten die häufig auftretenden Computermanipulationen eines einzelnen Mitarbeiters ausgeschlossen werden, beispielsweise durch das

---

438 *Möhrenschlager*, wistra 1986, 123, 124.
439 *Möhrenschlager*, wistra 1986, 123, 126 mit Verweis auf *Geerds*; *Schneider* bzw. *Wassermann* in BKA, Wirtschaftskriminalität, 1984.
440 So *Tröndle* (mitgeteilt in *Lenckner*, Computerkriminalität und Vermögensdelikte, S. 24).
441 *Steinke*, NStZ 1984, 295, 297.
442 Vgl. *Roxin*, AT, 3.A., § 2 Rz. 38 ff.
443 Vgl. *Roxin*, JA 1980, 545, 546.

übliche "4-Augen-Prinzip".[444] Ebenso sollten die Möglichkeiten der Informationstechnologie besser genutzt werden. Die Weiterentwicklung der Sicherheitsmaßnahmen in Verbindung mit einer verstärkten, sensibilisierenden Aufklärung über die Mißbrauchsmöglichkeiten erscheint erfolgversprechender und deshalb noch wichtiger als ein verstärkter Strafrechtsschutz.[445]

Optimaler Selbstschutz gegen Delinquenz ist jedoch nicht möglich. Entweder muß das geschützte Gut aus dem Verkehr gezogen werden, womit es in der Regel seine Funktion verliert, oder es bedarf ständiger Überwachung, was kostenintensiv ist.[446]
Hefendehl[447] beschreibt die Wurzel des Subsidiaritätsprinzips als Idee des Gesellschaftsvertrags. Der Bürger verzichtet auf einen Teil seiner Freiheiten, möchte aber zugleich nur so viel Freiheit aufgeben, wie es im Hinblick auf den notwendigen Freiheitsschutz untereinander geboten ist. Sofern der Einzelne seinen Rechtsgüterschutz am einfachsten selbst besorgen kann, kommt dem Staat keine Schutzfunktion zu. Wenn aber die Möglichkeiten des Individuums nicht ausreichen, um die Rechtsgüter zu schützen, muß der Staat eingreifen.
Damit darf kein genereller Rückzug des Strafrechts erfolgen, sondern muß im einzelnen vorab geprüft werden, ob und wie nichtstrafrechtliche Maßnahmen den Schutz des Rechtsguts mindestens ebenso gut zu bewirken vermögen.

II. Schutz durch Strafrecht

Zur Kontrastbildung zu der soeben postulierten Vorabprüfung soll nachfolgend dargelegt werden, dass ausschließlich strafrechtliche Maßnahmen, wie sie bisher zur Bekämpfung der Computerkriminalität angewandt werden, dem Grundsatz der Subsidiarität des Strafrechts nicht gerecht werden.

1. Relativierung des Grundsatzes der Subsidiarität wegen Beschränkung der Wirtschaftsfreiheit

Vor allem von der Wirtschaft wurde eingewandt, dass Sicherheitsmaßnahmen zum einen außerordentlich schwierig zu konzipieren, wegen der fortschreitenden technischen Entwicklung unvollkommen[448] und wenig praktikabel[449] und zum

---

[444] Vgl. *Sieg*, JURA 1986, 352, 361.
[445] *Möhrenschlager*, wistra 1986, 128.
[446] *Jakobs*, AT, 2.A., 1. Abschnitt, Rz. 13 b.
[447] *Hefendehl*, Kollektive Rechtsgüter im Strafrecht, § 3 IV 3 b.
[448] BT-Drs. 9/2008, S. 16. Diesem Argument kann jedoch entgegengehalten werden, dass der Gesetzgeber etwaige Sicherheitsmaßnahmen nicht detailliert, sondern in Grundzügen vor-

anderen unverhältnismäßig seien, da sie auch die Unternehmen und deren Mitarbeiter treffen würden, die sich gesetzmäßig und lauter verhalten. Die Folge wäre ein gravierender Eingriff in die betriebliche Organisationsfreiheit, eine bürokratische Gängelung aller Gesetzestreuen, während strafrechtliche Maßnahmen nur auf den wirklich kriminellen Bereich abzielten und weniger als alle sonstigen staatlichen Maßnahmen in die Freiheit der Wirtschafter eingreife.[450] Durch ein normkonformes Verhalten unterfalle das Unternehmen dem Strafrecht hingegen nicht. Es treffe deswegen nur den wirklich Kriminellen.[451] Durch die uneingeschränkte Ausnutzung aller präventiv wirkenden Möglichkeiten könnte die der geltenden Wirtschaftsordnung wesenseigene grundsätzliche Freiheit der wirtschaftlichen Betätigung in einem solchen Maße reglementiert werden, dass soziale Marktordnung in ihr Gegenteil verkehrt und zu einer Leerformel werden könnte.[452] *Volk* hat allerdings überzeugend dargelegt, dass es auf solche faktische Auswirkungen für die Auslegung des ultima-ratio-Prinzips nicht ankommen darf. "Dieser Grundsatz demonstriert und postuliert - notfalls auch "kontrafaktisch" - die stets gravierende sozialethische Bedeutung der Strafe und des Strafverfahrens. Sein normativer Sinn darf nicht durch eine wertneutrale Bilanzierung von Unbequemlichkeiten ins Kalkül gezogen und unterlaufen werden."[453]

Weiterhin wird zugunsten einer strafrechtlichen Regelung vorgebracht, dass zwar zum Teil elementare Sicherheitsvorkehrungen gegen Manipulationen im Bereich der elektronischen Datenverarbeitung vernachlässigt werden, dies an der Strafwürdigkeit und Strafbarkeit solcher sozialschädlicher Verhaltensweisen

---

schreiben und die konkrete Ausführung den Betroffenen überlassen kann (vgl. den Maßnahmenkatalog des § 9 BDSG und § 87 TKG (s. unten § 5C.III.2.b) sowie die fortschreitende deutsche Gesetzgebung z.B. bezüglich der Bekämpfung der Geldwäsche (s. unten § 5F)).

449 Beispielsweise wurde eine vollständige Doppelkontrolle aller Daten zu recht als unpraktikabel und unökonomisch angesehen (BT-Drs. 10/318, S. 16, 18; Schlußbericht der Kommission, S. 152).

450 Hierzu grundlegend *Tiedemann*, Wirtschaftsstrafrecht und Wirtschaftskriminalität, Band 1, S. 76 ff., 79, der selbst der Meinung ist, dass außerstrafrechtliche Prävention eher und wirkungsvoller der Wirtschaftskriminalität zu begegnen vermag als die strafrechtlich-repressive Ahndung (*Tiedemann*, 49. DJT, C 9 mit Verweis auf *Tiedemann*, NJW 1972, 657 ff.); Tagungsberichte, 12. Band, S. 16; *Sieber*, Computerkriminalität, 2.A., 33 f.; *Engelhard*, DVR 1985, 165.

451 *Tiedemann*, 49. DJT; zustimmend *Sieber*, DSWR 1974, 245, 248; vgl. auch BT-Drs. 9/2008, S. 11 und 16.

452 Schlußbericht der Kommission, S.22. *Hefendehl* weist jedoch zu Recht daraufhin, dass eine Gesamtsaldierung der Belastung durch die Bestrafung des Normverletzers und die Belastung aller Normunterworfenen kaum durchführbar ist, weil es für diese Saldierung an jeglichem Maßstab fehlt (Kollektive Rechtsgüter im Strafrecht, § 6 III 3 c).

453 *Volk*, JZ 1982, 82, 88.

aber nichts ändere, sondern vielmehr höchstens innerhalb der Strafzumessung als Milderungsgrund angesehen werden könne.[454]
Diese Kritik erscheint jedoch zu pauschal. Denn an der grundsätzlichen Strafwürdigkeit der Computerkriminalität als solches gibt es keine Zweifel. Die Frage ist jedoch, ob und inwieweit der Gesetzgeber einzelne Begehungsweisen tatsächlich unter Strafe stellen sollte. Bestes Beispiel ist § 202 a StGB. Hier werden nur Daten geschützt, die gegen unberechtigten Zugang besonders gesichert sind. Nur dann setzt eine Strafbarkeit ein.[455] Für jedes einzelne Rechtsgut muß also gesondert geprüft werden, ob es nur durch das Strafrecht geschützt werden kann oder ob vielleicht auch außerstrafrechtliche Mittel denselben Erfolg versprechen. Dadurch besteht auch nicht die Gefahr, dass sich die Delinquenz verlagert oder das Gefahrenpotential für Dritte erhöht.[456]

2. Steigende Kriminalitätsrate keine Begründung für verstärkten Einsatz des Strafrechts

Ein Blick auf die Kriminalstatistik läßt eine stetig ansteigende Zahl von Fällen der Computerkriminalität erkennen. Besonders der Anstieg der Betrugsfälle mittels rechtswidrig erlangter Karten erscheint geradezu besorgniserregend.[457] Mit dieser Statistik im Hintergrund könnte man behaupten, dass die bestehenden strafrechtlichen Sanktionen keine ausreichende Abschreckungswirkung erzielen, um sämtliche Straftaten zu verhindern oder zumindest den Anstieg stagnieren zu lassen. Weiter könnte man argumentieren, dass außerstrafrechtliche Sanktionen grundsätzlich weniger geeignet seien, um diesen Verlauf zu ändern, weil sie für die Täter nicht genügend abschreckend wirkten. Vielmehr müßte über schärfere strafrechtliche Sanktionen und entsprechende strafprozessuale Eingriffsbefugnisse eine höhere Abschreckungswirkung für potentielle Täter durch die drohende Erleidung schwerer Nachteile erreicht werden. Da bislang immer noch eine gewisse Kriminalitätsrate zu verzeichnen sei, sei das Strafrecht in deren Bekämpfung etwas wirkungsvoller, gerade weil es den schwereren Eingriff für den potentiellen Täter darstelle, und dieser ab einem gewissen Intensitätsgrad der drohenden Strafe von der Tat zurückschrecke.[458]

---

454 Tagungsberichte, 12. Band, S. 16; vgl. auch *Sieber*, Anlage 2, S. 34 f.
455 Vgl. auch *Dannecker*, BB 1996, 1285, 1292.
456 *Dannecker*, BB 1996, 1285, 1292; vgl. auch *Hefendehl*, Kollektive Rechtsgüter im Strafrecht, § 6 III 1 a, der als Beispiel für eine derartige Verlagerung die Erhöhung der Raubfälle durch den Einbau von Wegfahrsperren anführt.
457 Vgl. oben § 2G.
458 Vgl. *Ransiek*, Unternehmensstrafrecht, S. 270 f.

Mit dieser Argumentation ließe sich jedoch immer eine noch höhere Strafbewehrung rechtfertigen. Denn solange noch Straftaten begangen würden, reicht offensichtlich die Abschreckungswirkung (noch) nicht aus. Dies zielt zu einseitig auf den Strafzweck der negativen Generalprävention und droht, in staatlichen Terror umzuschlagen.
Die große Mehrheit der Bevölkerung verhält sich rechtstreu. Dadurch wird das Argument widerlegt, jede Straftat beweise die Unwirksamkeit der Generalprävention.[459]

III. Kompromiß

Den Geschädigten ist zumeist bewußt, dass man durch Strafgesetze allein die Computerkriminalität nicht verhindern kann. Die wichtigste Aufgabe haben somit die EDV-Anwender selbst, nämlich sich durch entsprechende organisatorische und technische Maßnahmen gegen Schaden weitestgehend zu schützen.[460]

Die Forderung nach personellen, organisatorischen und technischen Sicherungsmaßnahmen schließt aber die Notwendigkeit eines gesetzlichen und insbesondere eines strafrechtlichen Schutzes nicht aus. Denn auch umfassende Sicherungen technischer und betrieblicher Art bieten nicht ein solches Maß an Schutz, dass die verbleibenden Mißbräuche mit sozialschädlichen Folgen vernachlässigt werden können, so daß man auf den Einsatz des Strafrechts als präventives und repressives Mittel nicht ganz verzichten will.[461] An die technische Entwicklung darf aber nicht nur allein das Strafrecht, sondern muß auch das Zivilrecht und das Öffentliche Recht angepaßt werden.[462] Vor allem der Nutzer der Computersysteme muß Sicherheitsmaßnahmen vornehmen, gegebenenfalls müssen diese zwangsweise in einzelnen Bereichen eingeführt werden.[463] Das Strafrecht hat dabei keine herausragende Rolle im Hinblick auf Verhaltensbildung und -kontrolle. Es ist vielmehr erst nachrangig einzusetzen. Darauf sollte sich der Gesetzgeber besinnen und es vermeiden, neue Gefährdungs- oder Vorfeldtatbestände und damit ein weiteres "Risikostrafrecht"[464] zu schaffen.[465]

---

459 *Roxin*, AT, 3.A., § 3, Rz. 30 und 32.

460 *Paul*, CR 1993, 233, 235; *Dannecker*, BB 1996, 1285, 1291.

461 *Möhrenschlager*, wistra 1986, 128; *Dannecker*, BB 1996, 1285, 1292.

462 *Sieber*, Informationstechnologie, 24 f.

463 *Sieber*, ZStW 103 (1991), 779, 782; ebenso *ders.*, ZStW 104 (1992), 697, 698 f.

464 Zu diesem Begriff s. oben § 4B; vgl. auch *Hilgendorf*, Die strafrechtliche Produzentenhaftung in der "Risikogesellschaft", 1993, 17 ff.

465 *Hilgendorf*, JuS 1997, 323, 324.

Hiervon unberührt ist die Frage, ob der Gesetzgeber verfassungsrechtlich verpflichtet sein könnte, neue zivilrechtliche oder gemischt straf- und zivilrechtliche Sanktionen einzuführen und damit dem Bürger zumindest flankierend Schutz zu bieten. Nach *Robbers* wird der Staat allein dadurch, dass der Einzelne auf staatlichen Schutz angewiesen ist, nicht dazu verpflichtet, diesen Schutz zu gewährleisten. Jedoch kann sich unter anderem aus der Unzumutbarkeit des Selbstschutzes, etwa wegen zu hoher tatsächlicher Kosten des Schutzes oder wegen einer unverhältnismäßigen Beeinträchtigung anderer wesentlicher Interessen, ein Hinweis auf die Notwendigkeit der rechtlichen Konstituierung ergeben.[466] Der Bürger hat aber nicht nur ein Recht auf den Schutz durch den Staat, sondern auch vor ihm. Das Bundesverfassungsgericht hat beispielsweise aus Art. 2 Abs. 1 GG den Schutz der Privatsphäre vor heimlichen Tonbandaufnahmen mit dem Argument hergeleitet, dass private Gespräche geführt werden können müssen ohne den Argwohn und die Befürchtung, dass deren heimliche Aufnahme ohne die Einwilligung des Sprechenden oder gar dessen erklärten Willen verwertet wird.[467] Mithin wird ein Recht auf Freiheit vor Furcht vor den Gefahren moderner Technik[468] ebenso angenommen wie ein Recht vor staatlicher Überwachung.[469]

Allerdings hat mit der Verbreitung offener Datennetze die Einschätzung zugenommen, dass diese von einem einzelnen Staat praktisch nicht mehr kontrollierbar sind.[470] Staat und Recht sind in der neuen Welt der Netze mit der Aufgabe, ihre Bürger zu schützen, überfordert, denn sie sind als Nationalstaat und -recht konzipiert und beruhen auf national ausgerichteter Demokratie. Supra- oder internationale Zusammenschlüsse fehlen. Der Staat muß sich daher mehr und mehr daran gewöhnen, dem Treiben im Netz ohnmächtig zuzusehen. Viele Gesetze, die der demokratische Rechtsstaat aufstellt, kann er in den Netzen nicht nachvollziehen. Er kann weder Belange des Gemeinwohls durchsetzen noch seinen Bürgern Schutz gewähren.[471] Die Netze sind dabei, einen neuen körperlosen Sozialraum zu konstituieren, in dem der Staat kein Zwangsmittel, kein Ge-

---

466 *Robbers*, S. 191 f.

467 BVerfGE 34, 238, 247; vgl. auch BVerfGE 65, 1, 3 f.

468 Hier allerdings bezogen auf die Atomenergie.

469 *Robbers*, Sicherheit als Menschenrecht, 1987, S. 224.

470 Dazu *Wenning*, Jur-PC 1995, 3321, 3323.

471 *Roßnagel*, ZRP 1997, 26, 27 f.; vgl. hierzu auch *Kloepfer*, D 69 f., sowie *Pfitzmann*, Forum Datenschutz Nr. 6, 51. Der Bundesinnenminister Schily ist jedoch unter Bezugnahme auf das Gewaltmonopol des Staates immer noch der Meinung, dass der Staat verpflichtet ist, die Rechte seiner Bürger vor denjenigen zu schützen, die das Internet missbrauchen (SZ, 14.9.1999, S. V2/10), allerdings ruft er die Wirtschaft gleichzeitig zur Selbstkontrolle im Internet auf (SZ, 11.09.1999). Der Vorsitzende des Bundes Deutscher Kriminalbeamter *Bleibtreu* sieht hingegen den Kampf im Internet längst verloren; das Internet sei ein unkontrollierbarer Raum (http://www.heise.de/newsticker/data/cp-25.03.00-003).

waltmonopol und keine Souveränität hat. Bloße Ge- und Verbote zum Schutz von Individual- und Gemeinwohlinteressen werden in der immateriellen Welt der Netze obsolet.

Damit wird ein neues Verständnis der Staatsaufgaben und eine neue Strategie der rechtlichen Technikgestaltung notwendig. Es bewirkt einen Wandel der Verantwortung des Staates von einer Erfüllungs- zu einer Gewährleistungsverantwortung.[472] Denn wenn der Staat seine Bürger im neuen Sozialraum nicht mehr zuverlässig schützen kann, muß er sie zum Ausgleich zum Selbstschutz befähigen.[473] Das heißt nicht, dass er seine Verantwortung für den Schutz seiner Bürger verloren hat. Aber wo er diesen nicht mehr selbst gewährleisten kann, muß er für Systemschutz sorgen und Selbstschutz ermöglichen, und genügt so seiner Schutzpflicht. Denn diese besteht nur im Rahmen des Möglichen.

Damit stellt sich die Frage, welche Strukturmerkmale erforderlich sind, um es dem Einzelnen selbst zu ermöglichen, seine gesellschaftliche Rolle zu definieren, seine Schutzbedürftigkeit zu bestimmen und sich entsprechend dem eigenen Bedürfnis zu schützen.[474] Die Frage der gesellschaftlichen Identifikation durch staatliche Mithilfe wird vor allem durch die Bildungs- und Kulturpolitik sowie einer umfassenden Informationsfreiheit gelöst und wird daher im Rahmen dieser Arbeit nicht weiter bearbeitet. Die folgenden Ausführungen über technische und organisatorische Sicherheitsmaßnahmen werden zeigen, dass eine Stärkung derselben den Einzelnen befähigt, seine Position in der Gesellschaft wie gewünscht zu statuieren.

B. Soziale Kontrollmechanismen und technischer Selbstschutz

Kontrollmechanismen gewähren ihren Anwendern Schutz vor bestimmten Gefahren. Diese Mechanismen können sozialer und technischer Natur sein. Die Existenz, Verbindlichkeit und Verinnerlichung sozialer Normen ist dabei durchaus in der Lage, den Einzelnen von der Normverletzung im wirtschaftlichen Bereich abzuhalten.[475] Dagegen kann nicht das Argument vorgebracht werden, dass Nicht-Kriminelle diese nicht bräuchten und Kriminelle sich nicht an sie halten würden, und deshalb die Entwicklung eines "self-regulative code of ethics" kritisch zu sehen wäre.[476] Denn diese Ansicht übersieht den Normbefehl auch so-

---

472 *Kloepfer*, D 101; *Roßnagel*, ZRP 1997, 26, 27.

473 *Roßnagel*, ZRP 1997, 26, 28; *Kloepfer*, D 100; BT-Drs. 13/11002, S. 70. Das wurde auch in den USA bereits erkannt, vgl. *Magaziner*, SZ, 14.9.1999, S. V2/10.

474 *Roßnagel*, ZRP 1997, 26, 30; *Hoffmann-Riem*, 1998, 11, 21 f.; *Weichert*, 1998, 213, 225 f.

475 *Tiedemann*, 49. DJT, C 41.

476 Vgl. *Sieber*, Computerkriminalität, 2.A., 31 f.; allerdings ist bei der inhaltlichen Festle-

zialer Normen. Der Mensch als Individuum in der Gesellschaft will von ihr anerkannt werden und identifiziert sich durch sie. Er benötigt Resonanz von seiner Umwelt. Deswegen ist er bis zu einem bestimmten Maße darauf angewiesen, die sozialen Normen zu beachten. Mit der vorgenannten Ansicht könnte man auch strafrechtliche Normen ad absurdum führen bzw. begründen, dass nur hohe Strafen einen potentiellen Täter von seinem Tun abzuhalten vermögen. Das widerspricht aber der Straftheorie der positiven Generalprävention.

I. Selbstregulierung

Die Idee der Selbstregulierung beruht darauf, auf staatlichen Zwang so weit wie möglich zu verzichten und an den einzelnen Benutzer zu appellieren, das Recht einzuhalten. Erst ab einem bestimmten Intensitätsgrad wird auf den staatlichen Sanktionsmechanismus übergeleitet. Teilweise wird die Selbstregulierung kritisch gesehen, da zu viele unterschiedliche Regelwerke auf dem Markt seien und deren Sanktionsmechanismen nicht an staatliche Durchsetzungsregeln anknüpfen könnten. Folglich sei die Effektivität der Selbstkontrolle ungeklärt. Sie könne im Internet das Recht ergänzen, jedoch niemals ersetzen.[477] Doch sollten m.E. die Selbstregulierungspotentiale der Gesellschaft stärker als bisher genutzt werden.[478] Denn Verhaltensregeln, die sich die Gemeinschaft selbst erarbeitet und auferlegt, sind letztendlich die effektivsten, da sie auf breiten Konsens stoßen.

Für den online-Sektor hat sich am 9.7.1997 die "Freiwillige Selbstkontrolle Multimedia Diensteanbieter e.V." (kurz: FSM)[479] konstituiert.[480] Die FSM "will ihren Beitrag zur Stärkung der Freiheitsrechte der Diensteanbieter und der Achtung der schutzwürdigen Interessen der Nutzer und der Allgemeinheit insbesondere gegenüber Rassendiskriminierung sowie Gewaltverherrlichung leisten und den Jugendschutz auf selbstverantworteter Basis stärken. Jede Form der Zensur wird abgelehnt. Ziel der freiwilligen Selbstkontrolle ist es, Diensteanbieter mit dem Beitritt zu der Arbeitsgemeinschaft zur Beachtung der Grundsätze des Verhaltenskodex zu veranlassen und Mißachtungen des Kodex zu sanktionieren."[481]

---

gung von Verhaltenskodizes zu berücksichtigen, dass im internationalen Vergleich unterschiedlichste Strafbestimmungen und Verantwortlichkeitsregelungen gelten, vgl. *Sieber*, ZUM 1999, 196, 208.

477 *Hoeren*, NJW 1998, 2849, 2852 und 2954.

478 So auch *Kloepfer*, D 101.

479 http://www.fsm.de.

480 Zu den Gründungsmitgliedern gehören u.a. die Deutsche Telekom AG, der Verband Privater Rundfunk und Telekommunikation (VPRT) und das Deutsche Network Information Center e. G. (DeNIC). Inzwischen sind über 300 Medienunternehmen der FSM beigetreten.

481 Präambel des Verhaltenskodex des Vereins (http://www.fsm.de/ueb/kodex).

Zu diesem Zweck wurde eine Beschwerdestelle - ähnlich einem Schiedsgericht - eingerichtet, an die sich jeder per e-mail wenden kann. Die Beschwerden werden nach einem in der Beschwerdeordnung vorgeschriebenen Verfahren[482] behandelt. Als mögliche Sanktionen kommen ein Hinweis mit Abhilfeaufforderung, eine Mißbilligung oder eine Rüge sowie unter Umständen der Ausschluß aus der FSM in Betracht.[483] Gegen Nichtmitglieder können naturgemäß nur Hinweise ergehen. Zukünftig wird die FSM die zuständigen Behörden über den Inhalt von Beschwerden über Online-Inhalte informieren, wenn sich bei der Prüfung der Verdacht einer konkreten Gefahr für Leib, Leben oder Freiheit von Personen ergibt. Die Person des Beschwerdeführers wird nicht bekanntgegeben.[484] Damit agiert die FSM ähnlich wie andere Selbstkontrollgremien im Medienbereich, z.B. der Deutsche Presserat[485], die durchaus in der Lage sind, durch ihre Arbeit effektiv tätig zu werden.

Die Mitgliedschaft in diesem Verein hat auch staatlich gewährte Vorteile. So müssen in diesem Fall gewerbsmäßige Anbieter von elektronischen Informations- und Kommunikationsdiensten, deren Inhalte "jugendgefährend" sein können, gem. § 7 a S. 5 GjS keinen Jugendschutzbeauftragten bestellen, wodurch der Staat selbst der Selbstkontrolle eine gewisse Legitimierung widerfahren läßt.

In Großbritannien gründeten Ende 1996 Scotland Yard und der Dachverband der britischen Internet-Provider ISPA die Aufsichtsbehörde Internet Watch Foundation (IWF).[486] Internet-Benutzer können rund um die Uhr einschlägige WWW-Seiten, e-mail-Sender bzw. news-Gruppen melden. Sollte es sich möglicherweise um illegales Material handeln, wird die jeweils zuständige Polizeibehörde informiert. Künftig will die Behörde für das Internet zumindest innerhalb Europas ein gemeinsames "Rating-System" entwickeln. Ähnlich wie Videofilme würden die einzelnen Seiten dann - aufgrund der Meldungen der Internet-Benutzer - klassifiziert von "harmlos" bis "stark anstößig". Das wäre ein Anhaltspunkt für Filterprogramme.[487] Ähnliche Behörden gibt es auch in den Niederlanden, Belgien und Norwegen.

Inzwischen haben sich führende online-Unternehmen zur "Internet Content Rating Association" (ICRA) zusammengeschlossen.[488] Es soll ein internationales

---

482 http://www.fsm.de/bes/ordnung/; näheres hierzu bei *Rath-Glawatz/Waldenberger*, CR 1997, 766, 768 f.

483 Die möglichen Sanktionen sind in Ziffer 6 des Verhaltenskodexes aufgelistet.

484 Newsroom-de, 26.1.1999.

485 http://www.presserat.de.

486 http://www.iwf.org.uk.

487 FR, 31.7.1998.

488 Zu den Gründungsmitgliedern der ICRA gehören u.a. Microsoft, AOL Europe und T-

Bewertungssystem[489] geschaffen werden, das sowohl Kinder schützen als auch die Informationsfreiheit im Web gewährleisten soll. Dieses System ist ein freiwilliges Selbsteinstufungssystem.[490] Zusätzlich wurde ein „Memorandum of Understanding" ausgearbeitet, das vorschlägt, sogenannte „Codes of Conduct" auszuarbeiten und sich zur gewissenhaften Selbstbewertung der Inhalte zu verpflichten.[491]

Auch die deutsche Bundesregierung ruft inzwischen angesichts der weltweiten Verbreitung der Internet-Inhalte die Wirtschaft zur Selbstkontrolle im Internet auf, da die Kontrollmöglichkeiten des Staates an ihre Grenzen stosse. Initiativen zur Selbstkontrolle könnten staatliche Regulierung jedoch nur ergänzen.[492]

Die Kommission der Europäischen Union hat einen Aktionsplan zur Förderung der sicheren Nutzung des Internet aufgestellt.[493] Mit diesem sollen illegale und schädigende Inhalte im Internet bekämpft werden.[494] Die illegalen Inhalte sollen nach diesem Plan vorrangig durch die Strafverfolgungsbehörden bekämpft werden, und nur zusätzlich könne die Industrie durch ein Selbstkontrollsystem wie Verhaltenskodizes und Hotlines den Umlauf illegaler Inhalte eindämmen. Bei schädigenden Inhalten hingegen sollen solche Maßnahmen im Vordergrund stehen, die den Benutzern selbst die erforderlichen Instrumente in Form wirksamer Filterdienste und kompatibler Bewertungssysteme zur Verfügung stellen. Zusätzlich sollen die Nutzer z.B. durch Seminare und Werbekampagnen sensibilisiert werden.[495]

Online.

489 Recreational Software Advisory Council (RSAC). Das System soll aus einem Basisvokabular und frei wählbaren Zusatzfiltern je nach Einsatzort und Weltanschauung bestehen.

490 ZDNet News, 14.5.1999 (jok).

491 http://www.stiftung.bertelsmann.de/internetcontent/deutsch/download/Memorandum.pdf.

492 Bericht über den „Internet Content Summit", vgl. SZ, 11.9.1999 und 14.9.1999, V2/10 sowie http://www.heise.de/tp/deutsch/inhalt/te/5277/1.html.

493 Mitteilung der Kommission, "Aktionsplan zur Förderung der sicheren Nutzung des Internet", http://www2.echo.lu/legal/de/internet/actpl-cp.htm; vgl. auch das interinstitutionelle Dossier Nr. 97/0337 (COD) http://www2.echo.lu/iap/position/de.html.

494 Als illegale Inhalte gelten beispielsweise Bedrohungen der nationalen Sicherheit und des Jugendschutzes sowie die Gefährdung der Informationssicherheit und die Sicherheit der Wirtschaft. Inhalte, deren Verbreitung beschränkt ist (z.B. nur für Erwachsene), und die bestimmte Benutzer beleidigen können, stellen schädigende Inhalte dar.

495 Die Association Internationale de Droit Pénal (AIDP) empfiehlt die Entwicklung, Förderung und Kultivierung einer Computerethik, vgl. CR 1993, 126, 128; vgl. dazu *Sieber* (Hrsg.), "Information Technology Crime"; vgl. auch die Analyse der Expertengruppe "Mißbrauch internationaler Datennetze", MMR 12/1998, VII-X, wonach die Sensibilisierung und Aufklärung ein Bereich für mögliche Gegenmaßnahmen ist.

Die US-Regierung[496] steht auf dem Standpunkt, dass jeder das Internet so nutzen können soll, wie es ihm beliebt. Wo Regeln und Übereinkünfte gebraucht würden, sollten sie von allen wesentlichen Interessengruppen beschlossen werden. Die Online-Industrie soll sich einen strikten Ehrenkodex geben. Wenn sich ein Netzdienst diesem unterwirft, soll er ein entsprechendes Gütesiegel auf seinen Seiten haben dürfen.[497] Regierungen sollten nur in Einzelfällen und so wenig wie möglich eingreifen, beispielsweise für das internationale Vertragsrecht, später auch für die Besteuerung. Alles andere sei Sache der Interessenvertreter (sogenannte "Stakeholder"). Grund für die Zurückhaltung ist auch, dass diese Methode nach Meinung der US-Regierung im Vergleich zu Entscheidungen auf Regierungsebene vor allem schneller funktionieren würde.[498]

Die Idee der Selbstregulierung scheint mir ein guter Ansatz zu sein, um die Verantwortung für den Rechtsgüterschutz in die Hände derjenigen zu legen, die ihn auf einfache Art und Weise bewerkstelligen können. Damit werden nicht unmittelbar die Computerstraftatbestände entlastet, sondern vielmehr allgemein die Kleindelinquenz eingedämmt. Dabei muß allerdings immer die Gefahr im Auge behalten werden, dass durch diese Infrastruktur an Filtern und Ratingsystemen auch eine Zensur enorm erleichtert wird.

---

496 Interview der SZ mit *Magaziner* (Berater von US-Präsident Clinton in Sachen Internet), SZ, 11.8.1998.

497 Die Zeit, 13.8.1998, S. 8.

498 Andererseits laufen in den USA Gesetzesvorhaben, die den als Teil des US-Telekommunikationsact 1996 vom 8.2.1996 erlassenen, aber für verfassungswidrig erklärten "Communications Decency Act" (CDA) ersetzen sollen, beispielsweise der "Child Online Protection Act" (COPA), der allerdings selbst am 1.2.1999 wegen Verstoßes gegen das 1st Amendment der US-Verfassung für verfassungswidrig erklärt wurde, http://www.zdnet.de/news/artikel/1999/02/03004-wc.htm. Außerdem sollen Schulen und Bibliotheken, die über staatliche Mittel den Internetzugang finanzieren, künftig Filtersysteme installieren, um unangemessenes Material zu stoppen. Jugendgefährdendes Material soll weitestgehend verboten werden. Gegen diese Gesetze laufen einige Organisationen (die "Global Internet Liberty Campaign" und die "American Civil Liberties Union" lehnen alle Eingriffe in die Entwicklung und Verfügbarkeit von Internet-Angeboten ab) unter Berufung auf das Recht auf freie Meinungsäußerung, das in den USA eine besonders starke Stellung hat, Sturm. Dagegen sind die Initiatoren der Blue-Ribbon-Campaign dem Einsatz von Blockade- und Rating-Systemen durchaus gewogen. Die Unterstützer dieser Kampagne (initiiert durch die Electronic Frontier Foundation, vgl. http://www.eff.org/blueribbon.html) hatten als Erkennungszeichen eine blaue Schleife (in Anlehnung an die rote AIDS-Schleife) auf ihren Internetseiten, um damit für das Recht auf freie Meinungsäußerung einzutreten.

II. Filter auf Seiten des Access-Providers

Die Anwendung von Textfiltern auf Seiten des Access-Providers[499], d.h. bei Auftauchen bestimmter Schlüsselworte werden die Daten sofort herausgefiltert, erscheint nicht praktikabel. Sie behindern häufig den ordnungsgemäßen Datenverkehr, sind nicht effektiv[500] und können aufgrund der Architektur des Internet nicht verhindern, dass die Daten auf anderem Wege doch noch abgerufen werden.[501] Die Kontrolle von Daten erfordert eine semantische Analyse. Bei einer Verschlüsselung der Daten ist dies dem Access-Provider unmöglich.

Dennoch wird von Jugendschutzorganisationen mit Suchmaschinen nach einschlägigen Seiten gesucht. Diese werden anschließend manuell überprüft.[502] Diese Maßnahme ist jedoch zu personalintensiv.

III. Filterprogramme auf Seiten des Anwenders

Auf Empfängerseite können Programme[503] installiert werden, die jugendgefährdende Inhalte erkennen und das Aufrufen dieser Seiten verhindern. Unabhängig davon, wie unkompliziert oder aber umfangreich die Aktivierung des Programmes ist, setzt dies jedoch immer ein aktives Tun auf Seiten des Empfängers voraus. Daraus resultiert, dass Erziehungsberechtigte entsprechende EDV-Kenntnisse haben müssen, um von ihren Kinder jugendgefährdende Seiten fernhalten zu können.[504] Daraus folgt aber auch, dass rechtswidrige Inhalte, die der Empfänger tatsächlich sehen will, nicht herausgefiltert werden können. Hier unterläßt der Nutzer einfach den Einsatz oben genannter Schutzprogramme.[505]

---

499 Der Access-Provider stellt (nur) den Zugang zum Internet und seinen Diensten bereit. Das gleiche gilt für Network-Provider, die die Netzwerke betreiben. Wirksame Lösungen zur Verhinderung rechtswidriger Inhalte können deshalb nur den Host-Service-Providern auferlegt werden.

500 Durch das Stichwort "Sex" werden auch Dateien mit dem Wort "Sexte" blockiert, was die Musikwelt nicht erfreuen dürfte. Ebenso werden Kochrezepte mit Enten"brust" herausgefiltert.

501 *Federrath*, ZUM 1999, 177, 179 f.; *Sieber*, JZ 1996, 429, 432; *ders.*, ZUM 1999, 196, 197.

502 *V. Heyl* (jugendschutz.net), BKA-Konferenz "Bekämpfung der Kriminalität im Internet", 14./15.12.1998.

503 Z.B. CyberPatrol, SurfWatch, Net Nanny, Cybersitter, vgl. auch SZ, 1.2.2000, S. V2/14.

504 Allerdings hielten die Jugendschutzprogramme in einem Test den 12- bis 17-jährigen Teilnehmern maximal 2 Stunden stand, http://www.heise.de/newsticker/data/nl-09.03.00-000/.

505 *Sieber* hält diese Programme in den Fällen einer möglichen Strafbarkeit wegen Verbreitung pornographischer Schriften, § 184 StGB, für ausreichend, da kein "Zugänglichma-

Dies wurde auch im Prozeß gegen den Geschäftsführer eines Providers angeführt.[506] Das Unternehmen hatte die "Zensur" dem Nutzer selbst überlassen, indem es nach Bekanntwerden strafrechtlich relevanter Inhalte auf dem News-Server den Kunden ein ebensolches Programm überließ. Das allein aber kann wie soeben dargestellt nicht ausreichend sein.[507]

IV. Altersprüfsysteme

Eine Zwischenstellung nehmen sog. Altersprüfsysteme[508] ein. Bei diesen wird Erwachsenen eine Identifikationsnummer (ID-Nummer) zugeteilt, mit der diese dann Seiten im Internet mit Angeboten für Erwachsene betreten und deren Angebote ansehen können. Um die ID-Nummer zu bekommen, muß der Kunde entweder seine Kreditkartennummer übermitteln oder[509] aber seinen Führerschein oder Paß kopieren und an das jeweilige Unternehmen schicken. Beide Varianten sollen sicherstellen, dass der künftige ID-Nummerninhaber über 18 Jahre alt ist und Minderjährigen der Zugriff auf sexuelle Angebote verwehrt bleibt.

Aber auch mit diesem System wird bloß sichergestellt, dass der gegenüber dem Ausgabeunternehmen auftretende Kunde mindestens 18 Jahre alt ist, nicht aber, dass er die ID-Nummer nicht weitergibt, selbst rechtswidrige Inhalte abruft bzw. seine Kennummer ohne sein Wissen[510] gehandelt wird. Dies aber dem Anbieter oder Übermittler pornographischer Inhalte anzulasten, geht fehl.[511] Diese Konzeption geschlossener Benutzergruppen stellt daher eine sinnvolle Möglichkeit dar, um Minderjährige den Zugang zu pornographischen Inhalten zu verwehren, ohne dass ein Rückgriff auf das Strafrecht notwendig wird.

---

chen" i.S.d. § 184 Abs. 1 StGB vorliege, wenn sich ein Jugendlicher trotz ausdrücklich verbotener Handlungen den Zugang verschaffe (*Sieber*, JZ 1996, 494, 496 unter Berufen auf OLG Karlsruhe, NJW 1984, 1975, 1976; vgl. auch *Stange*, CR 1996, 424, 428. Hiergegen aber OLG Düsseldorf, NJW 1984, 1977 f.; *Walther*, NStZ 1990, 523, 524.) Ansonsten würden diese Programme jedoch keine vollständige Kontrolle bieten, da sie eine aktive Mithilfe voraussetzten, *Sieber*, JZ 1996, 429, 432.

506 AG München, NJW 1998, 2836, 2838 (vgl. auch Fn. 210).

507 Abgesehen davon kann eine strafrechtliche Verantwortlichkeit des Providers aufgrund positiver Kenntnis nicht abgewälzt werden, siehe hierzu § 2F.

508 Z.B. Adult Check (http://www.adultcheck.com), x-check (http://www.x-check.de).

509 Kopien können gefälscht werden und Kreditkarten werden nach Aussage von jugendschutz.net auch an Minderjährige ausgegebene, so dass nur die Kombination aus beidem einen hinreichenden Schutz bietet (vgl. www.jugendschutz.net/GeschlBenutzergruppen.html).

510 Diese Paßwörter werden häufig auf entsprechenden Internet-Seiten weitergegeben.

511 So auch *Stange*, CR 1996, 424, 428.

Nicht hierunter sind die Fälle zu fassen, bei denen der Aufrufer der Seiten durch einen bloßen Mausklick auf einen Hyperlink (sog. "Disclaimer") bestätigt, dass er nach den Gesetzen seines Landes dazu berechtigt ist, die nachfolgenden, meist pornographischen Seiten zu betrachten.[512] Eine tatsächliche Verifizierung ist dies nicht. Sie zieht Jugendliche eher an als dass sie abgeschreckt werden, was wohl auch der Täter weiß.[513]

V. Netiquette

Im Internet hat sich die sogenannte "Netiquette"[514] herausgebildet, sie stellt dessen Umgangs- und Benimmregeln dar. Auch wenn es *die* Netiquette gar nicht gibt, sondern jeweils gruppenspezifische Verhaltensregeln aufgestellt werden,[515] gehört sicherlich dazu, nicht direkt in der Gruppe zu "flamen" (beleidigende oder zurechtweisende Nachrichten zu schicken).[516]

Ob die "Internet-Gemeinde" diese Netiquette einhält, kann kaum beantwortet werden. Eine Ahndung eines Verstoßes gegen die Netiquette ist kaum möglich,[517] aber auch hier gilt, dass dies auch gar nicht beabsichtigt sein kann. Genauso wenig wie jemand, der sich im realen Leben schlecht benimmt, also gegen die Benimmregeln ("Etiquette") verstößt, strafrechtlich bestraft wird, sondern "nur" von seinen Mitmenschen zurechtgewiesen wird, kann jemand strafrechtlich sanktioniert werden, der sich im Internet schlecht benimmt, also gegen die Netiquette verstößt. Bloße Benimmregeln stehen außerhalb einer rechtlichen Würdigung. Erst wenn ihre Verletzung ein bestimmtes Maß überschreitet, greift das Recht etwa in Form einer Beleidigungsstrafbarkeit ein.[518]

VI. Schlußfolgerung

Soziale Kontrollmeachnismen und technische Selbstschutz sind imstande, Schutz vor sozialschädigenden Handlungen zu bieten. Sie sind damit ein Be-

---

512 So auch der Beschluß des AG Erlangen, Az. 4 Cs 651 Js 33343/98 (Presseinformation der Justizpressestelle des OLG Nürnberg vom 31.8.1998).

513 Zu der Frage, dass der Täter auch einen unerwünschten Erfolg billigen kann, wenn er sich mit dem Endergebnis abfindet, vgl. BGHSt 36, 9.

514 Ein Kunstwort aus den Begriffen Network und Etiquette.

515 So *Hoeren*, NJW 1998, 2849, 2852.

516 http://www.fau.edu/rinaldi/netiquette.html; http://www.dtcc.edu/cs/rfc1855.html.

517 So *Hoeren*, NJW 1998, 2849, 2852 f.

518 Zur Durchsetzung der Netiquette vgl. *Jung*, 153, 164; *Peschel-Mehner*, Die Mißachtung der Netiquette als wettbewerbsrechtlicher Verstoß, in: Recht im Internet, 5-2.2, S. 33 ff.

standteil des Rechtsgüterschutzes. Eine Uneffektivität kann ihnen nicht in dem Maße zugesprochen werden, wie das teilweise geschieht.

Ihre Durchsetzung und Effektivität beruht nicht auf staatlichem Zwang oder anderen unmittelbaren, rechtlichen Sanktionen, sondern vielmehr auf der Erkenntnis der Gesellschaft, dass gerade diese Mechanismen ein geordnetes Zusammenleben und den Schutz Bedürftiger gewährleisten.

Insgesamt sollten daher die Selbstregulierungspotentiale der Gesellschaft stärker genutzt werden. So kann einer noch weitgehenderen Kriminalisierung frühzeitig entgegengetreten werden und eine Anwendung des Strafrechts nur als ultima ratio ist gewährleistet.

C. Kryptographie, Steganographie und Biometrie als Schutz des Rechtsguts des § 202 a StGB

Als Möglichkeiten des technischen Schutzes gegen einen Angriff Dritter werden Kryptographie, Steganographie und Biometrie diskutiert. Beim Verschicken einer Postkarte ist es jedem offensichtlich, dass sie auf dem Weg zum Empfänger von jedermann gelesen werden kann. Will man dies nicht, verwendet man für den Schutz der Vertraulichkeit einen Briefumschlag. Dieser stellt den einzigen Zugriffsschutz dar. In der Informationstechnik ist das ähnlich: Ohne Verschlüsselung der Daten ähnelt das Versenden der Daten dem Verschicken einer Postkarte. Beim Versenden eines e-mails liegt der Text während der Übermittlung im Klartext vor und kann somit jederzeit von jemandem, der Zugang zu den Übertragungswegen hat, eingesehen werden. Zudem werden im sog. "Header" Angaben zu Versender, Datum und Adressat der Nachricht gemacht.[519] Es fehlt mithin die Vertraulichkeit der Kommunikation und es mangelt an Authentizität und folglich an Verbindlichkeit. Nach dem Verschlüsseln aber sind für den Außenstehenden nur noch sinnlose Zahlen- und Buchstabenreihen erkennbar.
Verschlüsselungsverfahren werden heutzutage beispielsweise bei digitalen Mobiltelefonen (für eine höhere Abhörsicherheit), bei Pay-TV (Entschlüsselung nur gegen Gebühr)[520] und bei DVDs[521] (für den Kopierschutz[522]) verwandt.

---

519 Zwar werden auch beim Brief zumindest Adresse und Versanddatum äußerlich angegeben, doch kann keine Verknüpfung mit dem eigentlich interessanten Inhalt des Briefes erfolgen.

520 Vgl. zum strafrechtlichen Schutz *Beucher/Engels*, CR 1998, 101, 102 ff.

521 Digital Versatile Disc (DVD): eine CD, die sowohl multimediale Computerdaten als auch Videos und Audio-Dateien in großen Mengen speichern kann.

522 Allerdings ist inzwischen ein Programm entwickelt worden, das diesen Kopierschutz aufhebt und den Inhalt von bestimmten kopiergeschützten DVD-Videos auf Festplatte kopie-

Bevor näher auf die Kryptographie, Steganographie und Biometrie eingegangen wird, soll kurz das Rechtsgut des § 202 a StGB und das in § 202 a StGB tatbestandliche Erfordernis einer besonderen Sicherung gegen unberechtigten Zugang dargestellt werden. Auf dieses können dann die Ziele der technischen Sicherheitsmaßnahmen projiziert werden.

I. Rechtsgut des § 202 a StGB

Es ist nicht völlig gesichert, was als das durch § 202 a StGB geschützte Rechtsgut anzusehen ist. Auszugehen ist von der Auffassung des Gesetzgebers, „dass die Straftat nicht eine Verletzung des persönlichen Lebens- und Geheimbereichs voraussetzt“[523], auch wenn die Vorschrift in eben diesem Abschnitt angesiedelt wurde. § 202 a StGB schützt die Daten nicht im Interesse des "Betroffenen", über den sie also Informationen enthalten. Vielmehr wird ausschließlich auf die sie speichernden Stelle abgestellt.[524]

Die Vorschrift schützt damit ähnlich wie § 202 StGB ein allgemeines, durch das Erfordernis besonderer Sicherung formalisiertes Interesse an der Geheimhaltung von Daten, die nicht unmittelbar wahrnehmbar gespeichert sind oder übermittelt werden (§ 202 a Abs. 2 StGB).[525] Geschützt soll derjenige sein, der sich im Besitz des Daten befindet.[526] Dieser wird auch bezeichnet als "Herr der Daten", der also kraft seines Rechts an ihrem gedanklichen Inhalt und damit unabhängig von

ren kann (http://www.heise.de/newsticker/data/ghi-28.09.99-000/). Gegen die Betreiber der Website, die das Programm DeCSS, das die Verschlüsselung CSS von DVDs umgeht, zum Herunterladen bereitstellt, laufen mehrere Gerichtsverfahren, vgl. http://www.heise.de/tp/deutsch/inhalt/te/5709/1.html.

523 *Haß*, Rz. 20, mit Verweis auf BT-Drs. 10/5058, S. 28; CR 1986, S. 238 zu Art. 1 Nr. 2 c und 2 d (1 c).

524 *Lenckner/Winkelbauer*, CR 1986, 483, 485; vgl. auch *SK-Samson*, § 202 a (Stand: Jan. 1989), Rz. 1; *Kühl* will hingegen auch den vom Dateninhalt Betroffenen als mitgeschützt ansehen, wenn er ein Recht auf Wahrung gegenüber dem Berechtigten hat (*Lackner/Kühl*, 23.A., § 202 a, Rz. 1). *Gössel* (*Gössel*, BT 1, 1987, § 37, Rz. 87) sieht die h.M. als zu eng an. Er plädiert als Rechtsgut unter Berufung auf das heutige Verfassungsverständnis für eine „umfassende Privat- und Intimsphäre unter Einschluß aller die individuelle Persönlichkeit bestimmenden Umstände ohne Rücksicht auf deren konkreten Inhalt“. Dadurch würden auch jene Daten des Einzelnen dem geschützten Bereich angehören, die von Dritten gesammelt oder gespeichert werden. Folge wäre aber eine Vermischung der Rechtsgüter der §§ 202 a StGB, 41 BDSG.

525 *Lackner/Kühl*, 23.A., § 202 a, Rz. 1; *Haß*, Rz. 20; *SK-Samson*, § 202 a (Stand: Jan. 1989), Rz. 1; *Jessen*, S. 37, 44.

526 *SK-Samson*, § 202 a (Stand: Jan. 1989), Rz. 1.

den Eigentumsverhältnissen am Datenträger darüber bestimmen kann, wem diese zugänglich sein sollen.[527]

Meist mag auch ein wirtschaftliches Interesse des Verfügungsberechtigten bestehen, die in Daten, Dateien oder Datenbanksystemen verkörperten Informationen vor unbefugten Zugriff zu schützen, vor allem davor, dass Datenbestände und Programme durch Spionage ausgebeutet werden. Dies macht die Tat noch nicht zu einem Vermögensdelikt. Es handelt sich dabei um einen bloßen Schutzreflex.[528]

Bühler[529] und *Haft*[530] sehen aber gerade das Vermögen als Rechtsgut, soweit es in Daten seinen Niederschlag gefunden hat.[531] *Haft* argumentiert, "dass nicht wie bei § 202 StGB das Kenntnisverschaffen, sondern das Sich-Verschaffen der Daten selbst strafbar"[532] sei. § 202 a StGB wolle vielmehr Daten schützen, die wie z.B. Forschungsdaten, Konstruktionsverfahren oder Kundenadressen einen wirtschaftlichen Wert haben und die deshalb auch gegen unberechtigten Zugang besonders gesichert werden. Dieser spezialisierte Vermögenswert habe ein gewisses Analogon in der elektrischen Energie des § 248 c StGB, so dass die Vorschrift eigentlich dem Diebstahl zuzuordnen sei und "Datendiebstahl" oder besser "Informationsdiebstahl"[533] heißen müsse.[534] Aus der Auffassung von *Haft* folgt, dass z.B. derjenige, dem beim Abfangen von privaten e-mails vertrauliche Daten zur Kenntnis gelangen, nach § 202 Abs. 3 StGB nicht und nach § 202 a StGB nur dann strafbar, wenn die Daten einen wirtschaftlichen Wert haben.[535]

---

527 *Sch/Sch-Lenckner*, 26.A., § 202 a, Rz. 1 m.w.N.

528 *Sch/Sch-Lenckner*, 26.A., § 202 a, Rz. 1.

529 *Bühler*, MDR 1987, 448, 452.

530 *Haft*, NStZ 1987, 6, 9; hiergegen *Frommel*, JuS 1987, 667, 668.

531 Zuweilen wird behauptet, auch *Dreher/Tröndle*, 46.A., § 202 a, Rz. 2, würde auf den wirtschaftlichen Wert abstellen (so z.B. *Schulze-Heiming*, S. 39, Fn. 171). Das mag ich nicht nachzuvollziehen, denn *Tröndle* spricht nur davon, dass an den Daten "meist" auch wirtschaftliche Interesse bestehen, stellt hierauf also nicht ab.

532 *Haft*, NStZ 1987, 6, 9.

533 *Haft*, NStZ 1987, 6, 9; *Hilgendorf*, JuS 1996, 509, 511; dagegen spricht man teilweise auch vom "elektronischen Hausfriedensbruch", vgl. *Bühler*, MDR 1987, 448, 452.

534 In der Schweiz gehört die unbefugte Datenbeschaffung, § 143 schweiz. StGB, zu den Vermögensstraftatbeständen. Hier ist die Absicht rechtswidriger Bereicherung erforderlich, vgl. *Schmid*, CR 1991, 418, 421 f.; *ders.*, CR 1996, 163, 166.

535 *Haft*, NStZ 1987, 6, 9; die Begrenzung des Anwendungsbereichs auf vermögensrelevante Daten ist nach *Hilgendorf*, JuS 1996, 509, 511, Fn. 38, bedenkenswert im Hinblick auf das ultima-ratio-Prinzip.

Gegen diese Auffassung spricht jedoch – auch wenn der Begriff des wirtschaftlichen Werts weit gefaßt werden soll – die systematische Stellung der Vorschrift. § 202 a StGB steht im Abschnitt "Verletzung des persönlichen Lebens- und Geheimbereichs", §§ 201 ff. StGB. Auch der Wortlaut und die Gesetzgebungsgeschichte des § 202 a StGB bieten für seine Auffassung keine Anhaltspunkte. Zwar wurde während des Gesetzgebungsprozesses auf den gestiegenen wirtschaftlichen Wert von Informationen hingewiesen, aber an eine derartige Einschränkung des Tatbestandes wurde dabei nicht gedacht.[536] Auch der von *Haft* herangezogene Vergleich zum Diebstahl überzeugt nicht. Denn Rechtsgut des § 242 StGB ist nach ganz h.M. das Eigentum sowie der Gewahrsam[537] und nicht das von *Haft* in § 202 a StGB postulierte Rechtsgut "Vermögen".[538]

Schulze-Heiming sieht als geschütztes Rechtsgut allein das Verfügungsrecht des Dateninhabers am Datenbestand.[539] Hierdurch wird aber für mich nicht hinreichend das Geheimhaltungsinteresse des Verfügungsberechtigten deutlich. Auch die Information selbst kann nicht als Rechtsgut angesehen werden,[540] denn dies verkennt, dass die Information von der Tat unberührt bleibt, u.U. sogar vervielfältigt wird.[541]

---

536 Die Daten wirtschaftlicher Unternehmen sind durch § 17 Abs. 2 Nr. 1 UWG geschützt, sofern es sich um Geschäfts- und Betriebsgeheimnisse handelt. Eine besondere Sicherung der Daten wie in § 202 a StGB ist nicht erforderlich (*Tröndle/Fischer*, 50.A. § 202 a, Rz. 2; vgl. auch *SK-Samson*, § 202 a (Stand: Jan. 1989), Rz. 1).

537 Vgl. nur *Sch/Sch-Eser*, 26.A., § 242, Rz. 1 f.

538 Würde man nur auf vermögenswerte Daten abstellen, geriete man nach Auffassung *Schulze-Heiming (Schulze-Heiming*, S. 40) in Gefahr, letztlich ein Verwertungsrecht am Datenbestand zum Rechtsgut des § 202 a zu machen und damit Konkurrenzprobleme zum Urheberrecht hervorzurufen, wobei § 202 a das Urheberrecht aushebeln drohe, zumal § 106 UrhG angesichts der von der Rechtsprechung geforderten Gestaltungshöhe oft nicht eingreife.
Diese Begründung geht m.E. fehl. Denn § 202 a und § 106 UrhG können unabhängig voneinander vorliegen, auch wenn man bei § 202 a nicht nur auf vermögenswerte Daten abstellt. Die tatbestandliche Eingrenzung eines Tatbestandes kann nicht Konkurrenzprobleme hervorrufen. Außerdem stellt auch das Urheberrecht nicht auf einen Vermögenswert ab. Zwischen § 202 a und § 106 UrhG besteht vielmehr Idealkonkurrenz (*Sch/Sch-Lenckner*, 26.A., § 202 a, Rz. 13 (bei urheberrechtlich geschützten Daten).

539 *Schulze-Heiming*, S. 41; *Tröndle/Fischer*, 50.A., § 202 a, Rz. 2, kombiniert diese Ansicht mit der h.M., indem er als geschütztes Rechtsgut nicht nur den persönlichen- und Geheimbereich, sondern außerdem auch das Interesse des Verfügungsberechtigten, die in Daten, Dateien oder Datenbanksystemen verkörperten Informationen vor unbefugtem Zugriff zu schützen, ansieht.

540 So aber *Zielinski*, in: Kilian/Gorny, Schutz von Computer-Software, 1987, S. 115, 118, 121.

541 *LK-Schünemann*, 11.A., 2001, § 202 a, Fn. 5.

Somit ist das Rechtsgut des § 202 a StGB mit der h.M. ein allgemeines, durch das Erfordernis besonderer Sicherung formalisiertes Interesse an der Geheimhaltung von Daten.

Einen Sonderfall, der mit dem geschützten Rechtsgut des § 202 a StGB korreliert, aber vom Gesetzgeber ausdrücklich ausgeschlossen wurde, bildet die Strafbarkeit des sogenannten Hacking.[542] Hierunter ist das bloße Eindringen in fremde Datensysteme zu verstehen, ohne dass schon Daten unbefugt verschafft werden. Dieses ist auch nach geltendem Recht straflos.[543] Doch diese theoretisch leicht zu ziehende Trennlinie zwischen bloßem Hacking und unbefugtem Verschaffen von Daten verwischt in der Praxis. Daher wird die Straflosigkeit des Hacking aufgrund seiner tatsächlichen Begehungsweise als problematisch angesehen. Jeder Hacker nehme zwangsläufig auch Daten wahr, da er nur mit dem Aufrufen von Daten auf dem Bildschirm überprüfen könne, ob das Eindringen gelungen sei.[544] Das Ansehen der Daten durch den Hacker solle nur dann straflos sein, soweit es mit dem Zugriff *auf* das System verbunden sei. Sobald es aber um das Ansehen von Daten gehe, die *im* System gespeichert sind, sei eine Strafbarkeit zu bejahen.[545] Aber auch diese Abgrenzung ist schwer zu ziehen.

Festmachen kann man eine sinnvolle Abgrenzung vielmehr an einer restriktiven Auslegung des Tatbestandsmerkmals "verschaffen":

Entweder grenzt man das Tatbestandsmerkmal subjektiv ein und versteht "verschaffen" als "In-Zueignungsabsicht-sich-Verschaffen", da der fremde Datensatz bei Aufruf auf dem eigenen Monitor immer schon im Arbeitsspeicher des eige-

---

542 Zu den Motiven des Gesetzgebers vgl. oben § 2D.II.

543 *Lackner/Kühl*, 23.A., § 202 a, Rz. 5; BT-Drs. 10/5058, S. 28; *Tröndle/Fischer*, 50.A., § 202 a, Rz. 2; Art. 143bis des schweizerischen StGB will als abstraktes Gefährdungsdelikt die Betreiber von Datenverarbeitungsanlagen vor unberechtigten Eindringlingen, den sog. Hackern, schützen (vgl. *Schmid*, CR 1996, 163, 167 f.): "Wer ohne Bereicherungsabsicht auf dem Weg von Datenübertragungseinrichtungen unbefugterweise in ein fremdes, gegen seinen Zugriff besonders gesichertes Datenverarbeitungssystem eindringt, wird, auf Antrag, mit Gefängnis oder mit Buße bestraft." In Norwegen wurde ein Urteil wegen Hacking vom obersten Gerichtshof aufgehoben, weil keine Daten entwendet wurden und das Eindringen nicht zum Absturz geführt hätte, und damit kein geltendes Recht verletzt wurde. Es wurde festgestellt, dass derjenige, der einen PC mit Internet-Anschluß besitze, mit Eindringlingen von außen rechnen müsse. Jeder sei für den Schutz seines Rechners selbst verantwortlich (Onlinewelt, Newsflash 03/99).

544 *Schulze-Heiming*, S. 80 f.; allerdings ist es den Hackern relativ egal, welche Daten konkret vorhanden sind. Ihr vorrangiges Ziel ist vielmehr die Überwindung der Zugangssperren und der Zugang zu den Daten (*v. Gravenreuth*, NStZ 1989, 201, 204; *ders.*, Computerrechtshandbuch, Nr. 106, Rz. 22).

545 *Tröndle/Fischer*, 50.A., § 202 a, Rz. 9.

nen Computers ist.[546] Diese subjektive Komponente dehnt jedoch den Wortlaut des § 202 a StGB in unzulässiger Weise aus.
Oder das Merkmal wird nur dann als erfüllt angesehen, wenn der Täter die Daten überträgt oder kopiert.[547] Auch das wird aber dem Wesen der Information nicht gerecht. Denn schon dann, wenn der Täter vom Inhalt der Daten Kenntnis erlangt (und das kann er auch auf dem fremden System), ist das von § 202 a StGB geschützte Rechtsgut verletzt.
Folglich muß jede Art des Bemächtigens über den Datenbestand, sei es durch Kenntnisnahme, Ermöglichung der Kenntnisnahme oder durch Verschaffen des Datenträgers tatbestandsmäßig sein.[548] Um die vom Gesetzgeber gewünschte Straflosigkeit des Hackings zu erzielen, muß das Tatbestandsmerkmal "sich oder einem anderen Verschaffen" dahingehend ausgelegt werden, dass der Eindringling in der Lage muß, „den wesentlichen Informationsgehalt der Daten zu reproduzieren“.[549] Dieses Ergebnis läßt sich auch durch eine Bezugnahme auf das geschützte Rechtsgut belegen: das Interesse an der *Geheimhaltung* von Daten ist nur in diesem Fall verletzt.

In diesen Zusammenhang fällt auch der sogenannte Zeitdiebstahl.[550] Er ist als Fall des bloßen furtum usus nicht strafbar. Der Vorteil, den der Täter aus der unberechtigten Nutzung des Computers erlangt, rechtfertigt keine Strafbarkeit. Die Fälle aber, bei denen schützenswerte Interessen verletzt werden, sind strafrechtlich erfaßt. Sofern dem Berechtigten eine Nutzungsgebühr entgeht, liegt meist ein Fall des § 202 a StGB vor, weil der Anbieter der Daten diese mit einem Zugangsschutz gegen unberechtigtes Abrufen versehen wird. Dann wird die Grenze des bloßen Hacking überschritten. Und wenn der Nutzer sogar Daten verändert oder löscht, macht er sich gemäß § 303 a oder 303 b StGB strafbar.

II. Tatbestandsmerkmal "besonders gesichert"

§ 202 a StGB erfordert, dass die Daten gegen unberechtigten Zugang besonders gesichert sind.[551] Dies ist dann der Fall, wenn Vorkehrungen getroffen sind, die

---

[546] *V. Gravenreuth*, Computerrechtshandbuch, Nr. 106, Rz. 22.

[547] Vgl. *Schulze-Heiming*, S. 81; so auch *Hauptmann*, jur-PC 1989, 215, 217; vgl. auch *Frommel*, JuS 1987, 667, 668, die konventionelle Dateien (Akten) und elektronisch gespeicherte Daten gleich behandeln und für beide Dateitypen die Strafbarkeit hätte erweitern möchte.

[548] *Schulze-Heiming*, S. 82 f.

[549] *Hilgendorf*, JuS 1996, 702, 705.

[550] Vgl. hierzu oben § 2C.IV.

[551] *Hilgendorf* sieht es als ungereimt an, dass über § 202 a StGB alleine durch eine mit Zugriffssicherung versehene EDV-Speicherung Informationen mit Strafschutz versehen werden können, die bei unmittelbarer Wahrnehmung frei zugänglich wären (*Hilgendorf*,

objektiv geeignet und subjektiv nach dem Willen des Berechtigten dazu bestimmt sind, den Zugriff auf die Daten auszuschließen oder wenigstens nicht unerheblich zu erschweren. Der Berechtigte muß sein Interesse an der Geheimhaltung dokumentieren.[552] Die zu § 243 Abs. 1 Nr. 1 StGB entwickelten Maßstäbe können hier angewandt werden,[553] so dass keine Zugangssicherung vorliegt, wenn sie zu leicht zu überwinden ist.[554] Die Sicherung muß im Zeitpunkt der Tathandlung tatsächlich wirksam sein.[555] Daher ist das „Abhören" eines Bildschirms[556] nicht strafbar.

Für Datenspeicherungen sieht man systemimmanente Vorkehrungen wie Paßworte, Benutzerkennungen, Verschlüsselungen und Fingerabdruckerkennungsgeräte als geeignet an.[557] In den Fällen der Datenübertragung ist dies problematischer. Abgesehen von der Möglichkeit der Umhüllung von Datenfernleitungen durch Betonhüllen oder Bleimäntel gegen unerlaubten Zugriff ("Anzapfen") bleiben als Sicherungsmaßnahmen hauptsächlich nur die verschiedenen Arten der Kryptographie.[558] Damit wird aber nicht der Zugriff auf die Daten, sondern lediglich die Erfassung deren Bedeutung verhindert. § 202 a StGB verlangt aber gerade keine Sicherung gegen Kenntnisnahme, sondern gegen Zugang.[559] Doch der Gesetzgeber wollte auch dieses Stadium der Übermittlung geschützt wissen, ohne dabei auf eine besondere Technologie abzustellen,[560] so dass die hier einzig mögliche Sicherung nicht als rechtlich unzureichend betrachtet werden darf.[561]

JuS 1996, 509, 511, Fn. 38).

552 *Sch/Sch-Lenckner*, 26.A., § 202 a, Rz. 7 mit Verweis auf BT-Drs. 10/5058, S. 29.

553 *V. Gravenreuth*, NStZ 1989, 201, 206; *ders.*, Computerrechtshandbuch, Nr. 106, Rz. 13; *Lackner/Kühl*, 23.A., § 202 a, Rz. 4; allerdings darf hierauf nicht allein abgestellt werden, vgl. *Leicht*, iur 1987, 45, 46.

554 *Leicht*, iur 1987, 45, 47.

555 *Sch/Sch-Lenckner*, 26.A., § 202 a, Rz. 7.

556 Siehe unten § 5C.III.3.

557 *Lackner/Kühl*, 23.A., § 202 a, Rz. 4; *LK-Schünemann*, 11.A., 2001, § 202 a, Rz. 16; *Sch/Sch-Lenckner*, 26.A., § 202 a, Rz. 8; Schutzmaßnahmen der Hersteller gegen Raubkopien sind beispielsweise technische Sperren wie sog. Dongles. Diese bereiten auch dem berechtigten Anwender gewisse Unannehmlichkeiten (vgl. *Beermann*, JURA 1995, 610, 613). Ein perfekter Kopierschutz ist noch nicht gefunden und macht die Raubkopien damit zu einem auch wirtschaftlich ernst zu nehmenden Problem für die Softwarehersteller, zumal die Moral der Gesellschaft in diesem Punkt eher von einem Kavaliersdelikt ausgeht.

558 *Lenckner/Winkelbauer*, CR 1986, 483, 487; *Sch/Sch-Lenckner*, 26.A., § 202 a, Rz. 8.

559 *Lenckner/Winkelbauer*, CR 1986, 483, 487.

560 BT-Drs. 10/5058, 28 f.

561 *LK-Schünemann*, 11.A., 2001, § 202 a, Rz. 16; *Tröndle/Fischer*, 50.A., § 202 a, Rz. 7 a; *Lenckner/ Winkelbauer*, CR 1986, 483, 487; *Leicht*, iur 1987, 45, 51 f.

Für § 202 a StGB wird verlangt, dass sich der Täter die Daten unter Überwindung der Zugangssicherung verschaffen muß. Insoweit findet sich hier ein zu Gesetz gewordener, viktimodogmatischer Ansatz. Dieses Prinzip soll im Wege zulässiger Auslegung Angriffsweisen aus den Straftatbeständen ausgliedern, gegen die sich das Opfer, etwa beim Geheimnisschutz, Betrug oder Diebstahl, durch eigene zumutbare Aufmerksamkeit und geeignete Vorkehrungen selbst hätte schützen können.[562] Strafrechtlichen Schutz genießt nur derjenige, der mit seinen Rechtsgütern nicht vollkommen sorglos umgeht.[563] Das viktimodogmatische Postulat lautet also, dass das Opfer keines strafrechtlichen Schutzes bedarf, wenn und soweit es sich in zumutbarer und sozial üblicher Weise selbst ausreichend vor einer Rechtsgutsbeeinträchtigung durch den Täter schützen kann.[564] Positiv ausgedrückt lautet die viktimodogmatische Maxime: "Je schutzbedürftiger und schutzwürdiger das Opfer ist, um so strafwürdiger verhält sich der Täter, der es schädigt, und um so eher bedarf seine Tat der Strafe."[565] *Schünemann* hat das von ihm sog. "viktimologische Prinzip" entwickelt, wonach nur eine den möglichen und zumutbaren Selbstschutz des potentiellen Opfers ausmanövrierende Handlung im Zuge einer Auslegung des Gesetzes unter den Straftatbestand zu subsumieren sei.[566] Die Viktimodogmatik will diejenigen Verhaltensweisen, die auf einer bewußten Risikoentscheidung des zuständigen Rechtsgutsträgers beruhen, aufgrund einer tatbestandlichen Reduktion aus dem Anwendungsfeld des Strafrechts herausnehmen. Dies geschieht nur dann, wenn der Rechtsgutsträger die konkrete Gefahrintensität bewußt erhöht hat, obwohl ihm ein alternatives Verhalten zumutbar ist.[567]

---

562 *Jescheck/Weigend*, AT, 5.A., § 25 V 1; *Arzt*, MschKrim 1984, 105, 116 f., insbesondere Fn. 53, sieht es als „allemal ehrlicher“ an, dem Opfer eines Autodiebstahls, das das Fahrzeug nicht gesichert hat, eine Bagatellstrafe anzudrohen als es versicherungsrechtlich schutzlos zu stellen. Dies überzieht jedoch die Viktimodogmatik und läßt zu Unrecht die Strafbarkeit dadurch entfallen, dass der Schutz des Rechtsguts nur noch in der Obhut des Opfers liegt. Hiergegen richtet sich auch *Hefendehl*, der allenfalls versicherungsrechtliche Konsequenzen vorsieht, vgl. *Hefendehl*, Kollektive Rechtsgüter im Strafrecht, § 6 III 1 a.

563 *Lenckner/Winkelbauer*, CR 1986, 483, 486.

564 *Günther*, FS-Lenckner, 69, 71; vgl. auch *Roxin*, AT, 3.A., § 14, Rz. 18.

565 *Günther*, FS Lenckner, 69, 76.

566 *Schünemann*, FS Bockelmann, 117, 130; *ders.*, FS Schmitt, 117, 128 m.w.N.; *Günther*, der die Viktimodogmatik stark kritisiert, kommt aber im Rahmen des Verhältnismäßigkeitsgrundsatzes, demzufolge Unrechtsgehalt der Tat und staatliche Reaktion nicht außer Verhältnis stehen dürfen, zu dem Schluß, dass die naheliegende Selbstschutzmöglichkeit des Opfers, verbunden mit einer entsprechenden reduzierten kriminellen Energie des Täters, wegen Unrechtsminderung in einem Bagatellbereich den Rückzug des Strafrechts z.B. bei § 202 a Abs. 1 rechtfertigen kann, vgl. *Günther*, FS Lenckner, 69, 79.

567 *Hefendehl*, Grund und Grenzen des Schutzes kollektiver Rechtsgüter im Strafrecht, § 3 IV 3 b.

Eine so verstandene Viktimodogmatik kann sich auch des Vorwurfs erwehren, dass sie zu einer generellen Überwälzung des Schutzes auf die Opfer führe. Dies würde die Bürger zu Mißtrauen und ständig angespannter Wachsamkeit zwingen.[568] Denn das viktimologische Prinzip durchzieht nicht das deutsche Strafrecht. Der Gesetzgeber wollte die Strafwürdigkeit oder Strafbedürftigkeit nicht generell von zumutbaren Selbstschutzmaßnahmen des Opfers abhängig machen.[569] Vielmehr ist eine mögliche Abhängigkeit der Strafbarkeit von Schutzmaßnahmen des Opfers im Einzelfall unter Berücksichtigung der jeweils spezifischen Schutzinteressen zu konstatieren.[570] Zwar gibt es viktimologisch vorgeprägte Tatbestandsmerkmale, aber es handelt sich dabei nicht um ein eigenständiges, allgemeines Prinzip der Tatbestandsbegrenzung.[571]

Beispielsweise wurde bei § 263 a StGB kritisiert, dass, anders als § 202 a Abs. 1 StGB, die Strafbarkeit nicht auf solche Datenverarbeitungsanlagen beschränkt wird, bei deren Einsatz Kontrollen erfolgen oder die gegen Mißbräuche gesichert sind.[572] Verwiesen wird dabei auf § 148 schweizer. StGB (Check- und Kreditkartenmißbrauch), der eine Strafbarkeit nur dann begründet, wenn der Aussteller ihm zumutbare Maßnahmen gegen den Mißbrauch der Karte ergriffen hat. In der Tat würde dies auf der einen Seite die Computernutzer dazu zwingen, Präventivmaßnahmen zu ergreifen, um die Strafbarkeit des Täters zu begründen, auf der anderen Seite würde die Tat nur dann strafwürdig erscheinen, wenn der Täter selbst Schutz- bzw. Kontrollmaßnahmen außer Kraft setzt. Aber der Kritik dieser Ansicht ist darin zuzustimmen, dass es zu weit ginge, "bei Computermanipulationen im Vermögensbereich generell von einem zu hohen Opfer-Mitverschulden zu sprechen"[573]. Das deutsche Strafrecht schützt auch sorglose Opfer.

Freilich wird eine entsprechende Mitverantwortung des Opfers immer noch zu einer Minderung des materiellen Unrechts führen und sich bei der Strafzumessung mildernd auswirken.[574]

Eine konsequente Anwendung der Viktimodogmatik würde dazu führen, dass selbst bei einer aufwendig durchgeführten Datensicherung ein leichtsinniger

568 Vgl. *Jescheck/Weigend*, AT, 5.A., § 25 V 2.
569 *Roxin*, AT, 3.A., § 14, Rz. 18 f.
570 *Roxin*, AT, 3.A., § 14, Rz. 22.
571 *Sch/Sch-Lenckner*, 25.A., Vorbem §§ 13 ff., Rz. 70 b.
572 *Achenbach*, NJW 1986, 1835, 1837; *Frey*, S. 283; *Sieber*, Informationstechnologie, 35 und 40 f.
573 *LK-Tiedemann*, 11.A., 1998, § 263 a, Rz. 5.
574 *Roxin*, AT, 3.A., § 14, Rz. 24.

Umgang mit den Daten den Strafrechtsschutz ausschaltet.[575] Mir erscheint dies fraglich. Selbst bei der Verwendung eines einfachen Paßwortschutzes werden die Voraussetzungen der Zugangssicherung bejaht, sofern sie nur nicht zu leicht zu überwinden ist. Als Mindestanforderung für ein Paßwort muß deshalb gelten, dass gängige Paßwortkombinationen wie Geburtsdaten, "0815" oder "4711" nicht ausreichend sein können und in diesen Fällen das Tatbestandsmerkmal "besonders gesichert" nicht vorliegt. Zu einfache Paßwörter lassen sich durch systematisches Ausprobieren herausfinden.[576]

Beispiel[577]: Eine Untersuchung an 15.000 Accounts ergab eine Erfolgsquote von 24,2 %, wobei folgende Möglichkeiten für ein Paßwort ausprobiert wurden:

ca. 130 Variationen des Login-Namens (Vor- und Zuname) und anderer persönlicher Daten, häufige Namen, Namen von bekannten Personen, Namen und Orte aus Filmen, von Sportereignissen und aus der Bibel, gebräuchliche Schimpfwörter und Wörter aus Fremdsprachen, verschiedene Variationen dieser Wörter, wie z. B. Umwandlung Groß-Kleinschreibung, Einfügen von Sonder- und Kontrollzeichen, Umkehrung der Buchstabenreihenfolge, wiederholte Buchstaben (z. B. aaabbb) oder häufige Abkürzungen (z. B. rggbv für die Farben des Regenbogens) und Paare aus zwei kurzen Wörtern.

Alle diese Kombinationen und mehr lassen sich mit im Internet frei erhältlichen Programmen[578] von jedem Benutzer eines Unix-Systems, auf dem die Paßwortdatei frei zugänglich ist, ausprobieren. Darüber hinaus ist die Wahrscheinlichkeit, ein Paßwort durch systematisches Probieren aller Kombinationen zu finden, bei zu kurzen Paßwörtern groß. Deshalb empfiehlt es sich, ein Paßwort mit mindestens 6 Stellen aus einer Buchstaben- (Klein- und Großschreibung) und Zahlenkombination zu verwenden.[579]

---

575 *Hilgendorf*, JuS 1996, 702, 705.

576 Nach einer Untersuchung einer schwedischen Computer-Sicherheitsfirma sind die beliebtesten Paßwörter der Name des Anwenders, gefolgt von einem Namen aus dem Umfeld wie dem des Kindes oder Partners, sodann kein Paßwort, auf Platz vier die englische Bezeichnung „Password" und dann „Sommer" oder „Winter" (http://www.sicherheit-im-internet.de/themes/themes.phtml?tdid=443).

577 IT-Grundschutzhandbuch 2000, G 5.18.

578 Beispielsweise das Programm "*crack*". 1998 war eine CD-ROM auf dem Markt frei erhältlich, die Programme zum Cracken von Paßwörtern enthielt. Zur Strafbarkeit des Anbietens von "Hacker-Tools" wegen Beihilfe durch neutrale Handlung vgl. *Jaeger*, RDV 1998, 252 ff. sowie grundlegend zu dieser Art der Beihilfe *Niedermair*, ZStW 107 (1995), 507 ff.

579 *Schaffland/Wiltfang*, BDSG, 5001 § 9 Kommentar, Rz. 94a (Stand: 1/97).

Problematisch erscheint dieses Erfordernis im Hinblick auf einfache, technische Geräte. Beispielsweise hat ein Anrufbeantworter mit der Möglichkeit der Fernabfrage meist eine nur vierstellige, werkseitig voreingestellte Codenummer[580]. Diese wird vom Benutzer des Anrufbeantworters nur selten nachträglich geändert, so dass durch den Kauf eines baugleichen Geräts schnell die Codenummer herausgefunden werden kann. Nunmehr kann der Täter sich die beim Opfer eingegangenen Anrufe vorspielen.[581] Teilweise wird diese Codenummer bei solch einfachen Geräten als ausreichend angesehen, da durch die Codenummer hinreichend der Geheimhaltungswille zum Ausdruck komme.[582] Richtigerweise muß man differenzieren. Sofern nicht mehr die werkseitig voreingestellte Codenummer verwandt wird, muß bei technisch einfachen Geräten aus eben genanntem Grund auch eine kurze Codenummer ausreichen. Andernfalls liegt mangels hinreichend wirksamer objektiver Zugriffssicherung kein Fall des § 202 a StGB vor.[583]

III. Kryptographie

1. Darstellung der Kryptographie

Unter Kryptographie[584] versteht man die Verschlüsselung der Daten, um sie vor anderen geheimzuhalten. Sie kann sowohl in Form der Software[585]- als auch der Hardwareverschlüsselung[586] geschehen.[587] Bei der symmetrischen Verschlüsselung[588] (auch "private key" genannt) wird nur ein Schlüssel für die Ver- und Entschlüsselung verwendet. Die Sicherheit der Verschlüsselung hängt daher von der Geheimhaltung des Schlüssels ab. Der Schlüssel muß dabei auf einem gesonderten, sicheren Weg zwischen künftigem Absender und Empfänger ausge-

---

580 Beispielsweise "0000" oder "1234".

581 Dieser Fall ist bei *Hilgendorf*, JuS 1996, 702, 703, geschildert.

582 So *Hilgendorf* a.a.O.

583 Vgl. *Krause*, jur-pc 1994, 2758 ff. sowie BT-Drs. 12/6706.

584 Eine Einführung in die Kryptographie für das allgemeine Publikum bietet beispielsweise *Beutelspacher* in seinem Buch „Kryptologie“.

585 Z.B. durch das bekannte Programm PGP (Pretty Good Privacy), das von *Phil Zimmermann* entwickelt und 1991 erstmals veröffentlicht wurde, vgl. http://www.pgp.com und *Roessler*, DuD 1998, 377 ff.; kritisch hierzu *Fecht/Opfermann/Scheiterle*, S. 112.

586 Interne Verschlüsselung von Daten und Dateien auf den IT-Systemen und bei DFÜ durch spezielle Geräte oder Gerätekomponenten, vgl. *Fecht/Opfermann/Scheiterle*, S. 108 ff.

587 Die Forschung konzentriert sich nunmehr auf die Quantenkryptographie: Hier erfolgt die Kommunikation mit Lichtquanten in einem genau bekannten Quantenzustand. Jeder Abhörversuch läßt sich sofort feststellen, weil damit irreparable Veränderungen der Lichtquanten entstehen (SZ, 27.12.2000).

588 Z.B. DES (Data Encryption Standard).

tauscht werden. Erforderlich ist daher, dass sich die Partner schon vor der eigentlichen Kommunikation kennen. Ein Problem der symmetrischen Verschlüsselung ist die große Gesamtanzahl von benötigten Schlüsseln.[589] Für symmetrische Verfahren ist eine Schlüssellänge von mindestens 75 Bit[590] erforderlich. Ab dieser Schlüssellänge ist ein einfaches Durchprobieren aller möglichen Schlüssel, sogenannte "brute force", nicht mehr in verhältnismäßig kurzer Zeit möglich.[591] Aus diesem Grund kann das einfache DES-Verfahren (56 Bit), das bei der PIN-Verschlüsselung der ec-Karten zum Einsatz kam,[592] nicht mehr als sicher gelten.[593]

Das asymmetrische Verfahren[594] verwendet zur Ver- und Entschlüsselung zwei verschiedene, jedoch zueinander passende Schlüssel. Nur einer davon wird dann veröffentlicht (daher auch "public key" genannt). Mit diesem verschlüsselt der Absender den Text.[595] Asymmetrische Verfahren erfordern eine deutlich größere Schlüssellänge als symmetrische,[596] erfordern mehr Rechenzeit beim Verschlüsseln und sind deshalb ungeeignet zur Verschlüsselung größerer Datenmengen

589 Bei 10 Teilnehmern (A bis J) werden 45 Schlüssel benötigt (A tauscht mit den 9 Personen jeweils einen Schlüssel aus, B muß sich dann nur noch auf 8 Schlüssel einigen, da er ja mit A bereits einen Schlüssel vereinbart hat, C benötigt dann 7, usw.), bei 100 Teilnehmern bereits 4.950.

590 Zur Erklärung: 75 Bit bedeuten 75 Binärstellen, d.h. 75 mal 0 oder 1. In Dezimaldarstellung landet man dann pro 4 Bit bei etwa einer Dezimalstelle. Ein 75 Bit Schlüssel hat also, dezimal niedergeschrieben, ca. 16 Ziffern. Die Schlüssellänge ist entscheidend für die Sicherheit des Schlüssels gegen Knackversuche. Jedes Bit verdoppelt die Anzahl möglicher Schlüssel, die ein Angreifer ausprobieren muß, um eine Nachricht zu entschlüsseln.

591 *Fox*, DuD 1998, 492. Freilich hängt die Sicherheit stark von den finanziellen und technischen Möglichkeiten des Angreifers ab. Die immer größer werdende Rechnerleistung zwingt folglich dazu, die Schlüssellänge immer wieder zu vergrößern. Neuentwickelte Systeme sollten deshalb geheime Schlüssel von mindestens 90 Bit Länge verwenden, vgl. *Blaze*, DuD 1997, 209, 211. Die Enquete-Kommission schlägt vor, dass Verschlüsselungsprogramme, die eine Entschlüsselung verschlüsselter Inhalte durch Dritte ermöglichen, als solche gekennzeichnet werden (BT-Drs. 13/11002, S. 80 ff.).

592 Siehe unten § 5F.I.

593 Der DES-Cracker (Kosten ca. 250.000 USD) konnte in 56 Stunden einen DES-Schlüssel mit 56 Bits (das sind über 72 Billiarden verschiedene Schlüsselmöglichkeiten) bestimmen, vgl. DuD 1998, 543 f. sowie *Fox*, DuD 1998, 492; auf der "DES-Challenge III" konnte der DES-Schlüssel gar in 22 Stunden und 15 Minuten entschlüsselt werden. In einer internationale Ausschreibung für einen Nachfolger des DES unter der Bezeichnung „Advanced Encryption Standard" (AES) gewann das Verfahren „Rijndael", vgl. *Fox*, DuD 1999, 598, *Weis/Lucks*, DuD 1999, 582 ff. und http://www.nist.gov/aes.

594 Z.B. RSA-Algorithmus, benannt nach *R*ivest, *S*hamir und *A*dleman (1978 veröffentlicht).

595 Zur Verdeutlichung: Der Sender wirft den Text in den Briefkasten des Empfängers (Verschlüsselung), und nur dieser kann seinen Briefkasten öffnen (Entschlüsselung) und damit die Nachricht lesen.

596 *Fox*, DuD 1998, 492.

und für hohe Durchsatzraten, d.h. wenn es darum geht, Datenmengen sofort verschlüsselt weiterzuleiten.[597] Meist werden daher die Vorteile beider Verfahren kombiniert[598], man spricht dann von Hybridsystemen.
Eine Schlüssellänge von 256 Bit (symmetrisch) bzw. 2.048 Bit (asymmetrisch)[599] wird aufgrund der enormen Anzahl von Möglichkeiten als nicht knackbar angesehen.[600]

An moderne kryptographische Verfahren[601] werden im wesentlichen vier[602] Anforderungen gestellt.[603] Sie müssen nicht bei jeder Anwendung gleichzeitig erfüllt werden.

- Vertraulichkeit: Der Inhalt eines Dokuments soll nur von dazu befugten Personen gelesen werden können.
- Integrität: Der Inhalt eines Dokuments soll nicht unbemerkt verändert werden können.
- Authentikation: Der Urheber eines Dokuments soll feststellbar sein; kein anderer soll sich als Urheber ausgeben können.
- Verbindlichkeit: Der Urheber eines Dokuments soll seine Urheberschaft nicht abstreiten können.

Kryptosysteme, mit deren Hilfe man Nachrichten vor unbefugtem Mitlesen absichern kann, dienen dem Ziel der Vertraulichkeit des Inhalts und heißen Konzelationssysteme. Moderne kryptographische Verfahren lassen sich aber auch einsetzen, um die anderen drei Ziele - Integrität, Authentikation und Verbindlichkeit - zu erreichen. Man spricht dabei von Authentikationssystemen.

---

597 Vgl. *Roessler*, DuD 1998, 377, 378; *Fecht/Opfermann/Scheiterle*, S. 106.

598 Die eigentlich Information wird symmetrisch verschlüsselt und dieser Schlüssel dann mit einem asymmetrischen Verfahren chiffriert. PGP arbeitet nach dieser Methode.

599 Am 22.8.1999 ist es einem internationalen Forscherteam gelungen, einen 512-Bit RSA Schlüssel in zwei 78-stellige Primfaktoren zu zerlegen (DuD 1999, 611).

600 Bei einem 256 Bit-Schlüssel gibt es $2^{256} \approx 10^{76}$ Versuche. Diese Zahl ist laut *Beutelspacher* (Forum Datenschutz Nr. 6, 16, 36) größer als die Anzahl der Teilchen im Universum.

601 Kryptosysteme, mit deren Hilfe man Nachrichten vor unbefugtem Mitlesen absichern kann, dienen dem Ziel der Vertraulichkeit des Inhalts und heißen Konzelationssysteme. Moderne kryptographische Verfahren lassen sich aber auch einsetzen, um die anderen drei Ziele - Integrität, Authentikation und Verbindlichkeit - zu erreichen. Man spricht dann von Authentikationssystemen.

602 Ein weiteres Ziel kann in manchen Situationen Anonymität sein (vgl. hierzu bereits oben § 4A). Damit ist die Vertraulichkeit nicht nur des Nachrichteninhalts, sondern sogar des Kommunikationsvorgangs als solchem gemeint. Hier hilft vor allem die unten näher beschriebene Technik der Steganographie.

603 Vgl. dazu *Schneier*, "Angewandte Kryptographie. Protokolle, Algorithmen und Sourcecode in C", 1. A. der deutschen Übersetzung, Bonn u.a., 1996, 1.1, S. 2.

2. Kryptokontroverse

Diese eben genannten Anforderungen an die Kryptographie stimmen größtenteils mit den IT-Sicherheitskriterien[604] überein. Wenn man nun eigentlich annehmen könnte, dass hiermit der Schlüssel für den Schutz der Daten vor unbefugtem Zugriff gefunden sei, so hat man die staatlichen Sicherheitsinteressen übersehen, die zwar, soweit sie sich innerhalb des rechtlich zulässigen befinden, grundsätzlich als legitim gelten können, aber dennoch anderen staatlichen und wirtschaftlichen Interessen[605] zuwiderlaufen. Es erscheint so, als ob die Verschlüsselungstechnologie vom Staat bis zu einem gewissen Grad gefördert werden würde. Er will aber trotzdem noch einen Generalschlüssel behalten, um den Datenaustausch gegebenenfalls bei Verdacht eines Verbrechens abhören zu können. Doch ist bislang keineswegs sichergestellt, dass diesen Schlüssel kein anderer erhält. Damit entsteht ein Spannungsfeld zwischen der Möglichkeit des Rechtsgüterschutzes durch Kryptographie und dazu konträrer Sicherheitsinteressen des Staates.

a) Bedrohung der ungehinderten Kommunikation

Mit ausreichender Rechnerkapazität ist es möglich, aus der Flut von Nachrichten wenige, interessierende Nachrichten zu filtern.[606] Nach veröffentlichten Berichten soll die US-amerikanische „National Security Agency" (NSA) weltweit mehr als 2.000 Telefonabhöranlagen betreiben, die gleichzeitig bis zu 54.000 Telefongespräche überwachen können.[607] Dabei betreiben die amerikanischen Geheimdienste selbst innerhalb Deutschlands, z.B. im bayerischen Bad Aibling, Abhörstationen, mit denen sie geheime deutsche Wirtschaftsdaten in die Vereinigten Staaten übermittelt haben sollen: US-Präsident *Clinton* hat angeordnet, dass die US-Geheimdienste bei der Beschaffung von Wirtschaftsdaten ein größeres Engagement an den Tag legen sollen.[608] Aus diesem Anlaß wurden beispielsweise mit Hilfe des Systems "Echolon"[609] auch die Verhandlungen per

---

604 S. o. § 4A.

605 Vgl. beispielsweise die Anmerkung von *Niehoff* (Bundesverband deutscher Banken) in DuD 1997, 220 ff.

606 Der BND hat entsprechende Wortdatenbanken (z.B. 500 Suchbegriffe zum Thema Terrorismus, 2000 zum Thema Proliferation), hat sich aber angeblich wegen mangelnder Erfolge teilweise aus der Fernmeldeaufklärung zurückgezogen, vgl. SZ, 18.8.1998, S. 1 und FR, 7.12.1998.

607 *Sieber*, "Mißbrauch der Informationstechnik und Informationsstrafrecht", 608, 620.

608 SZ, 15.6.1998, S. 2; SZ, 8.12.1998, S. V2/12.

609 Vgl. *Schulzki-Haddouti/Medosch*, Abhören im Jahr 2000, 10.5.1999, http://www.heise.de/tp/deutsch/inhalt/te/2833/1.html sowie die Übersicht http://www.heise.de/tp/deutsch/ special/ech/ default.html. Im STOA-Bericht von 1997 (Scientific and Technological Options

Fax und Telefon zwischen "Airbus Industries" und Saudi-Arabien abgehört, so dass die Amerikaner alle Kalkulationen der europäischen Konkurrenz kannten. Zu beachten ist auch, dass die NSA Schlüssel für eine Vielzahl von Software-Paketen hat, durch die sie jederzeit in die bestehenden Datenbanken eindringen kann.[610] Die NSA hat Ende der 70er Jahre die Entwicklung und Standardisierung des DES-Verfahrens stark beeinflußt, um ein leistungsstarkes Verschlüsselungsverfahren zu verhindern.[611]

Aber auch das Internet birgt Risiken: Die Knotenrechner des Internets reichen die zu übertragenden Daten einander weiter, so dass die Systemverwalter der Rechner oder jemand, der Zugang zu diesen Übertragungspunkten hat, die Nachrichten lesen können. Die Daten können dabei auf Grund der Architektur des Internet Dutzende von Mail-Verteilerstellen und Paketvermittlungsknoten durchlaufen. Es gibt auch Programme ("packet sniffers"), die den Datenverkehr im Internet abhören und nach bestimmten Mustern oder Stichworten durchsuchen.[612]

Schutzwürdig und -bedürftig sind neben den vor allem für die Wirtschaftsspionage interessanten Betriebs- und Geschäftsgeheimnissen jedoch auch die rechtlich geschützten Berufsgeheimnisse beispielsweise der Ärzte und Anwälte sowie die inzwischen zunehmende Nutzung des Internet für online-Banking und elektronische Bestellung. Das Risiko, bei der Kommunikation im Internet abgehört zu werden, wirkt sich folglich sowohl unter wirtschaftlichen wie auch unter gesellschaftlich-sozialen Gesichtspunkten aus. Denn wer befürchten muß, dass seine Kommunikation nicht vertraulich bleibt, wird gehemmt sein.[613] Das e-cash[614] (elektronisches Geld für den Handel im Internet) wird eine immer wichtigere Rolle in der Weltwirtschaft spielen. Hierfür erforderlich ist aber eine ab-

---

Assessment), vom Europäischen Parlament veröffentlicht am 6.1.1998 unter der Nummer PE 166 499, wird erstmals dieses System offiziell in einem EU-Papier erwähnt. Inzwischen hat Australien als einer der Betreiber die Existenz dieses System offiziell bestätigt. Danach werden Millionen von Botschaften stündlich abgefangen und in ein "Dictionary" genanntes Computersystem gespeist. Die Ergebnisse der Analyse werden danach in einem auf dem Internet Protokoll basierenden Netz allen Teilnehmerländern – also USA, Großbritannien, Neuseeland, Kanada und Australien – zur Verfügung gestellt, http://www.heise.de/newsticker/data/ame-28.05.99-001. Auch die Schweiz hat ein entsprechendes System, http://www.heise.de/newsticker/data/fr-25.11.99-002/.

610 Vgl. unten Fn 628.

611 *Bizer*, DuD 1996, 5, 6.

612 *Kuner*, NJW-CoR 1995, 413.

613 Vgl. BVerfG, EuGRZ 1995, 255.

614 Vgl. *Neumann*, Die Rechtsnatur des Netzgeldes, 2000; *Hoeren/Sieber-Werner*, Teil 13.5; *Kümpel*, WM IV 1998, 365 ff.; *Gramlich*, CR 1997, 11 ff.; *Fiege*, CR 1998, 41 ff.; SZ, 4.1.2000, V2/14.

solute Fälschungssicherheit, die nur mit modernen kryptologischen Methoden und neuester Technologie in den Griff zu bekommen sein wird.[615]

b) Rechtliche Grundlagen für den Schutz der Kommunikation

Aus verfassungsrechtlicher Sicht gewährleistet Art. 10 Abs. 1 GG das Post-, Brief- und Fernmeldegeheimnis[616]. Er sichert die freie Entfaltung der Persönlichkeit durch einen privaten, vor den Augen der Öffentlichkeit verborgenen Austausch von Nachrichten, Gedanken und Meinungen.[617] Art. 10 GG hat die Aufgabe, die Meinungsäußerungen des einzelnen auf dem Weg vom Absender zum Empfänger vor Indiskretionen zu bewahren, d.h. er stellt einen Austausch von Meinungen zwischen Kommunikationspartnern ohne Kenntnisnahme Dritter sicher.[618] Deshalb bezieht sich das Fernmeldegeheimnis nicht nur auf den Inhalt der Kommunikation, sondern auch auf das Ob, das Wann und das Wie dieser Fernmeldekommunikation.[619]
Art. 10 Abs. 1 EMRK weist jedermann den Anspruch auf freie Meinungsäußerung zu. Dieses Recht beinhaltet die Freiheit der Meinung und die Freiheit zum Empfang und zur Mitteilung von Nachrichten oder Ideen ohne Eingriffe öffentlicher Behörden und ohne Rücksicht auf Landesgrenzen. Konsequenterweise muß es dann jedermann freistehen, zu entscheiden, "ob, wann, wie und welches Kryptoverfahren er mit wem im Einzelfall einsetzt"[620]. Ebenso garantiert Art. 8 Abs. 1 EMRK jedermann die Achtung seines Privat- und Familienlebens, seiner Wohnung und seines Briefverkehrs. Das schließt die Ver- und Entschlüsselungsfreiheit mit ein, weil diese den privaten Bereich sichert.[621]
Strafrechtlich schützen die §§ 201 ff. den persönlichen Lebens- und Geheimbereich vor dem unbefugten Eingriff durch Dritte.

Der Schutz der Rechte des Einzelnen wird aber nicht nur garantiert, sondern durch Gesetze teilweise ausdrücklich propagiert. So schreiben Datenschutzgesetze technische und organisatorische Sicherungsmaßnahmen vor. § 9 BDSG, der im Bundesdatenschutzgesetz bestimmte technische und organisatorische Maßnahmen für die Umsetzung des Gesetzes fordert, regelt in seiner Anlage

615 *Kuner*, NJW-CoR, 1995, 413, 416; vgl. auch *Niehoff*, DuD 1997, 220 ff.
616 Das Fernmeldegeheimnis erstreckt sich auch auf Datenübertragungen zwischen Computern. Das Grundrecht ist im Hinblick auf zukünftige elektronische Übertragungsmöglichkeiten dynamisch, vgl. *Sachs-Krüger*, Art. 10, Rz. 14.
617 BVerfGE 67, 157, 171. Adressat des Fernmeldegeheimnisses ist die öffentliche Gewalt.
618 *Sachs-Krüger*, Art. 10, Rz. 10.
619 *Sachs-Krüger*, Art. 10, Rz. 14.
620 *Diregger*, DuD 1998, 28, 30.
621 *Diregger*, DuD 1998, 28, 30 f.

zehn verschiedene Kontrollmaßnahmen wie z.B. die Zugangs-, Datenträger-, Speicher- und Benutzerkontrolle.[622] Die genannten Maßnahmen sind unter dem Gesichtspunkt der Verhältnismäßigkeit zu treffen. Die Speicherkontrolle (Nr. 3) soll die unbefugte Eingabe in den Speicher sowie die unbefugte Kenntnisnahme, Veränderung oder Löschung gespeicherter personenbezogener Daten verhindern, während die Benutzerkontrolle (Nr. 4) die Nutzung von Datenverarbeitungssystemen mit Hilfe von Einrichtungen zur Datenübertragung von Unbefugten unterbinden soll. Beides kann durch eine Paßwortvergabe oder die Authentifikation durch andere Mittel, z.B. biometrische Maßnahmen, geschehen.[623] Die Transportkontrolle (Nr. 9) hat zum Ziel, das unbefugte Lesen, Kopieren, Verändern oder Löschen von Daten bei der Übertragung zu verhindern. Hierfür dienen kryptographische Verfahren.[624]

Auch § 87 TKG[625] schreibt angemessene Schutzmaßnahmen zur Erreichung einer Standardsicherheit vor. Diese können nicht nur technische Vorkehrungen sein, sondern beispielsweise auch Organisations- oder Kontrollmaßnahmen. § 87 Abs. 1 S. 3 TKG sieht zudem das Aufstellen eines Kataloges von Sicherheitsanforderungen vor.[626]

Dieser Schutz wird jedoch durch zahlreiche gesetzliche Normen wieder eingeschränkt. So enthält Art. 10 GG selbst in seinem Absatz 2 weitreichende Beschränkungen dieses Grundrechts, beispielsweise durch § 100 a StPO. Auch Art. 8 und 10 EMRK werden ihrerseits durch ihre Absätze 2 reglementiert, wobei aber geeignete, zulässige Einschränkungen der Kryptographie nicht ersichtlich sind.[627]

---

622 Nach einem Vorschlag der Fraktion Bündnis 90/Die Grünen (BT-Drs. 13/9082) soll die Anlage in das Gesetz inkorporiert und Maßnahmetypen zusammengefaßt werden.

623 *Bergmann/Möhrle/Herb*, Anlage zu § 9, Speicherkontrolle 3.1.3 und 3.1.4 sowie Benutzerkontrolle 4.1.2 und 4.1.3 (Stand: Sept. 1991). Auch bei der Zugriffskontrolle kommen diese Maßnahmen zur Anwendung.

624 *Bergmann/Möhrle/Herb*, Anlage zu § 9, Transportkontrolle 9.5.

625 Das Telekommunikationsgesetz (TKG) vom 25.7.1996 (BGBl I 1120) bezweckt durch Regulierung im Bereich der Telekommunikation den Wettbewerb zu fördern und flächendeckend angemessene und ausreichende Dienstleistungen zu gewährleisten, vgl. §§ 1, 2 TKG. Es wurde im Zuge der Liberalisierung der Telekommunikationsmärkte erlassen. Telekommunikation wird dabei als der technische Vorgang des Aussendens, Übermittelns und Empfangs von Nachrichten jeglicher Art in der Form von Zeichen, Sprache, Bildern oder Tönen mittels Telekommunikationsanlagen in § 3 Nr. 16 legaldefiniert.

626 *TKG-Kommentar*, § 87, Rz.18 und 28 f.

627 *Diregger*, DuD 1998, 28, 30 f.

c) Lösung der Kontroverse

Diese Kontroverse kann auf verschiedene Art und Weise gelöst werden. Als mögliche Handlungsalternativen gibt es erstens das Verbot der Verschlüsselung, ggf. mit Genehmigungsvorbehalt, zweitens einen Schlüssel, dessen Schwachstellen den Sicherheitsbehörden bekannt sind,[628] drittens Schlüssel(teile), die bei einem vertrauenswürdigen Dritten (TTPs - Trusted Third Parties) hinterlegt werden und es im Falle einer Strafverfolgungsmaßnahme den Sicherheitsbehörden erlauben, die Daten zu entschlüsseln (Schlüsselhinterlegung ("key escrow") oder Erzeugung eines Nachschlüssel ("key recovery"))[629], und viertens die völlige Freigabe. Die ersten beiden Alternativen ermöglichen leicht eine staatliche Überwachung, allerdings auch durch Dritte. Damit sind auch personenbezogene oder wirtschaftlich wertvolle Daten einem Schutz entzogen, wenn nicht Ausnahmen zugelassen werden. Auch der Genehmigungsvorbehalt wirft kaum lösbare Probleme auf, z.B. die Kosten der Sicherheitsinfrastruktur und die internationale Koordination.[630] Die dritte Alternative hingegen muß hohe Anforderungen an die Vertrauenswürdigkeit des Personals, der Organisation und Technik erfüllen,[631] und scheitert, wenn die überwachte Person mit dem öffentlichen Schlüssel eines Dritten verschlüsselte Daten abschickt.[632] Zudem wird allzu leicht die vertrauliche Datenkommunikation deutscher Nutzer dem Zugriff ausländischer Instanzen außerhalb des Geltungsbereichs deutscher Gesetze und unkontrolliert durch deutsche Gerichte ermöglicht.[633]
Als einzige, gleichermaßen wirtschaftlich wie vor allem rechtlich sinnvolle Möglichkeit erscheint mir damit die völlige Freigabe der Verschlüsselung. Die Ablehnung eines Verbots der Kryptographie wird durch die folgenden Überlegungen untermauert.

Eine Überwachung der Telekommunikation kann dadurch unterlaufen werden, dass erstens ein mit dem Partner vorher besprochener Code benutzt wird (Codie-

---

[628] Beispielsweise besitzt Lotus Notes 4.0 einen 64-Bit Schlüssel, von denen 24 Bit aber der NSA bekannt sind, vgl. BT-Drs. 13/4105, S.4. Der Softwarekonzern Microsoft kämpft gegen den Vorwurf, dass die NSA einen direkten Zugang zu dem Betriebssystem Windows NT habe, http://www.welt.de/daten/1999/09/06/0906no128157.htx und http://www.heise.de/newsticker/data/cp-20.02.00-000/; vgl. auch http://www.heise.de/tp/deutsch/special/ech/6736/1.html.

[629] Vgl. auch BT-Drs. 13/11002, S. 63. Bekanntestes Beispiel ist die Clipper-Chip-Initiative des US-Regierung, die jedoch nach massiven öffentlichen Protesten wieder aufgegeben wurde.

[630] Vgl. dazu *Hoeren/Sieber-Kuner*, Teil 17, Rz. 65 ff.

[631] Zum "key recovery" vgl. *Blaze*, DuD 1997, 209 ff., *Hoeren/Sieber-Kuner*, Teil 17, Rz. 17 ff., BT-Drs. 13/11002, S. 63 und KOM (97)503.

[632] Zu diesem Problem vgl. BT-Drs. 13/11002, S. 63 f.

[633] BT-Drs. 13/11002, S. 76 f.; BT-Drs. 13/11004, S. 15.

rung), zweitens mit einem zugelassenen Verschlüsselungsverfahren ein Text übertragen wird, der vorher mit einem nicht reglementierten Verfahren verschlüsselt wurde (Überschlüsselung), drittens Informationen in digitalen Signalen so versteckt werden, dass diese bei der Überwachung nicht erkannt werden (Steganographie[634]) und viertens Lücken im Übertragungsprotokoll genutzt werden.[635]

Ein Verbot von Kryptoverfahren würde lediglich das öffentliche Angebot von Verschlüsselungsdienstleistungen verhindern können. Es kann aber unterstellt werden, dass gerade die für die staatliche Überwachung interessanten und im Sinne der Sicherheitsbehörden gefährlichen oder verdächtigen Personen über die erforderlichen Mittel verfügen, um ihre Kommunikation ausreichend gegen staatlichen Zugriff zu schützen.[636] Auch die Europäische Kommission hat erkannt, dass niemand wirksam daran gehindert werden kann, Daten zu verschlüsseln. Insbesondere Straftäter werden nicht davon abgehalten, diese Verfahren zu nutzen, wohingegen die Beschränkung des Gebrauchs der Verschlüsselung es gesetzestreuen Unternehmen und Bürgern unmöglich macht, sich vor kriminellen Angriffen zu schützen.[637] Um das Verbot der Kryptographie auch nur im Ansatz durchsetzen zu können, müßte also wiederum eine ordnungswidrigkeiten- oder strafrechtliche Sanktion erlassen werden.

Bei einem Kryptographieverbot entsteht die folgende Situation. Jemand verschlüsselt Daten unbekannten Inhalts, d.h. der Inhalt kann harmlos sein oder beispielsweise eine Verbrechensverabredung. Unabhängig hiervon wird er jedoch allein deshalb bestraft, weil er überhaupt verschlüsselt hat.
Zum besseren Verständnis für die Natur dieser Sanktion mag ein Vergleich weiterhelfen: Das Vermummungsverbot des § 17 a Abs. 2 Nr. 1 VersG verbietet es, bei öffentlichen Veranstaltungen unter freiem Himmel in einer Aufmachung, die geeignet und den Umständen nach darauf gerichtet ist, die Feststellung der Identität zu verhindern, teilzunehmen. Hier kann der Täter also unabhängig von seinem konkreten Handlungswillen aufgrund eines bloßen Verdachts[638] mit Freiheitsstrafe bis zu einem Jahr oder mit Geldstrafe (§ 27 Abs. 2 Nr. 2

---

634 Dazu unten § 5C.IV mehr.

635 Vgl. zum ganzen das Arbeitspapier der AG Kryptographie des AK Technik (http://www.datenschutz-berlin.de/to/krypto.htm); *Hamm*, DuD 1997, 186, 187 ff.

636 *Bizer*, KritJ 1995, 450, 462 m.w.N.; weltweit gibt es mehr als 1.400 Verschlüsselungsprodukte für Computer, die von mehr als 880 Unternehmen angeboten werden (vgl. KOM (97)503).

637 Sicherheit und Vertrauen in elektronische Kommunikation - ein europäischer Rahmen für digitale Signaturen und Verschlüsselung, KOM 97(503).

638 Zur "Verdachtsstrafe, außerordentliche Strafe und Sicherungsmittel im Inquisitionsprozeß des 17. und 18. Jahrhunderts" vgl. *Schaffstein*, ZStW 101 (1989), 493 ff.; *Hillenkamp*, Beweisnot und materielles Recht, FS-Wassermann, 861 ff.

VersG[639]) bestraft werden. § 27 Abs. 2 VersG hat den Charakter eines abstrakten Gefährdungsdelikts und soll die öffentliche Sicherheit dadurch schützen, dass die jederzeitige Identifizierung aller Teilnehmer bzw. die Sicherung der Wirkungschancen rechtmäßiger hoheitlicher Vollstreckungsmaßnahmen gewährleistet wird.[640] Zieht man nun vom Vermummungsverbot eine Parallele zum Kryptographieverbot, so könnte man letzteres dann rechtfertigen, wenn man allein auf den Schutz der öffentlichen Sicherheit abstellt und es den Strafverfolgungsbehörden ermöglichen will, jederzeit die Teilnehmer und den Inhalt einer Kommunikation zu identifizieren. Das Vermummungsverbot wird jedoch auf die Regelannahme suggestiv-aggressionstimulierender Wirkung sowie massenpsychologisch begründeter Gefährlichkeit gestützt.[641] Voraussetzung ist also das Vorliegen einer Versammlung. Wer sich allein und vermummt auf die Straße begibt, unterliegt folglich keiner Strafbarkeit. Wenn er so gekleidet eine Straftat begeht, wird er nicht wegen seiner Vermummung und damit der Erschwerung der polizeilichen Ermittlungsarbeit strafrechtlich verfolgt. Niemand käme schließlich auf die Idee, das Tragen von Handschuhen in geschlossenen Räumen unter Strafe zu stellen, auch wenn dadurch die Aufklärungsquote bei Kapitalverbrechen steigen würde. Das Strafrecht muß sich auf den Schutz von Rechtsgütern beschränken, dazu gehört aber nicht das polizeiliche Interesse an einer Erleichterung ihrer Ermittlungsarbeit.[642]

Gleiches muß damit für die Kryptographie gelten. Die Verschlüsselung einzelner Nachrichten berührt das Verfolgungsinteresse des Staates, hat aber keinen Potenzierungseffekt wie die Vermummung innerhalb einer Gruppe. Die Verschlüsselung rechtswidriger Inhalte stellt eine Verdunkelungshandlung dar, die grundsätzlich straflos ist, vgl. § 258 Abs. 5 StGB.
Geht man jedoch dennoch analog zu § 27 Abs. 2 VersG zugunsten der Strafverfolgungsbehörden von einem Strafrahmen "Freiheitsstrafe bis zu einem Jahr oder Geldstrafe" aus, so werden sich die in Frage kommenden Tätergruppen schwerlich von einer Verschlüsselung ihrer brisanten, "kriminellen" Daten abhalten lassen.[643] Selbst wenn die Sicherheitsbehörden eine verbotene Kommunikation aufdecken, wären es ihnen nicht möglich, das eigentliche Interessante, nämlich den Inhalt der Nachricht, zu entschlüsseln. Der Beschuldigte selbst muß

639 Das 2. StGB/VersGÄndG vom 9.6.1989 hat die durch das 1. StGB/VersGÄndG vom 18.7.1985 eingeführte Strafbarkeit gem. § 125 Abs. 2 StGB wieder rückgängig gemacht und nun die Vermummung allgemein in § 27 Abs. 2 VersG mit Kriminalstrafe bedroht, vgl. *Lackner/Kühl*, 22.A., § 125, vor Rz. 1.

640 Vgl. *LK-von Bubnoff*, 11.A., 1996, § 125, Rz. 24.

641 Vgl. *LK-von Bubnoff*, 11.A., 1996, § 125, Rz. 24; zur Verfassungsmäßigkeit der Strafnorm vgl. *Dietel/Ginzel/Kniesel*, 12.A., § 27, Rz. 10 ff.

642 *Hamm*, StV 1988, 40, 41.

643 Vgl. *Dix*, CR 1997, 38, 42; *Koch*, CR 1997, 106, 109.

an seiner Überführung nicht mitwirken.[644] Eine mögliche Beschlagnahme der Schlüssel gem. § 94 Abs. 1 StPO[645] erscheint unrealistisch, da die Schlüssel häufig nach ihrem Gebrauch sofort "vernichtet" werden. Der Inhaber der Schlüssel muß als Beschuldigter einer Straftat diesen nach deutschem Recht nicht herausgeben.[646] Wenn eine Nachricht, die in rechtswidriger Weise verschlüsselt wurde, erst entschlüsselt werden muß, dann kann auf das Verbot der Verschlüsselung auch verzichtet werden.[647] Zudem müßte der Datenverkehr ständig auf die mögliche Verwendung illegaler Schlüssel untersucht werden. Ein sinnloses Unterfangen angesichts der Tatsache, dass täglich Millionen von e-mails durch das Internet kursieren.

Ein umfangreiches Verbot des Einsatzes von Kryptographie hätte ebenso zur Folge, dass auch das bloße Abspeichern von Daten nicht verschlüsselt erfolgen dürfte. Dies erscheint im Hinblick auf das Tatbestandsmerkmal "besonders gesichert" des § 202 a StGB als nicht realisierbar. Denn von § 202 a StGB wird als tatbestandseinschränkendes Merkmal gefordert, dass die Daten besonders gesichert sind. Dies kann leicht mit den heutigen Methoden der Kryptographie und Steganographie geschehen, die damit einen nahezu perfekten Rechtsgüterschutz bieten.[648] Ein Verbot der Kryptographie wäre schon allein aus diesen Gründen abzulehnen, wenn nicht gar aus verfassungsrechtlicher Sicht die Frage der Geeignetheit[649] ein derartiges Verbot hinfällig werden läßt.

In Deutschland gibt es keine Verbote für die Benutzung von Kryptographie-Software.[650] Jedoch besteht eine Ausfuhrgenehmigungspflicht für den Export

---

644 Das besagt der Grundsatz der Selbstbelastungsfreiheit ("nemo tenetur se ipsum accusare").

645 Vgl. im einzelnen *Bär*, 1992, S. 248 ff., 266 ff.; *Kleinknecht/Meyer-Goßner*, 44.A., § 94, Rz. 4.

646 *KK*, 4.A., § 94, Rz. 4; *Kleinknecht/Meyer-Goßner*, 44.A., § 95, Rz. 5; vgl. aber die aktive Mitwirkungspflicht der Zeugen bei *Bär*, S. 217 und 385 f. Die britische Regierung hat jedoch einen Gesetzesentwurf über elektronische Kommunikation vorgestellt, demzufolge Benutzer von Verschlüsselungssoftware bei Androhung einer bis zu zweijährigen Gefängnisstrafe gezwungen werden, auf Anforderung der Polizei Paßwörter, private Schlüssel oder die Daten in Klarform zu übergeben, http://www.heise.de/newsticker/data/ame-13.07.99-000/, http://www.heise.de/tp/deutsch/ inhalt/te/5773/1.html und http://www.heise.de/tp/deutsch/inhalt/te/5887/1.html. In Singapur und Malaysia sind entsprechende Gesetze bereits erlassen, http://www.heise.de/newsticker/data/fr-03.04.00-000/.

647 *Bizer*, KritJ 1995, 450, 462.

648 Allerdings gibt es noch genügend andere Schwachstellen beim Einsatz von Verschlüsselungen, z.B. bei der Implementierung oder bei der Aktivierung der Sicherheitsfunktionen.

649 Vgl. *Schmidt-Jortzig*, Forum Datenschutz Nr. 6, 91 f.

650 Es wird allerdings das Erfordernis einer rechtlichen Regelung geprüft, vgl. BT-Drs. 13/1889 und 4105. Nunmehr besitzt das Bundeswirtschaftsministerium die alleinige Fe-

von Verschlüsselungsprogrammen in Nicht-EU-Staaten wegen der doppelten Verwendungsfähigkeit ("Dual-use"-Verordnung der EG).[651]

d) Internationale Regelungen

Auf internationaler Ebene bestehen jedoch Beschränkungen der Kryptographie bzw. existieren diverse Empfehlungen hierzu.

Die USA haben im Jahre 1999 die ursprünglich restriktiven Ausfuhrbeschränkung für Verschlüsselungsprodukte gelockert. Nunmehr dürfen diese praktisch ohne Beschränkungen ins Ausland verkauft werden.[652] Bislang war die maximale Schlüssellänge beschränkt.[653] Der Einsatz dieser Software ist wie in den

---

derführung. Dieses will die Verschlüsselung von Daten im Internet freigeben (FOCUS News, 1.4.1999). In den Eckpunkten der deutschen Kryptopolitik (http://www.bmwi.de/presse/1999/0602prm1.html) legt die Bundesregierung dar, dass sie nicht beabsichtigt, die freie Verfügbarkeit von Veschlüsselungsprodukten in Deutschland einzuschränken. Sie sehe in der Anwendung sicherer Verschlüsselung eine entscheidende Voraussetzung für den Datenschutz der Bürger, für die Entwicklung des elektronischen Geschäftsverkehrs sowie für den Schutz von Unternehmensgeheimnissen. Die Bundesregierung will daher die Verbreitung sicherer Verschlüsselung in Deutschland aktiv unterstützen und das Vertrauen der Nutzer in die Sicherheit der Verschlüsselung stärken. Allerdings soll wegen den Interessen der Strafverfolgungs- und Sicherheitsbehörden die weitere Entwicklung aufmerksam beobachtet und im Jahre 2001 ein Bericht vorgelegt werden. Die USA drängen hingegen nach wie vor auf ein Internetverbot für Kryptoprodukte (vgl. *Schulzki-Haddouti*, Telepolis, http://www.heise.de/tp/deutsch/inhalt/te/5117/1.html, 27.07.1999).

651 Vgl. BT-Drs. 13/4105, S.3 mit Verweis auf die Ausfuhrliste - Anlage zur Außenwirtschaftsverordnung, Teil I C Abschnitt 5 Teil 2 "Informationssicherheit". Die Dual-Use-Verordnung 3381/94 vom 1.7.1995 wurde neugefaßt (EG-Verordnung 1334/2000; in Kraft getreten am 28.9.2000), um den Bedürfnissen des Marktes für kryptographische Produkte Rechnung zu tragen (vgl. *Beucher/Schmoll*, CR 1999, 529, 532 ff.). Exporteure von Kryptoprodukten, die als Massenmarktgüter qualifiziert werden können, bedürfen ab dem 1.9.1999 für Drittlandsmärkte keine Einzelgenehmigung mehr (http://www.heise.de/newsticker/data/cp-27.08.99-003/); vgl. auch *Roth*, DuD 1998, 8 ff., insbesondere 11 f.; *Sieber*, "Mißbrauch der Informationstechnik und Informationsstrafrecht", 608, 640.

652 Schlüssellängen bis 64 Bit sind genehmigungsfrei, Software mit längeren Schlüsseln müssen der Regierung einmal zur Ansicht vorgelegt werden, http://www.heise.de/newsticker/data/jk-17.09.99-000/. Vgl. die Zusammenfassung der US-Kryptogesetzgebung "Defending America's Cyberspace" vom 15.1.2000 unter http://www.sicherheit-im-internet.de/download/npisp-execsummary-000105.pdf.

653 Allerdings durfte der Quellcode eines Verschlüsselungsprogramms in gedruckter Form ausgeführt werden, um ihn danach wieder einzuscannen, vgl. *Kuner*, DuD 1998, 5, 7, *Sandl*, CR 1998, 698, 700, und die Entscheidung des 9th Circuit U.S. Court of Appeals (Daniel J. Bernstein vs. Unites States Department of Commerce) vom 6.5.1999, nach der der Source-Code eines Computerprogrammes durch das 1st Amendment (free speech) ge-

meisten anderen Ländern nicht reglementiert,[654] jedoch existieren Pläne, die es den Strafverfolgungsbehörden ermöglichen sollen, die Wohnungen verdächtiger Personen zu betreten, um Sicherheitsmaßnahmen außer Kraft zu setzen.[655] In Frankreich[656], Belgien, Rußland[657] und Weißrußland gelten mehr oder minder starke Einschränkungen.[658]

Das Wassenaar-Abkommen[659] in der Fassung vom 3.12.1998 verpflichtet die 33 unterzeichnenden Staaten, darunter auch Deutschland, den Export von Verschlüsselungsprogramme mit mehr als 56-bit bzw. 64-bit für Massenprodukte, die bestimmten Anforderungen genügen, zu reglementieren. Dies beinhaltet aber nicht die Nutzung dieser Programme innerhalb der unterzeichnenden Staaten, so dass aus politischer bzw. militärischer Sicht dieses Abkommen verständlich erscheint.[660]

Aus Sicht der Krypotokontroverse entscheidender ist die Frage, wie internationale Organisationen die Verwendung von Verschlüsselungsprogrammen sehen.

Der Europarat hat am 11.9.1995 beschlossen, den Mitgliedsstaaten zu empfehlen, Maßnahmen zu erwägen, die die negativen Auswirkungen des Einsatzes von Verschlüsselungsverfahren bei der Strafverfolgung minimieren. Die legitime Verschlüsselung solle dabei jedoch nicht stärker als erforderlich eingeschränkt werden.[661]

---

schützt ist und über das Internet verbreitet werden darf.

654 *Hortmann*, DuD 1997, 214 f.

655 Washington Post, 20.9.1999, Page A1.

656 Art. 28 des Telekommunikationsgesetzes (90-1170) vom 29.12.1990; Art. 17 des Gesetzes vom 26.7.1996 lockerte die Import- und Exportbeschränkungen sowie die Restriktionen für die Anwendung kryptographischer Verfahren (vgl. *Couvert-Castéra*, DuD 1996, 338 ff.). 1999 wurde die beschränkte Nutzung weiter gelockert (http://www.internet.gouv.fr/francais/textesref/cryptodecret99199.htm).

657 Dekret des russischen Präsidenten Boris Jelzin vom 3.4.1995.

658 Vgl. auch die Zusammenstellung bei *Hoeren/Sieber-Kuner*, Teil 17, Rz. 78 ff.; BT-Drs. 13/11002,
S. 65 ff.

659 Das Wassenaar-Abkommen regelt Exportkontrollen für Waffen und für Güter, die sowohl für militärische, als auch für zivile Zwecke verwendet werden können. Darunter fällt auch Verschlüsselungssoftware, siehe auch http://www.wassenaar.org.

660 Innerhalb der EU wird es nach Auskunft des Bundeswirtschaftsministeriums keine Exportbeschränkungen für Kryptoprodukte, die für den Massenmarkt bestimmt sind, geben. Dies soll in der neuen europäischen Verordnung über Dual-Use-Güter verabschiedet werden (*Schulzki-Haddouti*, 7.4.1999, http://www.heise.de/tp/deutsch/inhalt/te/2718/1.html).

661 Recommendation No. R (95) 13; die Enquete-Kommission (BT-Drs. 13/11002, S. 80 ff.) empfiehlt, "die Nutzung von Systemen zur Verschlüsselung nur insofern gesetzlich zu regulieren, als dass europäische Richtlinien für nationales Recht vorschreiben.

Der Ministerrat der „Organisation for Economic Cooperation and Development" (OECD)[662] hat am 27.3.1997 eine Richtlinie zur Kryptopolitik verabschiedet.[663] Sie enthält in ihrem Kernbereich einen Katalog mit acht Grundprinzipien.[664] Oberstes Ziel ist das Vertrauensprinzip. Die Nutzer müssen angesichts der Komplexität des Themas auf die Sicherheit der Verschlüsselung vertrauen können.[665] Das Datenschutzprinzip will keine Datenschutzregeln erzwingen, jedoch klarstellen, dass die Kryptographie ein wichtiges Instrument zur Erreichung eines wirksamen Datenschutzes ist. Wenn ein Staat nun aber Beschränkungen bei der Verwendung von Kryptographie auferlegt, dann gewinnt dieses Prinzip wieder an Bedeutung, "soweit dadurch die Nutzer in ihren Möglichkeiten beschränkt werden, sich selbst zu schützen oder wenn ein solcher Schutz dann nur auf einem niedrigen Niveau erfolgen kann"[666]. Aus Sicht der Strafverfolgungsbehörden ist das Abhörprinzip[667] entscheidend. Es wird als Hauptargument gegen Kryptographie herangezogen. Interessanterweise ist dieses Prinzip jedoch eine Kann-Vorschrift und enthält einen Passus, demzufolge die Regierungen nicht aufgefordert sind, entsprechende Regelungen zu erlassen.[668] Der Zugriff der Strafverfolgungsbehörden darf sich dabei auch nicht auf die Schlüssel erstrekken, die zum Schutz der Integrität und Authentizität von Daten, also für digitale Signaturen, verwendet werden.[669] Durch das Kooperationsprinzip werden die Regierungen angehalten, ihre Kryptopolitiken zu koordinieren.

Diese Empfehlungen scheinen mir ein deutliches Signal dahingehend zu sein, dass ein Verbot der Verschlüsselung auch international nicht angestrebt wird.

---

662 Mitglieder der OECD: BRD, F, GB, J, USA.

663 OECD/GD (97) 204, CR 1997, 385; hierzu *Sandl*, CR 1998, 698 ff. und BT-Drs. 13/11002, S. 68 f.; vgl. schon OECD Cryptography Policy Guidelines vom 27./28.1.1997, DuD 1997, 223 ff. (im Internet: http://www.oecd.org/dsti/sti/it/secur/prod/e-crypto.htm); hierzu auch *Bizer*, DuD 1997, 203, 207.

664 Vgl. dazu auch *Hoeren/Sieber-Kuner*, Teil 17, Rz. 28 ff.

665 Genau dieses Vertrauensprinzip soll letztendlich für eine Belebung des E-Commerce sorgen.

666 *Sandl*, CR 1998, 698, 704.

667 "Nationale Kryptopolitiken können den gesetzlichen Zugriff auf den Klartext oder die kryptographischen Schlüssel von verschlüsselten Daten erlauben. Diese Politiken müssen die anderen Prinzipien in größtmöglichem Ausmaß berücksichtigen."

668 *Sandl*, CR 1998, 698, 704.

669 *Sandl*, CR 1998, 698, 704 f.; vgl. auch § 5 Abs. 2 SigV, wonach private Signaturschlüssel nicht bei der Zertifizierungsstelle hinterlegt werden dürfen.

3. Kompromittierende Abstrahlung

Leider deckt auch die Kryptographie nicht sämtliche Sicherheitsrisiken ab, denn die Verschlüsselung von Daten kann nicht immer aufrechterhalten werden. Spätestens bei der Visualisierung der Daten am Bildschirm oder durch Ausdruck müssen sie entschlüsselt werden. Meist ist nicht bekannt, dass man auch Bildschirme und den PC selbst "abhören" kann.[670] Denn jedes elektronische Gerät strahlt mehr oder weniger starke elektromagnetische Wellen ab.[671] Diese Abstrahlung ist als Störstrahlung, die auch die gerade verarbeitenden Informationen enthalten kann – dann heißt sie kompromittierende oder bloßstellende Abstrahlung – bekannt. Unter günstigen Bedingungen beträgt die Abstrahlung der Monitore bis zu 700 m. Der Lauscher kann dabei bis zu 25 verschiedene, auch nahe beieinanderstehende Terminals auseinanderhalten.[672] Eine einfache technische Ausrüstung wie z.B. ein geringfügig adaptiertes Fernsehgerät ist hierfür ausreichend. Der Abhörer, der nur über wenig technische Erfahrung verfügen muß, ist praktisch nicht zu entdecken, weil er passiv agiert.[673]
Als weitere Möglichkeiten für das Abhören bieten sich das elektrische Netz[674] sowie Wasser-, Heizungs- und Druckluftleitungen[675] an. Es gibt aber auch die sogenannte „magnetische Abstrahlung“, die magnetische Datenträger wie Disketten, Festplatten, Magnetbänder haben. Diese ist jedoch sehr schwach. Die akustische Raumstrahlung, die z.B. ein Nadeldrucker emittiert, kann ebenfalls ausgewertet werden.

Umfangreiche Sicherheitsmaßnahmen wie Verschlüsselung und Zugangsschutz sowie erhebliche Aufwendungen in der innerbetrieblichen Geheimhaltung kön-

---

670 BT-Drs. 11/5436, S. 63 f.; vgl. auch *Leicht*, iur 1987, 45, 47.

671 Wo Strom fließt, werden elektrische Ladungen bewegt. Diese senden eine elektromagnetische Strahlung aus. Intensität, Frequenz (Ideale Frequenz: 150 - 250 MHz) und "Strahlungshindernisse" beeinflussen die Abhörentfernung. Kabel selbst haben eine geringe Abstrahlung, die folglich nur in unmittelbarer Nähe meßbar ist. Sie kann daher leicht abgeschirmt werden. Ideal sind Lichtleiter (keine Abstrahlung). Auch die neuen Flachbildschirme mit ihrem digitalen Ansteuerungssignal sind vergleichsweise schwer abzuhören (vgl. NJW-CoR 1998, 504).

672 Alle elektronischen Geräte – auch bauartgleiche Seriengeräte – besitzen aufgrund ihrer Bauteiltoleranzen ein individuelles Abstahlungsverhalten, das, meßtechnisch ermittelt, durch eine entsprechende Filtertechnik entzerrt und aufgearbeitet werden kann.

673 Zu den Methoden und Kosten des Ausspähens vgl. Bitterli, Funkschau 14/95, S. 32: Das Anzapfen im privaten Bereich des Opfers ist danach beispielsweise ab DM 50 zu bewerkstelligen.

674 Dieses leitet Datenimpulse von angeschlossenen Geräten weiter, so dass das Abhören über die Steckdose, oft auch außer Haus, z.B. über die Außenbeleuchtung, möglich ist.

675 Diese übertragen Datenimpulse von Geräten mit elektromagnetischer Abstrahlung, die in der Nähe arbeiten, sog. Mantelwellen.

nen damit leicht ad absurdum geführt werden. Die kompromittierende Abstrahlung bietet die ideale Gelegenheit, um an geheimste Informationen heranzukommen. Räumlich angeordnete, elektromagnetische Abschirmungen[676] können diese bloßstellende Abstrahlung verhindern, aber nicht als besondere Sicherung i.S. des § 202 a StGB gelten, da es an der Dokumentation des Geheimhaltungsinteresses fehlt.[677]

Der Staat darf diese kompromittierende Abstrahlung nicht für seine Zwecke nutzen. Das Auffangen der Strahlung des Bildschirmes ist ein Abhören ohne Inanspruchnahme der Telekommunikationseinrichtungen und daher "Nichtmeldeverkehr". § 100 a StPO scheidet somit aus.[678] Mangels einer hinreichenden Rechtsgrundlage muß diese Möglichkeit den Strafverfolgungsbehörden damit verwehrt bleiben.

IV. Steganographie

Wie bereits kurz dargestellt, ist die Steganographie ein Argument gegen das Verbot der Kryptographie. Die Steganographie[679] beschäftigt sich damit, wie eine Kommunikation stattfinden kann, ohne dass diese überhaupt bemerkt wird. Im Gegensatz zur Kryptographie, bei der es dem "Lauscher" erlaubt ist, die verschlüsselte Nachricht zu entdecken und zu untersuchen, ist es das Ziel der Steganographie, die eigentliche Nachricht in einer harmlosen zu verstecken.[680]

---

676 Die Techniken, mit denen man die elektromagnetische Strahlung reduzieren kann, heißt „Tempest“ (Transient Electromagnetic Pulse Emanation Standard). Als Schutz gibt es abstrahlsichere Geräte, Abschirmmaßnahmen wie Raum-, Kabinen-, Geräteschirmung, das Ausstrahlen zufälliger Störsignale sowie entsprechende Software (vgl. http://www.heise.de/tp/deutsch/inhalt/te/5451/1.html). Doch die EDV-Anbieter sind meist überfordert, das Angebot an geeigneten Bildschirmen und Druckern ist gering und teuer. Eine Raumschirmung (meist mit Kupferfolien) ist schwierig, da Fenster, Türen und Leitungsschächte Probleme bereiten. Man sollte hier verstärkt Aufklärung betreiben, um Wirtschaft und Verwaltung diese Risiken darzulegen.

677 Meist handelt es sich um gebäudespezifische, versteckt installierte Schutzvorrichtungen, vgl. *Leicht*, iur 1987, 45, 47 f.

678 CR 1993, 582; vgl. *Kleinknecht/Meyer-Goßner*, 44.A., § 100 a, Rz. 1.

679 Steganographie (griechisch: "verdecktes Schreiben") wird auch im Zusammenhang mit dem Begriff der "transmission security" (TRANSEC) verwandt (http://www.fitug.de/ulf/stegano/announce.html).

680 Eine weitere Zielsetzung der Steganographie ist das Markieren einer Text- oder Bilddatei. Die Datei wird manipuliert, so dass illegale Kopien zurückverfolgt und Copyright-Verletzungen nachgewiesen werden können. Beispielsweise können in Texten die Wort- oder Zeilenabständen unmerklich verändert oder Schriftmodifikationen vorgenommen werden. Das Fraunhofer-Institut IGD hat hierfür CIPRESS entwickelt, mit dem elektronische Bilder ein unsichtbares "digitales Wasserzeichen" erhalten (SZ, 3.11.1998, S. V2/20)

Gerade in totalitären Staatssystemen, in denen also die Meinungsfreiheit nicht verfassungsrechtlich garantiert ist, ist es wichtig, das Stattfinden einer Kommunikation zu verbergen. Ein berühmtes Beispiel für die Steganographie ist der Microdot, ein Stück Mikrofilm in der Größe eines i-Punktes, der in unverdächtigen Schreibmaschinenseiten als Satzzeichen oder oberhalb des Buchstabens "i" eingeklebt wird. Solche Microdots können riesige Datenmengen einschließlich technischer Zeichnungen und Fotos enthalten. Die Daten kann man heutzutage in eingescannten Bildern[681], in ISDN-Telefongesprächen oder in Videoströmen verstecken. Die technischen Möglichkeiten gehen sogar soweit, dass man beispielsweise unter dem Deckmantel von Videokonferenzen unbeobachtet Telefongespräche führen kann.

Drei Eigenschaften kennzeichnen das steganographischen Verfahren: Erstens ist eine riesige Vielfalt solcher Verfahren denkbar. Zweitens kann selbst bei einem Verdachtsmoment nicht die konkret versteckte Nachricht identifiziert werden, und drittens ist die Menge der versteckten Daten sehr viel kleiner als die Nachricht, in die sie verpackt werden. Dem Datenstrom ist nicht anzusehen, ob er nur eine Zufallsfolge oder verschlüsselter Text ist.

Eine neue Idee ist auch das sog. "Chaffing and Winnowing"[682]. Das Verfahren macht sich die Besonderheit des Internets zu Nutze, dass dort meistens paketvermittelte Dienste verwendet werden, d.h. die Daten werden nicht am Stück, sondern in einzelnen Datenpaketen übertragen. Es werden nun "gute" und "schlechte" Pakete auf die Reise geschickt, wobei nur der Empfänger mit Hilfe eines geheimen Authentifizierungsschlüssels einen sinnvollen Inhalt herausfiltern kann. Der Schutz der Vertraulichkeit beruht bei diesem Verfahren somit nicht auf der Verschlüsselung von Klartext, sondern darauf, dass ein Dritter nicht feststellen kann, welche Datenpakete zur Nachricht gehören und welche nur Füllmaterial sind.

Auch hier stellt sich somit für den Staat wieder das Problem, dass eine Vielzahl von Möglichkeiten für den Schutz der Kommunikation besteht, die alle überaus

681 Ein Beispiel (aus BT-Drs. 13/11002, S. 58 f.): Ein übliches 24-bit Bild mit 1024x768 Pixel hat eine Größe von fast 2,4 MB (1024x768 x 24/8). Alle Farbvariationen dieses Bildes leiten sich von den Primärfarben Rot, Gelb und Blau ab, die jeweils 1 Byte repräsentieren. 24-bit Bilder nutzen 3 Bytes in jedem Pixel. Wenn Informationen im niederwertigsten Bit eines jeden Byte gespeichert werden, können 3 Bits Information in jedem Pixel des Bildes gespeichert werden. Damit kann eine Nachricht von ca. 290 KB (1024x768 x 3/8) in diesem Bild versteckt werden. Nach *Federrath* (Forum Datenschutz Nr. 6, 42, 50) kann man nur etwa 1 % des Datenmaterials der Hülle, also des Bildes, für Steganographie ausnutzen.

682 http://theory.lcs.mit.edu/~rivest/chaffing.txt.

effektiv sind. Die Zulassung steganographischer Methoden allein durch den Staat würde aber zu den bereits oben bei der Kryptokontroverse angesprochenen Problemen führen.

V. Biometrie

Als weiterer zukunftsträchtiger Schutz von Daten ist die Biometrie zu nennen. Die Biometrie[683] ist ein Zweig der Humanmedizin, in dem die Merkmale und biometrischen Signale des Körpers gemessen und weiterverarbeitet werden. Sie ermöglicht es schwer körperlich Behinderten, zu kommunizieren und sich zu bewegen, aber sie erlaubt auch, Sicherheits- und Zugangskontrollen mit dem Menschen permanent anhaftenden biometrischen Eigenschaften durchzuführen. Dies geschieht durch eine Mustererkennung, die eingegebene Referenzdaten[684] mit den zu überprüfenden Daten vergleicht. Paradebeispiele sind der Iris- oder Netzhautscan[685], die Stimmenkontrolle, die Gesichtserkennung[686] oder der Fingerabdruck[687]- bzw. Handscan.[688] Diese Technologie ermöglicht es, schnell einen Menschen und seine Zugangsberechtigung abzufragen und wird deshalb in zunehmendem Maße eingesetzt.[689] Der Besitz eines Wohnungsschlüssels allein be-

683 Einen Überblick geben *Wirtz*, DuD 1999, 129 ff.; *Weichert*, CR 1997, 369 ff.

684 Vgl. auch die Verwendung anonymer Biometrie bei *Donnerhacke*, DuD, 1999, 151 ff.

685 Die Dresdner Bank testet inzwischen ein Verfahren, dass Benutzer von Geldausgabeautomaten anhand der Iris, die von einer Videokamera aus bis zu einem Meter Entfernung aufgenommen wird, erkennt.

686 Die Technik der Gesichtserkennung wird in zunehmendem Maße auch für die Fahndung nach Straftätern oder die Verbrechensbekämpfung eingesetzt, vgl. *Weichert*, CR 1997, 369, 371, *Gundermann/Köhntopp*, DuD 1999, 143, 144. So erkennt eine von der Bochumer ZN GmbH konstruierte Software in nur drei Sekunden Gesichter (SZ, 19.1.1999, Seite V2/12); Stichwort: CCTV, vgl. dazu *Gundermann/Köhntopp*, DuD 1999, 143, 144; SZ, 1.6.1999, Seite V2/12. Allerdings hat diese Technik noch viele Schwachstellen. Teilweise läßt sich die Software durch Paßbilder überlisten (http://www.heise.de/newsticker/data/cp-22.09.99-001/)

687 Allerdings haftet dieser Technik immer noch etwas anrüchiges an, weil sie v.a. vom kriminalpolizeilichen Erkennungsdienst her bekannt ist. Gleichwohl bietet beispielsweise die "Bank of America" inzwischen ihren Kunden den Zugang zu online-Banking per Fingerabdruck an. Zuvor wird der Fingerabdruck bei der Bank auf eine sog. Smart-Card abgespeichert (http://www.internetnews.com/ vom 6.1.1999). Die Firma SIEMENS bringt eine ID-Mouse mit eingebautem Fingersensor auf den Markt (SZ, 28.9.1999, S. V2/14).

688 Vgl. den Überblick über die biometrischen Systeme bei *Wirtz*, DuD 1999, 129, 131 f.

689 Am häufigsten werden bislang Fingerabdruckscanner eingesetzt. Dabei wird die Fingerkuppe optisch erfaßt und mit den in einer Datenbank erfaßten verglichen. Die Ungenauigkeit der eingesetzten Technik sowie die sog. verhaltensbasierten Verfahren wie die Analyse der Tippdynamik, der Unterschriftsbewegung oder von Sprachproben erfordern den Einsatz von Meßtoleranzen (vgl. *Borking/Verhaar*, DuD 1999, 138, 140). Bei der Zu-

sagt noch nichts darüber, ob man die Wohnung rechtmäßig betreten darf. Selbst der Besitzer einer ec-Karte mit dem Wissen über die dazugehörige PIN beweist nicht eindeutig, dass es sich um den rechtmäßigen Besitzer handelt. Der Irisscan ist hingegen so genau, dass sogar eineiige Zwillinge unterschieden werden können.[690] Der Mensch wird zum wandelnden[691] Paßwort und muß sich deswegen selbst nicht mehr unzählige Paßwörter merken.[692] Eine Kombination von biometrischen Merkmalen und ID-Karten bzw. PIN-Codes erhöht die Sicherheit zusätzlich. Dabei ist es einem Kriminellen auch nicht möglich – wie es in Filmen immer wieder dargestellt wird – einen abgeschnittenen Finger oder ein herausoperiertes Auge zu verwenden, da zusätzliche Informationen wie Hautwiderstand oder Augenbewegung berücksichtigt werden.[693]

Bei dieser Technologie sind die Belange des Datenschutz besonders zu berücksichtigen, vor allem wenn Personen ohne ihr Einverständnis identifiziert oder überwacht werden.[694] Die neue Dimension liegt darin, dass durch die Einzigartigkeit der biometrischen Daten exakt das Verhaltensmuster einer Person nachvollzogen werden kann. Wenn mit einer herkömmlichen ec-Karte Geld von Bankautomaten abgehoben wird, kann dies auch ein berechtigter Dritter sein.

---

trittskontrolle im Sicherheitstrakt des Münchner Flughafens soll die Quote unkorrekter Zurückweisung berechtigter Personen inzwischen unter 1 % liegen. Die Zulassung nicht berechtigter Personen hat eine Wahrscheinlichkeit von 1:1 Mio. (vgl. *Weichert*, CR 1997, 369, 372; theoretische Grundlagen zur biometrischen Fehlerrate finden sich bei *Wirtz*, DuD 1999, 129, 132 f.). Allerdings haben neueste Test der Gesichtserkennungssysteme auch eklatante Fehler zu Tage gebracht, denn es wurden auch Passbildern oder einfach nur lächelnden Personen der Zutritt gestattet (http://www.heise.de/newsticker/data/cp-22.09.99-001/).

690 Die Sportschützen bei den Olympischen Winterspielen in Nagano mußten sich von einem Iris-Scanner identifizieren lassen, ehe sie Zugang zu ihren Waffen hatten (vgl. Special Sicherheit, Supplement zu DuD 9/98, 28, 29).

691 Chip-Implantate werden in den USA erprobt, um verwirrte Alzheimer-Erkrankte finden zu können oder um Fernsehgewohnheiten von Familienangehörigen zu erheben (vgl. *Weichert*, CR 1997, 369, 373 f.). Das ist m.E. der Anfang einer unseligen Entwicklung. Der Einsatz dieser Technologie sollte nur dem Zugangs- und Zugriffsschutz dienen, nicht aber den Menschen selbst zum Objekt der Technologie degradieren.

692 Zum Einsatz biometrischer Merkmale bei ec-Karten vgl. *Schindler*, NJW-CoR 1998, 223, 226.

693 Special Sicherheit, Supplement zu DuD 9/98, 28, 29. Diese sog. Lebenderkennung prüft dadurch auch, ob es sich um eine künstliche Fälschung handelt.

694 Vgl. oben Fn. 686. Besonders geeignet sind hierfür die Stimme, das Gesicht und die Iris, aber auch der Tastaturanschlag und der Körpergeruch. Besonders gravierend wird die Verletzung der Privatsphäre, wenn diese biometrischen Identifikationsdaten an Dritte weiterverkauft werden, wie es bei Kundenadressen im Versandhandel bereits passiert, oder wenn die Produktivität der eigenen Mitarbeiter z.B. anhand der Anzahl der Tastenanschläge überwacht wird (SZ, 31.7./1.8.1999, S.10).

Mit einer ec-Karte, die biometrische Merkmale nutzt, geht das nicht mehr, so dass man genau weiß, dass nur der Inhaber der Karte zu einem bestimmten Zeitpunkt an diesem Ort war. Durch einen Datenabgleich kann dann das Profil der Person erstellt werden. Neben den Datenschutzgesetzen und eventuell einzelnen Grundrechten[695] dienen sog. privacy-enhanced technologies dem Schutz des Einzelnen.[696]

VI. Schlußfolgerung

Nach der h.M. schützt § 202 a StGB ein allgemeines, durch das Erfordernis besonderer Sicherung formalisiertes Interesse an der Geheimhaltung von Daten, die nicht unmittelbar wahrnehmbar gespeichert sind oder übermittelt werden.[697] In der Informationstechnologie kann hierunter auch die Vertraulichkeit von Daten verstanden werden. Um eine enge Verknüpfung mit dem Strafrecht zu erreichen, schlage ich vor, als Rechtsgut des § 202 a StGB eben diese Vertraulichkeit von Daten anzusehen.

Von § 202 a StGB wird als tatbestandseinschränkendes Merkmal gefordert, dass die Daten besonders gesichert sind. Dies kann leicht mit den heutigen Methoden der Kryptographie, Steganographie und Biometrie geschehen. Es ist daher zu fordern, dass von staatlicher Seite wirtschaftspolitische und -rechtliche Maßnahmen ergriffen werden, um nach noch besseren Verschlüsselungsmethoden zu forschen.[698] Die Sicherheitsinteressen des Staates haben gegenüber den Interessen des Bürgers zurückzutreten. Die Enquete-Kommission fordert denn auch eine breit angelegte gesellschaftliche Debatte und eine allgemein verständliche Aufklärungskampagne über die tatsächlichen Risiken der Netze und über die Möglichkeiten, sich mit technischen Mitteln hiergegen zu schützen. Durch die Förderung des gesellschaftlichen Dialogs über die notwendige Selbstverantwortung soll das Bewußtsein der Bürger für den eigenen Systemschutz und den Selbstdatenschutz gestärkt werden.[699] Insbesondere der Mißbrauch von ec-Karten durch Entschlüsselung der zugehörigen PIN könnte weitestgehend zurückgedrängt werden. Die Kosten für diese Sicherungsmaßnahmen sind minimal: Eines der besten, weil effektivsten Verschlüsselungsprogramme, PGP, ist kostenlos im Internet erhältlich.

---

695 Vgl. Gundermann/Köhntopp, DuD 1999, 143, 146 f.

696 Vgl. dazu *Borking/Verhaar*, DuD 1999, 138, 140 f.

697 Siehe oben bei Fn. 525.

698 Die skandinavischen Staaten fördern in einem gemeinsamen Pilotprojekt ihrer Telekommunikationsbehörden gerade die Verbreitung starker kryptographischer Verfahren, vgl. *Sandl*, CR 1998, 698, 699.

699 BT-Drs. 13/11002, S. 80 ff.; vgl. auch "Elektronischer Geschäftsverkehr" (Hrsg. BMWi), 19.

D. Sicherungsmaßnahmen als Schutz der Rechtsgüter der §§ 303 a und 303 b StGB

Eine Sicherung der Daten erscheint jedem spätestens dann als selbstverständlich und dringend geboten, wenn der Computer einmal mitten in der Arbeit "abgestürzt" ist. Meist ist nur wenig Zeit und Arbeit verloren, manchmal aber handelt es sich um Stunden oder gar Tage. Eine regelmäßig (automatisiert) durchgeführte Sicherung ermöglicht hingegen eine schnelle Rekonstruktion der Daten.

Bevor näher auf die Sicherungsmaßnahmen eingegangen wird, sollen die Rechtsgüter der §§ 303 a und 303 b StGB dargestellt werden. Auf diese können dann die Ziele der technischen Sicherheitsmaßnahmen projiziert werden. Abschließend wird zum Vergleich auf die zivilrechtliche Haftung für die Datenlöschung eingegangen.

I. Rechtsgut des § 303 a StGB

Auch bei § 303 a StGB ist das Rechtsgut noch nicht vollständig geklärt. Geschützt ist nach h.M. das Interesse an der Verwendbarkeit der in gespeicherten Daten enthaltenen Informationen.[700] Die Vorschrift dient dem Interesse des Verfügungsberechtigten am Schutz der in gespeicherten Daten, Dateien und Datenbeständen enthaltenen Informationen vor unbefugten Veränderungen und Unterdrückungen. Teilweise spricht man vom fremden Nutzungsrecht an den gespeicherten Informationen.[701] Das Nutzungsrecht kann entweder dinglicher (nur am Datenträger selbst) oder obligatorischer Natur sein.[702]

Hingegen halten *Haft*[703] und *Welp*[704] das Vermögen "in seiner spezialisierten Ausprägung in Daten" für das in §§ 303 a, 303 b StGB geschützte Rechtsgut. Gegen dieses Schutzgut spricht jedoch bereits die systematische Stellung der Vorschrift innerhalb der Sachbeschädigungsdelikte. Weiterhin fehlen in den Gesetzesmotiven jegliche Hinweise, dass § 303 a StGB als Strafvorschrift den

---

700 *Tröndle/Fischer*, 50.A., § 303 a, Rz. 2; *NK-Zaczyk*, § 303 a, Stand: 31.10.1998, Rz. 2 m.w.N.

701 *SK-Hoyer*, § 303 a (Stand: August 1999), Rz. 3, der den Unterschied zu dem Schutz fremder Nutzungsrechte durch §§ 242 ff. und §§ 289 ff. StGB darin sieht, dass sich bei den §§ 303 ff. StGB „kein anderer an die Stelle des eigentlich Nutzungsberechtigten setzt bzw. setzen will, sondern das reale Substrat des fremden Nutzungsrechts lediglich beschädigt wird“ (Vor § 303 a, Rz. 3); *Gössel*, BT/2, § 18, Rz. 56.

702 *SK-Hoyer*, § 303 a (Stand: August 1999), Rz. 5 f.

703 *Haft*, DSWR 1986, 258; *ders.*, NStZ 1987, 6, 10.

704 *Welp*, iur 1988, 443, 448.

Vermögensschutz herbeiführen sollte. In der Gesetzesbegründung wird jedoch die Absicht des Gesetzgebers deutlich, mit dieser Vorschrift den Strafrechtsschutz durch § 303 StGB, der das Eigentum schützt, zu erweitern.[705]

Sicherlich haben die Informationen für die Wirtschaft meist einen gewissen, teilweise hohen, wirtschaftlichen Wert, so dass subsidiär auch das Vermögen, nämlich in Form angesammelter Informationen, geschützt wird. Der Gesetzgeber[706] wollte mit § 303 a StGB einen zusätzlichen strafrechtlichen Schutz für Computerdaten, die einen hohen "wirtschaftlichen Wert" hätten und von denen Wirtschaft sowie Verwaltung in zunehmendem Maße abhängig seien. Das Abstellen auf das Vermögen steht jedoch nicht im Vordergrund[707], sondern nur der Zugriff auf diese Informationen, so dass selbst scheinbar wertlose Informationen geschützt werden. § 303 a StGB will die Wirtschaft nicht vor Wirtschaftsspionage, also dem Verlust von Investitionen, schützen, sondern nur den Zugriff auf die Daten erhalten. Wenn man nun ein dieses Interesse an der unversehrten Verwendbarkeit der Daten schützendes Recht als spezielles Vermögensrecht[708] bezeichnet[709] und mit diesem Argument die h.M. und die von *Haft* vertretene Auffassung inhaltlich gleichsetzt, so kann ich dem folglich nicht zustimmen.

Nach der Gesetzesbegründung wären durch §§ 303 a und 303 b StGB auch die Interessen der vom Inhalt der Daten Betroffenen geschützt.[710] Deren Interessen werden aber vorrangig durch § 41 BDSG, teilweise auch durch § 202 Abs. 2 Satz 2 StGB gewahrt. Andernfalls droht die Systematik der Sachbeschädigung zu kippen.[711]

---

705 *Sondermann*, 25. Nach *Sondermann* schützt § 303 a aufgrund seiner Verknüpfung mit dem Eigentumsdelikt der Sachbeschädigung ein eigentumsähnliches Rechtsgut. Der Strafrechtsschutz des § 303 werde auf gespeicherte personen- und vermögensbezogene Daten erweitert und so das Interesse des Verfügungsberechtigten an der unversehrten Verwendbarkeit seiner gespeicherten Daten geschützt (*Sondermann*, 25).

706 BT-Drs. 10/5058, S. 34; CR 1986, 241 zu Art. 1 Nr. 9 a und 9 b.

707 Daraus kann man aber nicht wie *Gerhards* (S. 22 f.) schließen, dass, zusammen mit der systematischen Stellung der Vorschrift hinter dem Delikt der Sachbeschädigung im Bereich der Vermögensdelikte, zumindest auch das Vermögen geschützt sein soll.

708 Diesen Begriff verwendet auch *Kindhäuser*, ist aber der Auffassung, dass der Tatbestand einen solchen wirtschaftlichen Wert nicht voraussetze (BT II/1, § 24, Rz. 2).

709 *LK-Tolksdorf*, 11.A., 1993, § 303 a, Rz. 2.

710 BT-Drs. 10/5058, S. 34; so auch *Kindhäuser*, BT II/1, § 24, Rz. 10.

711 *Haft*, NStZ 1987, 6, 10.

II. Rechtsgut des § 303 b StGB

Geschütztes Rechtsgut des § 303 b StGB ist das Interesse von Wirtschaft und Verwaltung am störungsfreien Funktionieren der Datenverarbeitung,[712] die die Grundlage eines Betriebes oder einer Verwaltung darstellt.[713]

III. Sicherungsmaßnahmen

Wie bereits angedeutet, vermögen Sicherungen von Daten deren Verlust in Grenzen zu halten oder gar ganz zu verhindern. Um das Rechtsgut optimal zu schützen, müßten also ständig Datensicherungen vorgenommen werden.[714] Das wird jedoch nur in den seltensten Fällen auch tatsächlich getan. Am besten wäre es dann, die Sicherung der Daten gesetzlich vorzuschreiben.

Aus kriminalpolitischer Sicht besteht aber das Problem, dass man den Rechtsgutsträger zum Schutz seines Rechtsguts zwingen würde.[715] Denn grundsätzlich ist niemand dazu verpflichtet, seine Systeme durch entsprechende Sicherungsmaßnahmen zu schützen.[716] Die Entscheidung im Einzelfall, ob überhaupt und wie aufwendig das Computersystem zu schützen ist oder ob das Risiko eines Schadenseintritts eingegangen werden soll, muß der Einzelne nach Abwägen der Vor- und Nachteile selbst treffen dürfen. Das kann nur dann nicht gelten, wenn mangelnde Sicherungsmaßnahmen nicht nur schutzwürdige Interessen des jeweiligen Computernutzers, sondern auch Dritter verletzen können. Das ist bei-

---

712 *Tröndle/Fischer*, 50.A., § 303 b, Rz. 2; *Lackner/Kühl*, 23.A., § 303 b, Rz. 1; *SK-Hoyer*, § 303 b (Stand: August 1999), Rz. 1; *Sondermann*, 86.

713 *LK-Tolksdorf*, 11.A., 1993, § 303 b, Rz. 2.

714 Nicht eingegangen wird auf den von Haus aus flüchtigen Charakter von elektronischer Information, denn die heute auf magnetische oder optoelektronische Träger abgespeicherten Daten haben nur eine Halbwertszeit von 20 Jahren. Hinzu kommt das Problem, nach gewisser Zeit die Daten wieder zu reproduzieren, wenn entweder die Speichertechnologie nicht mehr vorhanden oder das Wissen über die damals benutzte Software verlorengegangen ist (vgl. BT-Drs. 13/11002, S. 22; SZ, 23.2.2000, V2/26).

715 Für den Schutz von Rechtsgütern außerhalb des Unternehmens ist in strafrechtlicher Hinsicht an die Rechtsfigur des unechten Unterlassungsdelikts gem. § 13 sowie an die Haftung der Leitungsorgane wegen Aufsichtspflichtverletzung gem. § 130 OWiG zu denken sowie an Sanktionen gegen das Unternehmen selbst (*Schünemann*, GS Armin Kaufmann, 629, 638). Fehlende Maßnahmen können auch ein Organisationsverschulden darstellen und so eine Haftung nach § 823 BGB auslösen (*Schneider*, B 407).

716 Im öffentlich-rechtlichen Bereich besteht eine derartige Verpflichtung z.B. in § 30 Abs. 6 S. 2 AO. Zur Wahrung des Steuergeheimnisses kann das Bundesministerium der Finanzen durch Rechtsverordnung mit Zustimmung des Bundesrates bestimmen, welche technischen und organisatorischen Maßnahmen gegen den unbefugten Abruf von Daten zu treffen sind.

spielsweise der Fall, wenn diese über die Durchführung der Sicherungsmaßnahmen nicht selbst entscheiden können. Der Gesetzgeber verlangt in diesen Fällen geeignete Maßnahmen zum Schutz dieser Personen und zum Schutz von Allgemeininteressen.[717] In erster Linie angesprochen sind hier Unternehmen, die personenbezogene Daten dritter Personen verarbeiten, wie etwa Versicherungen oder Banken, vgl. § 9 BDSG mit Anlage (hier insbesondere Nr. 2, 3 und 9)[718]. Besondere Regelungen finden sich beispielsweise für die Absicherung des Fernmeldegeheimnisses (§§ 2 Abs. 2 Nr. 1, 85 ff. TKG), für den Schutz des öffentlichen Telekommunikationsnetzes vor Schäden durch "Endeinrichtungen" (§ 59 TKG) und für die Geheimhaltung der Fernmeldeüberwachung (§ 88 TKG).[719]

Zur Verhinderung von schädlichen Eingriffen sind damit in erster Linie die betroffenen Betriebe und Verwaltungen selbst aufgerufen. Die für die Sicherheit von Computersystemen Verantwortlichen müssen sich bewußt sein, dass sie eine Verstärkung der innerbetrieblichen Maßnahmen wie personelle, bauliche, system- und programmbezogene Sicherheitsmaßnahmen sowie Maßnahmen zur Sicherung der Datenerfassung und der konkreten Datenverarbeitung vornehmen müssen, um Computerdelikte zu verhindern oder aufzudecken und den Schaden zu mindern. So würden der Umfang und die schädlichen Auswirkungen der Computerkriminalität erheblich reduziert werden.[720] Deshalb muß Aufklärungsarbeit geleistet werden, um bei den betroffenen Betrieben das notwendige Problembewußtsein für Sicherheitsfragen im EDV-Bereich zu wecken. Die Entwicklung eines IT-Sicherheitskonzepts ist zu fördern. Dies muß nach Ermittlung der Schutzbedürftigkeit auf der Grundlage einer realistischen Risikobetrachtung und Risikoanalyse geschehen. Sodann sind geeignete Gegenmaßnahmen auszuwählen.[721] Kriminalpolitisch müssen die Unternehmen dazu animiert werden, betriebliche Kontrollkapazität im Interesse der Rechtsgüter inner- und außerhalb des Unternehmens einzusetzen.

Dabei steht aber von vornherein fest, dass auch betriebliche Sicherheitsmaßnahmen keine absolute Sicherheit gegen Computerkriminalität gewähren kön-

---

[717] Siehe hierzu auch unten § 5F.I.

[718] Vgl. oben § 5C.III.2.b).

[719] Vgl. zum alten Recht *Sieber*, "Mißbrauch der Informationstechnik und Informationsstrafrecht", 608, 639.

[720] *Sieber*, DSWR 1974, 245, 247 mit Verweis auf *v. zur Mühlen*, S. 111 ff.; *Möhrenschlager*, wistra 1991, 321, 330.

[721] Da die Grundlagen des IT-Sicherheitskonzept aus dem US-Verteidigungsministerium stammen, sind naturgemäß die Belange des Datenschutzes nicht berücksichtigt. *Schneider* fügt deshalb datenschutzrechtliche Aspekte hinzu (*Schneider*, B 398 ff. (dort auch zu § 9 BDSG) und 421 ff.).

nen.[722] Es wird immer Lücken geben. Man kann allerdings versuchen, diese weitestgehend zu schließen. Es ist jedoch letztlich eine Frage der Angemessenheit, inwieweit man dies tatsächlich tut oder tun sollte.[723]

Soweit damit geklärt ist, dass man einerseits niemanden dazu zwingen kann, Sicherheitsmaßnahmen vorzunehmen,[724] so kann man doch überlegen, ob nicht andererseits aus viktimodogmatischen Überlegungen heraus eine Strafbarkeit für die Fälle ausscheidet, bei denen das Opfer sein Rechtsgut allzu leicht preisgibt, weil es keine ihm zumutbaren Sicherungsmaßnahmen ergriffen hat. Die einschränkende Auslegung des § 303 b StGB würde dann dazu führen, dass in diesen Fällen keine Störung der Datenverarbeitung vorliegt. Die Störung setzt nämlich eine nicht unerhebliche Beeinträchtigung des reibungslosen Ablaufs der Datenverarbeitung voraus.[725] Diese Störung liegt dann nicht vor, wenn der Eingriff dem Täters in Bezug auf die Erheblichkeit der Beeinträchtigung nicht objektiv zurechenbar ist, sie also bei zumutbaren Sicherungsmaßnahmen diese Schwelle unterschritten hätte. Hier kommt wieder ein Element zum Tragen, das auch schon bei § 202 a StGB eine Rolle spielt: der Selbstschutz des Opfers, der die Strafbarkeit beeinflußt oder gar erst begründet.[726] Es gilt als obligatorische IT-Grundschutzmaßnahme[727], eine Sicherungskopie zu erstellen. Damit soll nicht nur der Kriminalitätsfall abgedeckt werden, sondern es sollen auch Datenverluste durch Brand, Blitzschlag oder technische Defekte vermieden werden, die einen weitaus größeren Schaden verursachen.[728] Unter viktimodogmatischen Gesichtspunkten sind das Opfer bzw. seine Informationen nicht schutzwürdig, wenn das Opfer seine Daten nicht hinreichend sichert und damit sein Interesse am Erhalt der Information dokumentiert sowie letztlich das Risiko eines Informationsverlustes erhöht.

§ 303 a StGB bietet allerdings in seiner derzeitigen Fassung keinen Ansatzpunkt für eine einschränkende Auslegung, zumal ein Verweis auf § 202 a Abs. 1 StGB fehlt.[729]

---

722 *Sondermann*, 19 m.w.N.

723 *Sieber*, DSWR 1974, 245, 248.

724 Vgl. dazu auch unten § 5F.I.

725 *Lackner-Kühl*, 23.A., § 303 c, Rz. 6.

726 Siehe oben § 5C.II.

727 Siehe oben § 4A.

728 Siehe oben § 3C.

729 De lege ferenda könnte dies, ähnlich wie in § 202 a, in § 303 a Abs. 1 so formuliert werden: "Wer rechtswidrig Daten, die gesondert gesichert sind, löscht, unbrauchbar macht oder verändert, ...". Allerdings wird bei § 202 a das Interesse des Opfers an der Geheimhaltung auch für den Täter dadurch erkennbar, dass er die Zugangssicherung überwinden muß, wohingegen der Täter bei einer Datenveränderung oder Computersabotage nicht selbstverständlich weiß, ob die Daten gesichert sind.

Problematisch bei einer dennoch einschränkenden Auslegung wäre, dass sie einseitig zu Lasten des Rechtsgüterschutzes des Opfers geht. Unterläßt das Opfer eine an sich zumutbare Sicherung, so können die Daten nicht mehr ohne weiteres wiederhergestellt werden. Der Täter würde dennoch straflos ausgehen.

Besser ist es, eine Einschränkung der Strafbarkeit dadurch zu vornehmen, dass objektiv auf das Vorhandensein einer Sicherungskopie und subjektiv auf die Kenntnis des Täters hiervon abgestellt wird.
Wenn der Täter weiß, dass eine Sicherungskopie existiert und das Opfer auf diese zugreifen kann, und er trotzdem die Daten löscht, so ist die Tat ein böser Streich. Eine dem Opfer zumutbare Rekonstruktion bedarf eines gewissen Zeit- und demzufolge Kostenaufwandes, der selbstverständlich vom Täter nach zivilrechtlichen Vorschriften zu ersetzen ist.[730] Als Kriterium für die Zumutbarkeit der Rekonstruktion kann ein Vergleich zu § 303 b StGB dienen. Dort wird das Tatbestandsmerkmal "Störung" verneint, wenn sich die Folgen des Eingriffs ohne größeren Aufwand an Zeit und Kosten beheben lassen.[731] Selbst einige Stunden Mehrarbeit oder die Installation eines zusätzlichen Kleinrechners sind danach in Kauf zu nehmen.[732] Wenn der Berechtigte nicht mit mehr oder weniger großem Aufwand in der Lage ist, die Daten wieder sichtbar zu machen, kommt ein Fall der Datenunterdrückung in Betracht. Hier könnten die zu § 274 StGB aufgestellten Kriterien herangezogen werden.[733]
Wenn der Täter aber nicht vom Vorhandensein einer Sicherungskopie weiß und trotzdem die Daten löscht, erscheint sein Verhalten strafwürdig. Sofern Daten im Glauben gelöscht werden, dass damit die Information gelöscht ist, aber dies nicht verwirklicht werden kann, ist das an ein strafbarer untauglicher Versuch[734]. Ob die Information tatsächlich wieder gewonnen werden kann, ist für ein sachbeschädigungsähnliches Delikt unbedeutend.[735] Hiermit wird nur eine nachträgliche Schadenswiedergutmachung erreicht. Allerdings kommt dem Täter gemäß § 23 Abs. 2 StGB ein fakultativer besonderer gesetzlicher Milderungsgrund im Sinne des § 49 Abs. 1 StGB zugute.

---

730 Siehe sogleich unten § 5D.IV.

731 *Kindhäuser*, BT II/1, § 25, Rz. 13; *Gössel*, BT/2, § 18, Rz. 89.

732 *Hilgendorf*, JuS 1996, 1082, 1083.

733 *Steinke*, NStZ 1989, 201, 206; allerdings reicht gerade bei § 274 auch ein nur zeitweiliges Vorenthalten, vgl. *Sch/Sch-Cramer*, 26.A., § 274, Rz. 10, und *LK-Gribbohm*, 11.A., 2001, § 274, Rz. 29; vgl. auch Fn. 747.

734 Ein untauglicher Versuch liegt vor, wenn die auf die Verwirklichung eines Straftatbestandes abzielende Handlung des Täters aus tatsächlichen oder rechtlichen Gründen unter den gegebenen Umständen nicht zur Vollendung führen kann. Dies ist z.B. der Fall bei Untauglichkeit des Objekts (vgl. *Jescheck/Weigend*, AT, 5.A., S. 529).

735 *Haß*, Rz. 51

Gestützt werden kann dieses Ergebnis auch auf die folgende Überlegung. Nach h.M.[736] kommt es auf die konkrete Speicherung an. Der Täter handelt somit auch dann tatbestandsmäßig, wenn das Opfer eine Sicherungskopie angefertigt hat.[737] Das Vorhandensein derselben Daten auf einem anderen Datenträger schließt danach die Tatbestandsmäßigkeit nicht aus. Diese Ansicht berücksichtigt aber nicht hinreichend die Besonderheit des Guts Information. Informationen können auch doppelt existieren: Durch das Kopieren einer Datei entstehen identische Dateien mit exakt demselben Informationsgehalt.[738] In diesem Fall ist die Information also gerade nicht unwiederbringlich verloren.[739] Um trotzdem eine Strafbarkeit wegen Löschen von Daten konstituieren zu können, bleibt also der h.M. nichts anderes übrig, als auf die konkrete Speicherung abzustellen. Dies ist eine für mich am Problem vorbeigehende Ansicht.

Auch unter einem weiteren Gesichtspunkt ist die h.M. zu kritisieren. Für die h.M.[740] bedeutet das Tatbestandsmerkmal "Löschen" die unwiederbringliche Unkenntlichmachung der konkreten Speicherung.

Es ist jedoch unklar, wann eine Information unwiederbringlich gelöscht ist. Wenn man auf die gelöschten Daten abstellt, so ist zunächst festzustellen, dass mit dem Befehl "Löschen" der Speicherplatz nur zum Überschreiben freigegeben wird.[741] Unter Windows[742] können die Daten noch jederzeit und ohne Mühe aus dem Papierkorb geholt werden. Erst wenn dieser bewußt geleert wird, scheinen die Daten gelöscht zu sein. Die Daten sind aber noch – als magnetische Spuren – vorhanden.[743] Mit Hilfe von Rekonstruierungsprogrammen, ggf. mit Unter-

---

736 *Sch/Sch-Stree*, 26.A., § 303 a, Rz. 4; *Lenckner/Winkelbauer*, CR 1986, 824, 829.

737 *Kindhäuser* ist der Auffassung, dass die Tat dann aber im Einzelfall Bagatellcharakter haben oder das Schutzbedürfnis des Berechtigten nicht ernsthaft berühre könne (BT II/1, § 24, Fn. 26). Welche Folgen dies jedoch hat (§ 153 StPO?), legt er nicht dar. *Welp* ist der Ansicht, dass die Verletzungswirkung unter eine Mindestgrenze der Erheblichkeit, die im Begriff aller gesetzlichen Handlungsalternativen mitzudenken sei, sinke (iur 1988, Sonderheft 1988, 434, 436).

738 *Hilgendorf*, JuS 1996, 890, 891.

739 Der Gesetzgeber (BT-Drs. 10/5058, S. 34) hat mißverständlich (so *Lenckner/Winkelbauer*, CR 1986, 824, 829, und *Haß*, Rz. 51) auf § 2 Abs. 2 Nr. 4 BDSG (nunmehr § 3 Abs. 5 Nr. 5) verwiesen. Nach dieser Vorschrift ist das Löschen mit einem Informationsverlust verbunden und entfällt, wenn die Information über anderweitig gespeicherte Daten wieder hergestellt werden kann.

740 *Tröndle/Fischer*, 50.A., § 303 a, Rz. 5 m.w.N.

741 Dass häufig erst eine eigenständige Handlung des Berechtigten zum Überschreiben der Festplattenpartition führt, ist unerheblich, da der Berechtigte insoweit Werkzeug des Täters ist.

742 Auch andere Systeme haben natürlich eine derartige Möglichkeit.

743 Diese leidvolle Erfahrung mußte auch der mutmaßliche Mörder von Fiszman machen, der die auf seinem PC geschriebenen Erpresserbriefe nicht vollständig gelöscht hatte und die daraufhin vom Hessischen LKA und einem weiteren Sachverständigen wieder sichtbar gemacht wurden.

stützung darauf spezialisierter Firmen, können diese Daten fast immer wiederhergestellt werden.[744] Selbst eine neu formatierte Festplatte kann noch Daten enthalten. Beim Formatieren ordnet der Computer lediglich die magnetischen Schreibspuren der Festplatte neu. Das ist so, als würde man in einem Regal neue Einlegeböden einziehen. Der Inhalt geht dabei nicht unbedingt verloren.[745] Dieses nur "oberflächliche" Löschen durch den Nutzer ist daher nicht unter das Tatbestandsmerkmal "Löschen", sondern unter das Merkmal der Datenunterdrükkung[746] zu subsumieren, da die Daten nicht vollkommen gelöscht, sondern dem Zugriff des Berechtigten zumindest zeitweilig[747] entzogen werden.[748] Danach kommt ein Löschen nur dann in Betracht, wenn die Daten unter keinen Umständen wieder rekonstruiert werden können, also für immer gänzlich verloren sind.[749]
Wegen dieser Besonderheiten von elektronisch erfaßten Informationen sollte man aber die Tatbestandsmäßigkeit auch nicht grundsätzlich bejahen[750], sondern wie vorgeschlagen danach differenzieren, ob der Täter vom Vorhandensein einer Sicherungskopie weiß.

Ist keine Sicherungskopie vorhanden, ist der Täter wegen vollendeter Datenveränderung strafbar.

Dieser Lösung mag entgegengehalten werden, dass es damit vom Opfer und von dessen Sicherungsmaßnahmen abhängt, ob eine Strafbarkeit eintritt. Zufällig-

---

744 Hierauf weisen auch *Kindhäuser* (BT II/1, § 24, Rz. 15) und *v. Gravenreuth* (NStZ 1989, 201, 206) hin. *Steinke* sieht im Löschen des Identify Directory der betreffenden Datei jedoch ein Unbrauchbarmachen (so auch *v. Gravenreuth*, Computerrechtshandbuch, Nr. 106, Rz. 52). *Welp* sieht hingegen den Verzeichniseintrag als gelöscht. *Hilgendorf* versteht die Modifikation von "Verwaltungsdaten" bei einer rechtsgutbezogenen Betrachtungsweise als tatbestandsirrelevant (*Hilgendorf*, JuS 1996, 890, 891).

745 Es gibt jedoch Spezialprogramme, welche Daten auf einer Festplatte vollständig löschen, indem sie das Speichermedium von vorne bis hinten mit einem Muster aus Einser und Nullen überschreiben. Löschgeräte setzen den zu löschenden Datenträger einem starken Gleich- oder Wechselfeld aus (Durchflutungslöschung), vgl. DIN 33 858.

746 § 303 a geht insofern über den Tatbestand des § 303 hinaus, da dort die schlichte Entziehung von Sachen straflos ist, vgl. hierzu *Gerhards*, S. 16 f., 59.

747 Ob die Unterdrückung auf Dauer gerichtet sein muß, ist fraglich, vgl. *SK-Hoyer*, § 303 a (Stand: August 1999), Rz. 3; *Hilgendorf*, JuS 1996, 890, 891.

748 *Hilgendorf*, JuS 1996, 890, 891; *Welp*, iur 1988, Sonderheft 1988, 434, 435; *LK-Tolksdorf*, 11.A., 1993, § 303 a, Rz. 24 f.; *Gerhards*, S. 59.

749 *Sch/Sch-Stree*, 26.A., § 303 a, Rz. 4; *Steinke*, NStZ 1989, 201, 206.

750 So aber *Hilgendorf* (JuS 1996, 890, 891): sofern noch eine Sicherungskopie besteht, die Rekonstruktion der Daten also möglich ist, sei das Verhalten des Täters nicht strafbar. Die Norm sei zu weit gefaßt und solle daher restriktiv interpretiert werden, da andernfalls unter Verletzung des ultima-ratio-Grundsatzes auch vollkommen harmlose Aktivitäten in den Tatbestandsbereich des § 303 a StGB hingezogen würden.

keiten würden Platz greifen. Im Zuge eines strafrechtlichen Schutzes von Informationen ist dieser Ansatz aber konsequent. Denn nur dann, wenn die Daten nicht mehr rekonstruiert werden können, liegt ein derart eklatanter Eingriff vor, dass die Strafbarkeit wegen eines vollendeten Delikts gerechtfertigt ist.

IV. Zivilrechtliche Haftung für Datenlöschung, Datenverlust und Datenzerstörung

Ein Vergleich mit der zivilrechtlichen Seite hilft dabei, die Rolle und vor allem die Obliegenheiten des Opfers herauszustellen. Denn hier wird ein Mitverschulden des Opfers über § 254 BGB berücksichtigt. Eine Gleichstellung zivil- und strafrechtlicher Vorschriften soll damit aber nicht postuliert werden.

Abgesehen von eventuellen vertraglichen Gewährleistungsvorschriften[751] sind für die Haftung für Datenlöschung, -verlust und -zerstörung vor allem Schadensersatzansprüche interessant. Diese kommen jedoch aufgrund vertraglicher Haftung bei einem Kaufvertrag nur beim Fehlen einer zugesicherten Eigenschaft gem. §§ 459 Abs. 2, 463, 480 Abs. 2 BGB sowie der Verletzung vertraglicher Nebenpflichten in Betracht.[752]

Große Bedeutung hat deshalb die außervertragliche Haftung. Ob die Löschung von Daten auf einem Datenträger eine Eigentumsverletzung gem. § 823 Abs. 1 BGB darstellt, ist umstritten. Das OLG Karlsruhe[753] hat entschieden, dass der Verlust von Daten auf der Festplatte eines Computers durchaus den Tatbestand der Eigentumsverletzung erfülle[754]: Zwar bleibe die körperliche Substanz des Datenträgers in diesen Fällen unversehrt. Eine Eigentumsverletzung im Sinne des § 823 Abs. 1 BGB sei jedoch nicht nur bei einer Zerstörung oder Beschädigung der Sache gegeben, sondern bei jeder Einwirkung auf die Sache, die den Eigentümer daran hindere, mit der Sache seinem Wunsch entsprechend zu verfahren.[755]

Nach der Differenzhypothese besteht der Schaden in dem Aufwand, der nötig ist, den Datenträger wieder in den Zustand zu versetzen, den er vor dem Eingriff

---

751 Vgl. BGH NJW 1988, 408.

752 Vgl. *Meier/Wehlau*, NJW 1998, 1585 f.

753 OLG Karlsruhe NJW 1996, 200 ff.; zustimmend *Meier/Wehlau*, NJW 1998, 1585, 1588.

754 Dagegen LG Konstanz, NJW 1996, 2662: Daten unterfallen nicht dem zivilrechtlichen Eigentumsbegriff, da sie aus elektronischer Spannung bestünden und folglich keine körperlichen Gegenstände im Sinne des Gesetzes seien.

755 OLG Karlsruhe NJW 1996, 200, 201.

hatte. Das ist im Fall der Datenlöschung die Rekonstruktion der Daten.[756] Ein darüber hinausgehender Schaden, wie etwa der entgangene Gewinn, ist ebenfalls grundsätzlich ersatzfähig.[757] Der BGH hat klargestellt, dass § 249 S. 2 BGB auch im Falle der Wiedereingabe gelöschter Daten einen Ersatzanspruch ohne Rücksicht darauf gewährt, ob die eingesetzten Personen ohnehin hätten bezahlt werden müssen.[758] Anders als sonst sollen hier sogar die Aufwendungen zur reinen Schadensermittlung zum ersatzfähigen Schaden gehören, da sie dazu dienen, eine Störung im geldwerten Vermögen des Geschädigten zu beheben.[759]

Ein Mitverschulden des Opfers ist jedoch wie üblich hinsichtlich der Höhe der Ersatzpflicht des Schädigers zu berücksichtigen. § 254 BGB ist eine Ausprägung des Grundsatzes von Treu und Glauben. Ein Verschulden im Sinne des § 254 BGB ist der vorwerfbare Verstoß gegen Gebote des eigenen Interesses (Obliegenheiten), es handelt sich somit um ein 'Verschulden gegen sich selbst'.[760] Den Geschädigten trifft ein Mitverschulden, wenn er diejenige Aufmerksamkeit und Sorgfalt außer acht läßt, die jedem ordentlichen und verständigen Menschen obliegt, um sich vor Schaden zu bewahren.[761]

Überragende Bedeutung kommt im Fall der EDV dabei der Sicherung vorhandener Daten auf externe Speichermedien zu.[762] Eine objektiv gebotene Datensicherung ist so entscheidend, dass jede Unterlassung oder Vernachlässigung derselben zur Anwendung des § 254 BGB führt.[763] Datensammlungen haben einen enormen wirtschaftlichen Wert.[764] Deren Datensicherungen sind eine allgemein bekannte Selbstverständlichkeit, gelten als absolut unverzichtbar und werden als 'oberstes Gebot der Datenverarbeitung' bezeichnet.[765] Zudem muß man für eine Verwahrung der Sicherungskopien in einem anderen Raum und zusätzlich in einem geeigneten widerstandsfähigen Schrank Sorge tragen, wenn man sich gegen einen Mitverschuldensvorwurf zuverlässig absichern will.[766] Als Grundregel

---

[756] *Meier/Wehlau*, NJW 1998, 1585, 1588.

[757] *Meier/Wehlau*, NJW 1998, 1585, 1591 mit Verweis auf LG Kaiserslautern, CR 1992, 674, 676.

[758] BGH, NJW 1996, 2924, 2925.

[759] BGH, NJW 1996, 2924, 2925; bei der Bestimmung der genauen Schadenshöhe hilft der BGH dem Geschädigten durch eine sachgerechte Anwendung des § 287 ZPO.

[760] *Palandt-Heinrichs*, 59.A., § 254, Rz. 1.

[761] *Palandt-Heinrichs*, 59.A., § 254, Rz. 12.

[762] Zum technischen Ablauf vgl. *Meier/Wehlau*, NJW 1998, 1585, 1590.

[763] *Meier/Wehlau*, NJW 1998, 1585, 1590 m.w.N.

[764] Nicht mehr das Anlagevermögen in Maschinen oder sonstigen industriellen Gütern, sondern vielmehr die Information, das geistige Eigentum und die Datensammlung stellen den eigentlichen wirtschaftlichen Wert dar, vgl. *Meier/Wehlau*, NJW 1998, 1585, 1588.

[765] BGH NJW 1996, 2924, 2926; *Meier/Wehlau*, NJW 1998, 1585, 1590 m.w.N.

[766] Vgl. *Meier/Wehlau*, NJW 1998, 1585, 1591.

muß gelten, dass es dem Geschädigten nicht erlaubt sein soll, einen Schaden zu liquidieren, der durch vernünftige Vorsichtsmaßnahmen hätte verhindert werden können und der ihm billigerweise aufgrund seines eigenen Fehlverhaltens zuzurechnen ist. Je nach Einzelfall kann es dabei zu einem teilweisen oder in schwerwiegenden Fällen sogar völligen Ausschluß eines Ersatzanspruches kommen.[767]

Als sonstiges Recht i.S. des § 823 Abs. 1 BGB kommt auch das Recht am eingerichteten und ausgeübten Gewerbebetrieb in Frage. Soweit hier von vorsätzlichen Handlungen, die direkt auf die Unterbrechung oder Beeinträchtigung des Betriebsablaufs gerichtet sind, die Rede ist, kommt eine Schadensersatzpflicht in Betracht. Das gilt nicht, wenn die vorhandenen Anlagen lediglich für eine bestimmte Zeit nicht genutzt werden konnten.[768] Das Recht des EDV-Nutzers an seinem Datenbestand über das Werkvertragsrecht hinaus ist bislang noch nicht als sonstiges Recht im Sinne von § 823 Abs. 1 BGB anerkannt. Dies wird in der Zukunft geschehen müssen, um dem hohen wirtschaftlichen Wert dieses Rechts gerecht zu werden. Deliktische Eingriffe wären dann unmittelbar als Verletzungen des Rechts am eigenen Datenbestand schadenersatzpflichtig.[769]

V. Schlußfolgerung

§§ 303 a und 303 b StGB dienen dem Schutz des Verfügungsberechtigten an der Verwendbarkeit der Daten und dem Funktionieren der Datenverarbeitung. Durch Sicherungsmaßnahmen kann erreicht werden, dass auch im Schadensfall die Daten wieder schnell verfügbar sind. Eine erhebliche Beeinträchtigung der Arbeit liegt dann nicht vor.
Bei Vorliegen einer Sicherungskopie macht sich der Täter bei einer Datenveränderung oder Computersabotage nur wegen eines untauglichen Versuchs strafbar, wenn er nicht um das Vorhandensein dieser Sicherung weiß. Andernfalls ist er straflos.

Die Einhaltung derartiger Sicherungen kann nicht rechtlich erzwungen werden. Für die Verfügbarkeit der Daten ist aber schon allein im Interesse des Berechtigten ein geeignetes IT-Sicherheitskonzept zu erstellen. Das muß auch aus staatlicher Sicht gefördert werden.

---

767 *Meier/Wehlau*, NJW 1998, 1585, 1590.
768 *Staudinger-Schäfer*, BGB, 12.A., 1986, § 823, Rz. 50.
769 Vgl. *Meier/Wehlau*, NJW 1998, 1585, 1588 f.

E. Digitale Signatur als Schutz des Rechtsguts des § 269 StGB

Herkömmliche Urkunden sind definitionsgemäß geeignet und bestimmt, im Rechtsverkehr Beweis zu erbringen, und lassen ihren Aussteller (mindestens für Beteiligte und Eingeweihte) erkennen.[770] Da es bei der Datenverarbeitung Strafbarkeitslücken gab,[771] mußte § 269 StGB geschaffen werden, der eine hypothetische Subsumtion unter § 267 StGB intendiert. Was bei § 267 StGB durch eine bloße Unterschrift möglich ist, ist bei der Datenverarbeitung nicht ohne weiteres möglich. Erst mit der digitalen Signatur wurde eine Möglichkeit gefunden, Daten so zu unterschreiben, dass niemand an der Garantiefunktion zweifelt.[772] Ein weiteres Anwendungsfeld der digitalen Signatur ist z.B. digitales Geld.[773]

Zunächst soll kurz das Rechtsgut des § 269 StGB dargestellt werden, um die technischen Möglichkeiten der digitalen Signatur in dessen Licht zu betrachten.

I. Rechtsgut des § 269 StGB

Geschütztes Rechtsgut des § 269 StGB ist, ebenso wie in §§ 267, 268 StGB,[774] die Sicherheit und Zuverlässigkeit des Rechts- und Beweisverkehrs, soweit er sich im Zusammenhang mit Datenverarbeitungsvorgängen beweiserheblicher Daten bedient.[775]

II. Zweck digitaler Signaturen

Am 1.8.1997 ist das Signaturgesetz (SigG) in Kraft getreten.[776] Gem. § 1 Abs. 1 SigG soll es Rahmenbedingungen für digitale Signaturen zu schaffen, unter denen diese als sicher gelten und Fälschungen digitaler Signaturen oder Verfälschungen von signierten Daten zuverlässig festgestellt werden können.

---

[770] Vgl. nur *Tröndle/Fischer*, 50.A., § 267, Rz. 2 m.w.N.

[771] Vgl. oben § 2C.V.

[772] Als erstes hat die Deutsche Telekom nach dem Signaturgesetz anerkannte digitale Signaturen herausgegeben (NJW 4/1999, LVI).

[773] Vgl. BT-Drs. 13/11002, S. 35 ff. und oben bei Fn. 614.

[774] Dies hat der Gesetzgeber durch das Tatbestandsmerkmal der hypothetischen Urkundeneigenschaft der Daten hinreichend deutlich gemacht hat, vgl. *SK-Hoyer*, § 269 (Stand: Juli 1998), Rz. 4.

[775] *Tröndle/Fischer*, 50.A., § 269, Rz. 2; *Sch/Sch-Cramer*, 26.A., § 269, Rz. 4; *Lackner/Kühl*, 23.A., § 269, Rz. 1.

[776] Art. 3 des IuKDG, BGBl I, 1872 (vgl. oben Fn 25).

§ 2 Abs. 1 SigG liefert eine Legaldefinition für die digitale Signatur. Danach ist diese ein mit einem privaten Signaturschlüssel erzeugtes Siegel zu digitalen Daten, das mit Hilfe eines zugehörigen öffentlichen Schlüssels, der mit einem Signaturschlüssel-Zertifikat einer Zertifizierungsstelle oder der Behörde nach § 3 SigG versehen ist, den Inhaber des Signaturschlüssels und die Unverfälschtheit der Daten erkennen läßt. Mit ihr soll also festgestellt werden, ob das Dokument nach der Unterzeichnung inhaltlich verändert wurde und ob die digitale Unterschrift unter Verwendung des privaten Schlüssels des Signierenden erfolgte.[777]

Das digitale Signaturverfahren unterteilt sich in den Vorgang der Verschlüsselung durch den Absender und in die Prüfung der Authentizität durch den Empfänger. Beim eigentlichen Signaturvorgang wird aus dem Inhalt des Dokuments mit Hilfe eines Komprimierungsalgorithmus eine Liste von Buchstaben und Zahlen (sog. Hash-Wert) gebildet. Dieser Hash-Wert wird dann mit dem privaten Schlüssel signiert und dem Dokument hinzugefügt.[778]

Trotzdem erfüllt eine elektronisch übermittelte Erklärung bislang nicht die Voraussetzungen der Schriftform nach § 126 BGB.[779] Denn auch wenn man durch die Verwendung digitaler Signaturen das Fälschungsrisiko beseitigt und somit eine solche Signatur der eigenhändigen Unterschrift gleichsetzt, fehlt es immer noch am Erfordernis einer Urkunde im Sinne von § 126 BGB. Zur Erleichterung des elektronischen Rechtsverkehrs wird jedoch eine Reform der zivilrechtlichen Vorschriften angestrebt.[780] Dabei erscheint der Entwurf der Bundesnotarkammer im Gegensatz zu dem des Bundesjustizministeriums[781] eher geeignet zu sein, die Identitäts- und Integritätssicherheit zu gewährleisten, da es nach dem Entwurf des Bundesjustizministeriums schon ausreicht, dass die Person des Erklärenden erkennbar ist, also z.B. aus der Erklärung selbst hervorgeht.[782]

---

777 Zur Sicherheitsvermutung des § 1 Abs. 1 SigG vgl. *Roßnagel*, NJW 1998, 3312 ff.

778 Zur Funktionsweise vgl. *Ultsch*, Digitale Willenserklärungen und digitale Signaturen, 127, 131; BT-Drs. 13-11002/S. 58 f.; *Rossnagel-Rossnagel*, Einl 5, Rz. 11.

779 Zum Urkundenbeweis durch digitale Dokumente vgl. *Abel*, MMR 1998, 644 ff.

780 Ein Ausweg besteht nur, wenn die Beteiligten den Beweiswert übermittelter elektronischer Dokumente nicht angreifen wollen und diesbezüglich die Anrufung eines Schiedsgerichts, §§ 1025 ff. ZPO, vereinbaren, vgl. BT-Drs. 13/11002, S. 61.

781 Vgl. § 126 a E-BGB-BMJ und E-BGB-BNK, beide abgedruckt bei *Ultsch*, DZWir 1997, 466, 472.

782 Zum ganzen vgl. *Ultsch*, DZWir 1997, 466, 472 f.

III. Schutz des Rechtsguts des § 269 StGB durch digitale Signaturen

Den Vorteilen der modernen Telekommunikation, nämlich Zeit- und Kostenersparnis, stehen auch gewichtige Nachteile gegenüber. Im Gegensatz zu den noch eigenständig unterschriebenen Briefen oder persönlichen Telefonaten werden nun e-mails versandt. Diese bergen jedoch ein Fälschungsrisiko, d.h. die Identifikationsungewißheit und die Integritätsunsicherheit, in sich. Außerdem fehlt ihnen die Vertraulichkeit.[783] Beides zielt damit wiederum auf die IT-Sicherheit ab.[784] Für den Schutz der Vertraulichkeit ist die digitale Signatur nicht geeignet,[785] jedoch ist es mit ihr möglich, ein elektronisches Dokument auf eventuell erfolgte Manipulationen durch Dritte zu überprüfen und so das Fälschungsrisiko zu reduzieren. Sie dient deshalb der Integrität und Verbindlichkeit von Information. Die Kosten dieser Sicherheit sind gering.[786]

Die Zertifizierungsstellen[787] sollen gewährleisten, dass eine verschlüsselte Nachricht wirklich von dem stammt, der den Text unter seinem Namen erstellt hat, § 5 Abs. 1 SigG. Sie garantieren, dass ein bestimmter öffentlicher Schlüssel auch einer bestimmten Person gehört. So ist auch die Feststellung der Identität des Benutzers möglich.[788] Jedoch ist das Vertrauen in diese Technik bislang nur bedingt. Der Gesetzgeber selbst hat bereits darauf hingewiesen, dass es unter Umständen erforderlich sein kann, die Sicherheitsanforderungen neu zu bestimmen und bei Nichteignung neue digitale Signaturen zu erteilen, §§ 17 Abs. 2, 18 SigV.[789]

Durch die Entpersönlichung[790] taucht das Problem auf, dass der Signierende sichergehen muß, dass die auf dem Bildschirm sichtbaren Daten mit der signierten Bitfolge übereinstimmen. Auch der Prüfer steht vor dem Dilemma, dass das System ihm zwar eine positive Prüfung anzeigt, er aber nicht weiß, ob sich diese

---

783 *Ultsch*, Recht im Internet, 6-2.5, S. 2; siehe hierzu bereits oben vor § 5C.I.

784 Vgl. oben § 4A.

785 *Ultsch*, Recht im Internet, 6-2.5, S. 5.

786 Eine digitale Signatur gemäß dem Signaturgesetz kostet etwa DM 120 Erstanschaffung (für die Erzeugung der Signatur und den Kauf der erforderlichen Hardware) und dann etwa DM 50 jährlich (vgl. *Stefan Krempl*, 5.12.1999, http://www.heise.de/tp/deutsch/inhalt/te/5558/1.html). Bislang haben sich jedoch nur wenige Unternehmen als Trust-Center zertifizieren lassen. Es gibt allerdings auch gleichermaßen gute digitale Signaturverfahren außerhalb des Signaturgesetzes kostenlos, jedoch ohne die gesetzliche Anerkennung.

787 Vgl. § 2 Abs. 2 SigG.

788 Vgl. § 2 Abs. 3 SigG.

789 Vgl. *Hoeren*, NJW 1998, 2849, 2854.

790 Damit ist gemeint, dass im Gegensatz zur manuellen Unterschrift beim Signierprozeß keine unmittelbaren Wesensmerkmale der zeichnenden Person eingehen.

Analyse auf die von ihm gemeinten Daten bezieht.[791] Ein Beispiel, bei dem es gelingt, eine Datei aktiv zu erzeugen, die unter zwei verschiedenen Darstellungskomponenten zwei unterschiedliche und jeweils sinnvolle Darstellungen besitzt, zeigt *Fox* und schlägt deshalb vor, Format und Kodierung der digital signierten Daten durch die Regulierungsbehörde festzulegen.[792] Angesichts dieses Problems verweist § 16 Abs. 3, 6 SigV auf den Maßnahmenkatalog der Regulierungsbehörde (§§ 66 ff. TKG).

IV. Schlußfolgerung

Die digitale Signatur garantiert die Unversehrtheit von Daten und die Verbindlichkeit von Informationen. Sobald die digitale Signatur durch die Anpassung der zivilrechtlichen Vorschriften Eingang in den Geschäftsverkehr gefunden hat, wird ihr ein großer Stellenwert beim elektronischen Geschäftsabschluß zukommen.[793]

Die Sicherheit und Zuverlässigkeit des Rechts- und Beweisverkehrs werden durch die digitale Signatur in vorbildlicher Weise gewährleistet, so dass schon aus diesem Grund alles daran gesetzt werden sollte, diese technische Sicherheitsmaßnahme zu fördern. Aus der Sicht des Strafrechts ermöglicht die digitale Signatur in optimaler Weise den Schutz des Rechtsguts des § 269 StGB.

F. Wirtschaftsrechtliche Präventivmaßnahmen

Durch den Gesetzgeber können bestimmte wirtschaftsrechtliche Regelungen erlassen werden, die den Unternehmen, beispielsweise Banken, technische und organisatorische Sicherheitsvorkehrungen vorschreiben.

---

[791] Dies gilt nach Meinung von *Andreas Pfitzmann* vor allem deswegen, weil das derzeit häufigste Betriebssystem sehr unsicher gegenüber unerlaubten Veränderungen sei. Man müsse daher ein Display direkt in die Signierkomponente anbringen oder die Tastatur bzw. den Bildschirm direkt mit dem Chipkarten-Reader verbinden (http://www.heise.de/tp/deutsch/inhalt/te/5558/1.html).

[792] *Fox*, DuD 1998, 386, 387 f.

[793] In Hamburg können in einem Pilotprojekt erstmals Klagen per e-mail beim Finanzgericht eingereicht werden, vgl. DIE WELT, 4.8.1999, SZ, 17.8.1999, S.2.

I. Vorschreiben von technischen Sicherheitsmaßnahmen durch den Gesetzgeber

Ein Konzept technischer oder organisatorischer Prävention ist ideal.[794] Durch faktische Vorkehrungen sollen Grundrechtseingriffe, die durch die Schaffung neuer Straftatbestände, erweiterten Strafdrohungen und verschärften Ermittlungsinstrumenten erfolgen, zurückgedrängt werden. Organisatorische Prävention kann strafrechtliche Repression nicht sofort und ganz ersetzen, aber erheblich entlasten. Beispielsweise könnte man den organisierten Autodiebstahl dadurch bekämpfen, dass man den "Großen Lauschangriff" gegen internationale Hehlerbanden führt, oder aber man verpflichtet die Industrie zum Einbau von Wegfahrsperren.[795] Hätte letzteres den selben Erfolg bei der Reduzierung der Diebstahlsdelinquenz, wäre diese Maßnahme vorzuziehen.

Diese technische Prävention kann jedoch nur schwer der technischen Entwicklung zeitlich vorgelagert werden. Allein die Abschätzung der Folgen einer technischen Entwicklung ist überaus komplex.[796] Die Forderung nach einer proaktiven Prävention erscheint daher kaum realisierbar. Zu weit geht es, wenn schon im Vorfeld eine frühzeitige Strafgesetzgebung gefordert wird oder technische Neuerungen legislativ gestoppt werden sollen, weil sie durch potentielle Straftäter zu kriminellen Zwecken ausgenutzt werden könnten.[797]

Ursprünglich sind präventive Maßnahmen von den Parlamentariern stark favorisiert worden, von allen Computerherstellern und Benutzern ist sie jedoch einstimmig als Eingriff in die innere Organisation der Betriebe abgelehnt worden.[798] Schließlich hat man sich darauf geeinigt, dass der Gesetzgeber nur dann einschreiten soll, wenn neben dem Vermögen des Einzelnen auch das "öffentliche Interesse" verletzt sei.[799] Inzwischen neigt aber auch der deutsche Gesetzgeber

794 Vgl. *Hassemer*, StV 1995, 483, 489.

795 *Hassemer*, StV 1995, 483, 489.

796 Vgl. dazu bereits oben § 4B.

797 Für eine frühzeitige Strafgesetzgebung aber wohl *Kube/Bach/Erhardt/Glaser*, ZRP 1990, 301, 302 f. und 304, beispielsweise für die Einführung der Geldausgabeautomaten, nicht ohne aber auf die Problematik der Früherkennung hinzuweisen. Gefordert werde deshalb die Entwicklung einer wissenschaftlichen "Gefahrerkennungslehre" und eine verstärkte Überzeugungsarbeit auf Unternehmensethik und -moral und damit auf das gesellschaftliche Verantwortungsbewußtsein der Wirtschaft. Branchenabsprachen, Selbstbeschränkungsabkommen sowie Gentlemen's Agreement hätten bereits eine gewisse Tradition; vgl. auch BT-Drs. 13/11002, S. 124. *Steinke* (ZRP 1993, 424) will gegebenfalls sogar die technische Entwicklung legislativ stoppen.

798 Vgl. oben § 5A.

799 *Sieber*, DSWR 1974, 245, 248; der Begriff des "öffentlichen Interesses" erscheint jedoch nicht justiziabel.

dazu – wenn auch vielleicht nur aufgrund europäischen Drucks – gewisse wirtschaftsrechtliche Vorschriften zu erlassen.

Auch hier kann ein Blick auf einen anderen Deliktsbereich weiterhelfen. Das Geldwäschegesetz (GWG)[800] von 1993 hat in § 11 GWG eine neuartige als gewerberechtliche Meldepflicht (und nicht als Strafanzeige i.S. des § 158 StPO) ausgestaltete "Verdachtsanzeigepflicht" eingeführt. Als dritte Säule des GWG sieht § 14 Abs. 2 GWG (entspricht inhaltlich Art. 11 der EU-Geldwäscherichtlinie) für bestimmte Unternehmen oder Personen nach Absatz 1 vor, dass sie Vorkehrungen zum Schutz dagegen ergreifen, dass sie zur Geldwäsche mißbraucht werden. Die Vorschrift hält die genannten Kreise dazu an, nicht abschließend geregelte und bewußt unbestimmt gehaltene, institutsinterne Sicherungsmaßnahmen, Verfahren und Kontrollen zu treffen.[801] Diese technischen Präventionsmaßnahmen[802] sollen den Mißbrauch an sich legaler Unternehmen zur Geldwäsche verhindern oder zumindest erschweren. Nach Auffassung des Gesetzgebers müssen sich die Unternehmen über die existierenden strafrechtlichen Bekämpfungssysteme hinaus selbst aktiv gegen ihren Mißbrauch zum Zwecke der Geldwäsche schützen.[803] § 14 Abs. 2 GWG respektiert grundsätzlich die Regelungsautonomie der genannten Wirtschaftssubjekte und benennt deshalb nur einen groben Pflichtenrahmen. Der Gesetzgeber vertraut auf die Bereitschaft der Verpflichteten, ihrem Regelungsauftrag qua "self-regulation" autonom nachzukommen, ohne die Vorschrift straf- oder bußgeldzubewehren.[804]
Diese gesetzlich vorgeschriebene technische Prävention ist nicht bedenkenfrei. Sie wird als Rückzug des Staates und Übertragung präventiv-polizeilicher Arbeit auf Private bewertet.[805] Doch ist Rechtsgüterschutz nicht alleinige Aufgabe des Staates und gar des Strafrechts. Auch bei der Bekämpfung der Korruption ist man inzwischen der Meinung, dass v.a. Verbesserungen durch Prävention erforderlich sind. *Dölling* fordert denn auch – ähnlich wie die Anti-Geldwäsche-Standards[806] – die Einführung und Überwachung von Anti-Korruptionsstandards durch die Wirtschaft und Verwaltung.[807]

---

800 BGBl I 1993, 1770 ff. (Änderungen in BGBl I 1997, 2567 und 3108; BGBl I 1998, 845). Damit wurde die EU-Geldwäscherichtlinie vom 10.6.1991 (91/308/EWG) umgesetzt. In das Strafgesetzbuch wurde der Geldwäschestraftatbestand § 261 StGB eingeführt.

801 Vgl. zum Präventionsgedanken im GWG *Findeisen*, wistra 1997, 121, 123 ff.

802 Vgl. hierzu *Findeisen*, wistra 1997, 121, 124 ff.

803 Vgl. BT-Drs. 12/2704 S. 19.

804 *Bottke*, wistra 1995, 121, 129; *Findeisen*, wistra 1997, 121, 123; BT-Drs. 12/2704 S. 20; allerdings gehört die Einhaltung der Pflicht gem. § 14 Abs. 2 GWG zum Gegenstand der Jahresabschlußprüfung bei Kreditinstituten, vgl. § 29 Abs. 1 Satz 1 KWG.

805 Vgl. *Herzog*, WM 1996, 1753 ff.

806 Vgl. Art. 11 der EU-Geldwäscherichtlinie; *Findeisen*, wistra 1997, 121, 127.

807 *Dölling*, 61. DJT, C 44 ff. und Thesen III; vgl. auch die Beschlüsse der Abteilung Strafrecht, 61. DJT, L 55, 56 f. (I 7 und I 8).

Im Bereich der Computerkriminalität würde diesen Anti-Geldwäsche- bzw. Anti-Korruptions-Standards Anti-Computerkriminalitäts-Standards, beispielsweise die Entwicklung eines IT-Sicherheitskonzepts[808] zur Eindämmung von Computermanipulationen[809] entsprechen. Die Verantwortung für IT-Sicherheit liegt beim Management. Die für IT-Sicherheit notwendigen betriebsweiten, konzeptionellen Aufgaben, die Organisation, die Zuweisung von Verantwortlichkeiten sowie die nötigen Kontrollen werden von einem IT-Sicherheitsmanagement-Team realisiert.[810]

Ein Blick auf das Bankenwesen mag die Notwendigkeit technischer Sicherheitsmaßnahmen noch unterstreichen. Der Betrug mittels rechtswidrig erlangter Karten, der § 263 a StGB[811] unterfällt, hat einen hohen Anteil an der gesamten Computerkriminalität sowohl hinsichtlich der Anzahl der Fälle als auch hinsichtlich des eingetretenen Schadens.[812] Hier sind zwar nach Erstatten der Verlustanzeige die Kunden nicht mehr für den danach eingetretenen Schaden verantwortlich, aber die Möglichkeit einer Manipulation ohne Erlangen der Originalkarte[813] rechtfertigt es nach Abwägung der widerstreitenden Interessen, die Entwicklung eines IT-Sicherheitskonzepts vorzuschreiben.
Die Banken weiten zwar das Bankomaten- und Onlinebanking-System aufgrund Rationalisierungsmaßnahmen immer weiter aus, scheinen aber andererseits nicht ausreichend in der Lage zu sein, durch Datenvernetzung und -sicherung zu verhindern, dass ein Berechtigter mehr abhebt, als er abheben soll.[814] Diese Risiko-

---

808 Die Bundesregierung hat im Zuge des "Rahmenkonzept zur Gewährleistung der Sicherheit bei Anwendung der Informationstechnik" (vgl. DuD 1989, 291 ff.) die "Zentralstelle für Sicherheit in der Informationstechnik", das heutige BSI, errichtet. Diese Behörde soll u.a. Sicherheitsrisiken untersuchen und geeignete Sicherheitssysteme entwickeln, sowie Hersteller, Vertreiber und Anwender in Sicherheitsfragen beraten. Dazu wird das IT-Grundschutzhandbuch herausgegeben.

809 Bei der Bestimmung des IT-Sicherheitsniveaus stellt sich u.a. die Frage, ob mit der eingesetzten IT Informationen verarbeitet werden, deren Vertraulichkeit besonders zu schützen ist und ob wesentliche Entscheidungen von der Richtigkeit, Aktualität und Verfügbarkeit von Informationen, die mit IT verarbeitet werden, abhängt (IT-GSHB 1998, IT-Sicherheitsprozeß, Punkt 1.2); zur Unternehmenskonzeption bei begründetem Verdacht zu Lasten des Unternehmens im allgemeinen vgl. *Hofmann*, WPg 1990, 233, 239 f.

810 IT-Grundschutzhandbuch 1998, IT-Sicherheitsprozeß 1.1.

811 Geschütztes Rechtsgut des § 263 a ist nach h.M. - ebenso wie bei § 263 - ausschließlich das Vermögen, nicht das nur als Schutzreflex bedeutsame Allgemeininteresse an der Funktionstüchtigkeit der in Wirtschaft und Verwaltung eingesetzten Computersysteme (vgl. *Lackner/Kühl*, 23.A., § 263 a, Rz. 1; *Tröndle/Fischer*, 50.A., § 263 a, Rz. 2; BGHSt 40, 331, 334).

812 Vgl. oben § 2G.II.

813 Beispielsweise durch das Kopieren der Karte während des Bezahlvorgangs.

814 Ebenso *Meurer*, FS Kitagawa, 1992, S. 971, 978. Die Überschreitung der individuellen Kreditlinie ist nach h.M. strafbar (*Tröndle/Fischer*, 50.A., § 263 a, Rz. 8 a m.w.N.; *Haß*,

verlagerung auf das Strafrecht kann nicht hingenommen werden und sollte vom Gesetzgeber überdacht werden.[815] Es ist daher der Einsatz hochwertiger Chips und anderer elektronischer Mittel, die Scheck- und Kreditkarten unreproduzierbar machen, zu fordern, da die Kosten hierfür verglichen mit dem Schadensrisiko gering sind.[816] Die bereits erwähnten biometrischen Sicherungen[817] können ebenso zum Einsatz kommen wie eine komplizierter aufgebaute PIN, z.B. Buchstaben- und Zahlen-Kombinationen[818].

Das PIN-System der ec-Karten wurde zwischenzeitlich umgestellt[819], nachdem das alte PIN-Verfahren aufgrund des verwendeten DES-Verschlüsselungsverfahrens als unsicher gelten mußte.[820] Die mathematische Wahrscheinlichkeit, bei drei Versuchen die richtige PIN zu treffen, lag bei 1:150[821] (theoretisch sollte sie bei 1:3333, also 0,03 %, liegen[822]). In einem viel beachteten Urteil zum alten PIN-Verfahren hatte das OLG Hamm denn auch festgestellt, "dass ein Täter auch ohne Mitwirkung des Karteninhabers Kenntnis von der PIN (...) durch Entschlüsselung anhand der auf der Karte abgespeicherten Daten erlangt haben kann"[823]. Nach Einführung der neuen ec-Karten An-

Rz. 14; *Haft*, NStZ 1987, 6, 8); nach a.A. ist hierfür § 266 b StGB lex specialis (*Lenckner/Winkelbauer*, CR 1986, 654, 657 f.; *Ehrlicher*, S. 97 f.).

815 Vgl. *Sch/Sch-Cramer*, 26.A., § 263 a, Rz. 8. Vgl. auch *Hefendehl*, NStZ 2001, 281, 284.

816 *Steinke*, ZRP 1993, 424, 425: vgl. auch *Sch/Sch-Cramer*, 26.A., § 263 a, Rz. 8.

817 Vgl. oben § 5C.V.; vgl. zur Biometrie im Bankenbereich und den entsprechenden Pilotversuch BioTrusT *Reimer*, DuD 1999, 162 ff. sowie http://biotrust.de.

818 Vgl. oben § 5C.II.

819 Anderes Verschlüsselungsverfahren: Triple-DES (üblicherweise 112 Bit, selten 168 Bit), das sind 2^{112} Versuche; der Fehler im Verfahren zur PIN-Bestimmung (Die möglichen PINs waren nicht gleich verteilt. Z.B. lag die Wahrscheinlichkeit bei der ersten PIN-Ziffer für eine Eins bei 1/4, für Zwei bis Fünf je 1/8, für Sechs bis Neun je 1/16, keine PIN fängt mit 0 an, es gibt keine doppelten Zahlen hintereinander, vgl. dazu *Hortmann*, DuD 1997, 532 und den 15. Chaos communication congress; manche PINs traten 32-mal so häufig wie andere auf, vgl. *Schindler*, NJW-CoR 1998, 223, 224) wurde korrigiert.

820 Siehe hierzu oben bei Fn 593.

821 *Pausch*, CR 1997, 174, 179 (hier auch eine detaillierte Darstellung der Sicherheit von Magnetstreifenkarten). Auf dem 15. Chaos communication congress wurde gar von einer Chance von 1:64 gesprochen.

822 Vgl. *Bieber*, WM Sonderbeilage 6/1987, S. 5.

823 OLG Hamm, NJW 1997, 1711 mit Anm. *Hortmann*, DuD 1997, 532 f. (dort auch Einführung in das ec-System); naturgemäß ablehnend steht *Niehoff* (vom Bundesverband deutscher Banken) zu dem Urteil (DuD 1997, 534); vgl. auch LG Köln, WM 1995, 976 f., AG Duisburg, JurPC Web-Dok. 197/199, und das ausführliche Urteil des AG Frankfurt/M., CR 1998, 723 ff. = DuD 1999, 168 ff.; das LG Dortmund (CR 1999, 556 f.) hat sich diesen Entscheidungen angeschlossen, zusätzlich aber die Möglichkeit der PIN-Entschlüsselung durch einen „ausreichend großen Rechner“ angesprochen. Gegenteiliger Ansicht sind das AG Nürtingen, NJW-CoR 1998, 494, und das LG Stuttgart, NJW-CoR 1999, 432, als Berufungsinstanz.

fang 1998 soll ein erneuter Anscheinsbeweis zu Gunsten der Banken dafür gelten, dass es zu einem Kartenmißbrauch durch grobe Fahrlässigkeit des Kunden gekommen sei.[824] Damit gewinnt der Vorschlag, die Risiken des elektronischen Rechts- und Zahlungsverkehrs auf die Unternehmen zu verlagern, die diesen Rechts- und Zahlungsverkehr ermöglichen und von ihm profitieren, wieder an Bedeutung. Erreicht werden soll dies durch eine bereichsspezifische Umkehr der Beweislast.[825] Dies würde dazu führen, dass in jedem Gerichtsverfahren letztendlich die Sicherheit der eingesetzten Technik bewiesen werden müßte. Es spricht daher mehr dafür, dass die Gerichte die technische Entwicklung aufmerksam verfolgen und erst bei entsprechenden Informationen über ein zwischenzeitlich eingetretenes Sicherheitsrisiko der verwendeten Technik ein Sachverständigengutachten zu dieser Frage einholen.

Durch wirtschaftsrechtliche Regelungen kann das Wirtschaftsleben jedoch derart reglementiert werden, dass wesentliche Elemente der Wirtschaftsordnung bzw. die wirtschaftliche Betätigung des Einzelnen beeinträchtigt werden.[826] Grundsätzlich ist es Sache des jeweiligen Betriebsinhabers, seinen Betrieb zu organisieren und Risikovorkehrungen zu treffen. Das Vorschreiben von bestimmten Sicherheitsvorkehrungen durch den Gesetzgeber darf daher nur in zwei Bereichen geschehen: bei staatlichen Computern und bei Computersystemen, bei deren Mißbrauch Schäden nicht nur beim Betreiber, sondern auch bei einem Dritten auftreten, wie z.B. im Bankensystem.[827] Hier fallen Sicherheitsverantwortlicher und Risikoträger auseinander. Die Abwägung von Kosten und Nutzen der Sicherungsmaßnahmen ist regelmäßig gestört und muß deshalb vom Gesetzgeber reglementiert werden.[828]

II. Schaffen einer Anzeigepflicht

Wollte man die Computerkriminalität wirksam bekämpfen, so könnte man eine Anzeigepflicht für gewisse Personenkreise einführen sowie die Möglichkeit strafrechtlicher Ermittlungen von Amts ausweiten. So könnten die Zufälligkei-

---

824 *Rüßmann*, DuD 1998, 395 ff.; vgl. zum neuen PIN-System auch das NJW-CoR-Interview mit *Schindler*, NJW-CoR 1998, 223 ff.

825 Vgl. BT-Drs. 13/11003, S. 19 und 28 (Abschließende Empfehlung Nr. 7 der Enquete-Kommission "Zukunft der Medien in Wirtschaft und Gesellschaft", 5. Zwischenbericht "Verbraucherschutz in der Informationsgesellschaft").

826 Vgl. oben § 5A.

827 Vgl. *Sieber*, BT-Rechtsausschuß, Anhörung vom 6.6.1984, S. 241 f.; siehe auch oben § 5D.III.

828 Vgl. *Frey*, S. 51.

ten der Strafverfolgung abgebaut[829] und letztendlich das Dunkelfeld reduziert werden.[830] Bislang gibt es in Bezug auf die Computerkriminalität keine Anzeigepflicht, sondern im Gegenteil ein Strafantragserfordernis als Verfahrensvoraussetzung.

Für § 202 a StGB gilt das Strafantragserfordernis des § 205 StGB. Danach ist antragsberechtigt der über die Daten Verfügungsberechtigte, nicht aber der vom Dateninhalt Betroffene.[831] Auch bei den §§ 303 a und 303 b StGB gibt es den Strafantrag gemäß § 303 c StGB. Bei § 303 a StGB ist ebenfalls der Verfügungsberechtigte antragsberechtigt.[832] Strittig ist jedoch, ob auch der vom Dateninhalt Betroffene Verletzter sein kann.[833] Da § 303 a StGB nicht die Interessen des vom Inhalt der Daten Betroffenen schützt,[834] ist dies abzulehnen. Bei § 303 b StGB sind Verletzte die von der Vorschrift geschützten Betriebe, Unternehmen oder Behörden.[835] Die Strafverfolgungsbehörde kann jedoch wegen des besonderen öffentlichen Interesses ein Einschreiten von Amts wegen für geboten halten.[836] Das ist bei § 303 a StGB beispielsweise dann der Fall, wenn die Tat das Vertrauen in die Zuverlässigkeit einer für die Allgemeinheit wichtigen Datenverarbeitung gefährdet hat.[837] In den Fällen der unerlaubten Verwertung urheberrechtlich geschützter Werke, namentlich bei Raubkopien, gilt das zu §§ 303 a und 303 b StGB Gesagte, vgl. § 109 UrhG.

---

829 *Tiedemann*, 49. DJT, C 25.

830 *Tiedemann*, 49. DJT, C 63 und C 99; mit der umfassenden Einführung von Aufklärungs-, Auskunfts- und Mitwirkungspflichten wird freilich der nemo-tenetur-Grundsatz geradezu aus den Angeln gehoben, vgl. *Volk*, JZ 1982, 82, 91.

831 *Sch/Sch-Lenckner*, 26.A., § 205, Rz. 4; *NK-Jung*, § 205, Rz. 1; *LK-Schünemann*, 11.A., 2001, § 205, Rz. 5, hält den für antragsberechtigt, der Daten gegen unberechtigten Zugang besonders gesichert hat; a.M. *Lackner/Kühl*, 23.A., § 205, Rz. 2, wenn dem Betroffenen gegenüber dem Berechtigten ein Recht auf Vertraulichkeit zusteht.

832 *Lackner/Kühl*, 23.A., § 303 c, Rz. 3; *Sch/Sch-Stree*, 26.A., § 303 c, Rz. 3; *Tröndle/Fischer*, 50.A., § 303 c, Rz. 2.

833 Dafür *Lackner/Kühl*, 23.A., § 303 c, Rz. 3, sofern ihm ausnahmsweise ein Recht auf Unversehrtheit der Daten zusteht. *Tröndle/Fischer*, 50.A., § 303 c, Rz. 2 bejaht dies ebenfalls, soweit es sich um Daten i.S. des § 202 a Abs. 2 handelt. Dagegen *Sch/Sch-Stree*, 26.A., § 303 c, Rz. 3; *LK-Wolff*, 11.A., 1993, § 303 c, Rz. 7.

834 Siehe oben § 5D.I.

835 *Lackner/Kühl*, 23.A., § 303 c, Rz. 3; *LK-Wolff*, 11.A., 1993, § 303 c, Rz. 8; vgl. auch *Sch/Sch-Stree*, 26.A., § 303 c, Rz. 3; für *Tröndle/Fischer*, 50.A., § 303 c, Rz. 2, ist auch hier verletzt der Verfügungsberechtigte sowie derjenige, der die Daten zur Speicherung und Verarbeitung in ein Rechenzentrum gegeben hat und der bei personenbezogenen Daten Betroffene, soweit es sich um Daten i.S. des § 202 a Abs. 2 handelt.

836 Die Gesetzesmaterialien enthalten hierzu keine weiteren Angaben.

837 *Lackner/Kühl*, 23.A., § 303 c, Rz. 3; detailliert bei *Sch/Sch-Stree*, 26.A., § 303 c, Rz. 8.

Durch § 303 b StGB wird die Wirtschaft und die Verwaltung umfassend gegen Sabotageakte geschützt. Bei § 303 b StGB wird dieses öffentliche Interesse an der Strafverfolgung aufgrund des geschützten Rechtsgutes in den meisten Fällen vorhanden sein.[838] Dann kann es auch nicht im Belieben des einzelnen Unternehmens stehen, ob es den Täter strafrechtlich verfolgen läßt oder nicht und eventuell die Sache in ihren eigenen Reihen löst.[839] Hierdurch entsteht das bereits erwähnte Dunkelfeld.[840] Es wäre daher empfehlenswert, das Antragserfordernis hinsichtlich § 303 b StGB abzuschaffen.[841]

Eine im Gegensatz zum Strafantrag stehende, umfassende Pflicht zur Anzeige von Fällen der Computerkriminalität würde jedoch zu weit gehen. Eine Anzeigepflicht von begangenen Straftaten[842] existiert bislang nur im Zusammenhang mit Dienstpflichten, allerdings auch hier nicht allgemein.[843] Das deutsche Strafrecht geht vielmehr im Grundsatz von einer Strafverfolgung von Amts wegen aus und beschreitet somit den Mittelweg. Dieses sog. Offizialprinzip ist bei einer Reihe von Delikten, bei denen ein förmlicher Strafantrag als Verfahrensvoraussetzung verlangt wird, durchbrochen,[844] so z.B. bei §§ 202 a, 303 a und 303 b StGB. Bei diesem Prinzip sollte es auch bleiben, sofern man nicht ein Volk von Denunzianten will.

III. Schlußfolgerung

Auch wenn sich der Staat hinsichtlich Eingriffe in die Wirtschaft zurückhalten muß, so sollte er doch für Unternehmen, die auch Daten Dritter verarbeiten, die

---

838 *Tröndle/Fischer*, 50.A., § 303 c, Rz. 3; *LK-Wolff*, 11.A, 1993, § 303 c, Rz. 12; *Sch/Sch-Stree*, 26.A., § 303 c, Rz. 6; *Sondermann*, 140; *Lackner/Kühl*, 23.A., § 303 c, Rz. 4.

839 *SK-Hoyer*, § 303 c (Stand: August 1999), Rz. 6, verneint hingegen das besondere öffentliche Interesse stets, wenn es dem freien und uneingeschüchtert gebildeten Willen des Antragsberechtigten widerspricht, unabhängig von der Höhe des Schadens und der Anzahl der Geschädigten.

840 S. oben § 2G.III.

841 Vgl. *Sondermann*, 136 f.; sehr kritisch zum Strafantrag auch *Jescheck/Weigend*, AT, 5.A., § 85 I 1, und *Lackner/Kühl*, 23.A., § 303 c, Rz. 4 m.w.N.

842 Für geplante Straftaten gelten §§ 138 f.

843 Vgl. *Kleinknecht/Meyer-Goßner*, 44.A., § 158, Rz. 6; zur Anzeigepflicht nach § 6 SubventionsG vgl. *Partsch/Scheffner*, NJW 1996, 2492 f., mit Klarstellung *Schwarz*, NJW 1997, 1550; zur Anzeigepflicht der Umweltbehörden vgl. *Schall*, NJW 1990, 1263, 1272 f. m.w.N. Eine Anzeigepflicht bei Korruptionsdelikten wurde durch das Gesetz zur Bekämpfung der Korruption vom 20.8.1997 nicht eingeführt, vgl. *Korte*, NStZ 1997, 513, 519; zur Anzeigepflicht der Krankenkassen und Kassenärztlichen Vereinigungen beim Verdacht auf sogenannten Abrechnungsbetrug vgl. *Schnapp/Düring*, NJW 1988, 738 ff.

844 Vgl. dazu *Jescheck/Weigend*, AT, 5.A., § 85 I.

Erstellung eines IT-Sicherheitskonzepts vorschreiben. Sofern dies pflichtwidrig unterlassen wird, kann eine Aufsichtsbehörde entsprechende Maßnahmen vorschreiben. Als letzte Konsequenz könnte ein Zuwiderhandeln durch eine Bußgeldvorschrift sanktioniert werden.[845] Jedoch sollte zunächst auf die Bereitschaft der Wirtschaft vertraut werden, entsprechende Regelungen freiwillig umzusetzen.

Die Sicherheit der ec-Karten sowie anderer unbarer Zahlungsmittel ist genau zu beobachten und gegebenenfalls ein neues Sicherheitssystem zu konzipieren.

Ferner sollte das Strafantragserfordernis des § 303 c StGB für § 303 b StGB aufgehoben werden.

[845] Dieses Vorgehen ist z.B. im BDSG (vgl. §§ 9, 38 Abs. 5 S. 1, 44 Abs. 1 Nr. 7 BDSG) vorgesehen.

§ 6 Schlußbetrachtung: Präventivmaßnahmen als ausreichende Möglichkeit der Eindämmung

Die Entwicklung der Informationstechnologie in den letzten 30 Jahren ist dramatisch. Sie hat dazu geführt, dass wir heutzutage fast ständig von Computern umgeben und vielfach von ihnen abhängig sind. Vielfach wird der Zuwachs der Computerkriminalität als besorgniserregend bezeichnet. Dem kann nicht gefolgt werden.[846] Zwar steigen die absoluten Zahlen der bekannt gewordenen Fälle, doch bestehen keine hinreichend gesicherten Erkenntnisse über den tatsächlichen Anstieg der Kriminalität. Um dieses Kriminalitätsfeld wirkungsvoll einzudämmen, ist vorrangig nicht auf strafrechtliche Mechanismen zurückzugreifen, sondern sind die möglichen, teilweise oben dargestellten Präventivmaßnahmen heranzuziehen. Durch sie wird der Schutz der Rechtsgüter aktiv betrieben.

Kryptographische Systeme, digitale Signaturen und Sicherungsmaßnahmen sind einfache, aber überaus wirkungsvolle Vorkehrungen zur Bekämpfung von Delikten im Bereich der Informationstechnologie. So kann durch die Verschlüsselung von Daten eine Datenspionage weitestgehend unterbunden werden. Durch weitere Mechanismen kann der Schutz sensibler Daten vervollkommnet werden. Sicherungsmaßnahmen dienen nicht nur der Erhaltung der Daten bei zufälligen Schadenseintritten, sondern sind in gleicher Weise geeignet, Delikte nach §§ 303 a und 303 b StGB als gegenstandslos betrachten zu können.
Schließlich stehen die Möglichkeiten der digitalen Signatur nicht nur im zivilrechtlichen Bereich zur Verfügung, sondern gewährleisten die Unverfälschtheit elektronischer Daten.

Insbesondere die große Anzahl der Betrugsfälle mittels rechtswidrig erlangter Karten könnte wesentlich wirkungsvoller als bislang bekämpft werden. Gefordert sind hier insbesondere Präventionsleistungen der Industrie durch technische Sicherung ihrer Produkte.[847] Insgesamt bedarf es gemeinsamer Anstrengungen von Politik und Wirtschaft, um das Deliktsfeld der Computerkriminalität zu begrenzen.

---

[846] Allerdings erscheint es zu weitgehend, wenn man sogar das Abschaffen von Straftatbeständen wie z.B. § 263 a StGB postuliert, weil diese bald überflüssig seien (vgl. *Hilgendorf* (JuS 1996, 509, 510), der bei künftigen Generationen von Computern eine solch große äußerliche Gleichstellung mit Menschen vorhersieht, daß es dann des § 263 a StGB nicht mehr bedarf.)

[847] Schlußbemerkung zur Polizeilichen Kriminalstatistik 1997, II.

Dass das deutsche Strafrecht ausreicht,[848] zeigt auch ein Vergleich mit der Empfehlung No. R (89) 9, die vom Europarat am 13.9.89 verabschiedet wurde.[849] Die Minimumliste von Handlungen, deren Sanktionierung der Europarat im Falle vorsätzlichen Handelns empfiehlt, lautet wie folgt:

- Computerbetrug
- Fälschung technischer Aufzeichnungen
- Beschädigung von Computerdaten oder Computerprogrammen
- Computersabotage
- unbefugter Zugriff
- unbefugtes Abfangen von Daten
- unbefugtes Vervielfältigen von geschützten Computerprogrammen
- unbefugte Reproduktion von Topographien[850]

Der unbefugte Zugriff ist in Deutschland nur unter den Voraussetzungen des § 202 a StGB strafbar. Das Hacking selbst ist nicht strafbar.[851] Das unbefugte Abfangen von Daten ist nur dann strafbar, wenn die Daten verschlüsselt übertragen werden.[852]

In einer Fakultativliste[853] wird dazu empfohlen:
- Verändern von Computerdaten und Computerprogrammen
- Computerspionage[854]

848 Auch die Bundesregierung betont, sie halte die bestehenden strafrechtlichen Regelungen zur Bekämpfung von Computermißbräuchen "grundsätzlich für ausreichend" (Antwort Bundesregierung (BT-Drs. 13/7753) auf Kleine Anfrage von Bündnis 90/Die Grünen (BT-Drs. 13/7594)).

849 Vgl. CR 1993, 126, 127; *Sieber*, The International Emergence of Criminal Information Law, p. 78 f.; vgl. auch die Analyse der Expertengruppe "Mißbrauch internationaler Datennetze", MMR 12/1998, VII-X, wonach die internationale Zusammenarbeit und Koordinierung eine grundlegende Voraussetzung für die Bekämpfung des Mißbrauchs ist.

850 Vgl. das Halbleiterschutzgesetz vom 22.10.1987 (BGBl. I, 2294).

851 Siehe oben § 5C.I. Die Parlamentarische Versammlung des Europarats hat aber nun das sog. Cybercrime-Abkommen verabschiedet, in dem sich die 43 Mitgliedsstaaten dazu verpflichten, das Hacken in fremde Computernetze, den Besitz und die Herstellung entsprechender Software und andere Handlungen unter Strafe zu stellen (vgl. Handelsblatt vom 26.4.2001).

852 Siehe oben § 5C.II.

853 Hierzu ist anzumerken, dass über die nachfolgenden Tatmodalitäten keine internationale Einigung erzielt werden konnte und sie deshalb nur als Option gelten.

854 Dass die Computerspionage im Vergleich zum unbefugten Zugriff nur optional strafbar sein soll, mutet sonderbar an, denn nach deutschem Verständnis ist es genau umgekehrt. Dies mag auf einer jeweils leicht abgewandelten Definition (vgl. den Originaltext bei *Sieber*, The International Emergence of Criminal Information Law, p. 79) sowie auf der Erklärung oben in Fn. 853 beruhen.

- unbefugte Benutzung eines Computers[855]
- unbefugte Benutzung eines geschützten Computerprogramms[856]

Weiterhin sollen das Handeltreiben mit unbefugt erlangten Paßwörtern oder die Verbreitung von Viren oder ähnlichen Programmen unter Strafe gestellt werden können.[857] Dies ist jedoch eine Forderung, die in dieser Form nicht unterstützt werden kann.[858]

Es bleibt, die Strafrechtswissenschaften und den Gesetzgeber darin zu bestärken, die technische Entwicklung aufmerksam zu verfolgen. Dabei sind die Forschungsergebnisse aus dem Gebiet der Informationstechnologie umfassend zu würdigen. Denn sie ist der Wegbereiter und Schrittmacher sowohl in der Entwicklung nutzbringender Technologien als auch damit zusammenhängender Kriminalitätsmöglichkeiten. Dem Strafrecht fällt nur die Rolle zu, dieser Entwicklung zu folgen. Es darf erst dann zum Einsatz kommen, wenn die Kriminalität in einem Bereich überhandnimmt und Schutzmaßnahmen nicht in adäquater Weise eingesetzt werden können. Bislang stehen für den Schutz der Rechtsgüter umfassende außerstrafrechtliche Möglicherkeiten zur Verfügung.

---

[855] Die Strafbarkeit des Zeitdiebstahls wurde vom deutschen Gesetzgeber als zu weitgehend eingestuft (s. oben § 2C.IV und zu Fn. 155).

[856] Siehe oben § 2E.III.

[857] So AIDP, CR 1993, 167, 127.

[858] Siehe oben Fn. 342.

§ 7 Literaturverzeichnis

Abel, Stefan, Urkundenbeweis durch digitale Dokumente, MMR 1998, 644-650

Achenbach, Hans, Das Zweite Gesetz zur Bekämpfung der Wirtschaftskriminalität, NJW 1986, 1835-1841

Alternativ-Entwurf eines Strafgesetzbuches Besonderer Teil – Straftaten gegen die Wirtschaft (*AE-Wi StGB*), vorgelegt von Lampe / Lenckner / Stree / Tiedemann / Weber, 1977

Arzt, Gunter, Viktimologie und Strafrecht, MschKrim 1984, 105-124

Bär, Wolfgang, Der Zugriff auf Computerdaten im Strafverfahren, 1992

Bär, Wolfgang, EDV-Beweissicherung im Strafverfahrensrecht – Änderungen durch das BegleitG zum TKG, CR 1998, 434-439

Barton, Dirk, Multimedia-Strafrecht – Ein Handbuch für die Praxis, 1999

Bäumler, Helmut (Hrsg.), „Der neue Datenschutz" – Datenschutz in der Informationsgesellschaft von morgen, 1998

Beermann, Volker, Strafbarkeit von Raubkopien, JURA 1995, 610-613

Bergmann/Möhrle/Herb, Datenschutzrecht – Handkommentar, Band 1, Stand: November 1998

Betzl, Karl Michael, Computerkriminalität - Bemerkungen zu einer Richtigstellung, DSWR 1973, 354-256

Betzl, Karl Michael, Computerkriminalität - Dichtung und Wahrheit, DSWR 1972, 317-320

Betzl, Karl Michael, Computerkriminalität - Viel Lärm um Nichts, DSWR 1972, 475-476

Beucher, Klaus / Schmoll, Andrea, Kryptotechnologie und Exportbeschränkungen, CR 1999, 529-534

Bieber, Klaus-Dieter, Rechtsprobleme des ec-Geldautomatensystems, WM Sonderbeilage 6/1987, 3-31

Bizer, Johann, Kryptokontroverse – Der Schutz der Vertraulichkeit in der Telekommunikation, DuD 1996, 5-14

Bizer, Johann, Rechtliche Bedeutung der Kryptographie, DuD 1997, 203-208

Bizer, Johann, Technikfolgenabschätzung und Technikgestaltung im Datenschutzrecht, in: „Der neue Datenschutz" – Datenschutz in der Informationsgesellschaft von morgen (Hrsg. Helmut Bäumler), 1998, 45-64

Bizer, Johann, Schutz der Vertraulichkeit in der Telekommunikation, KritJ 1995, 450-465

Blaze, Matt, Kryptopolitik und Informations-Wirtschaft, DuD 1997, 209-213

Bleyl, Dietmar, Allgemeines Informationszugangsrecht und Recht auf informationelle Selbstbestimmung, DuD 1998, 32-35

Borking, John / Verhaar, Paul, Biometrie und Datenschutz – Bedrohungen und Privacy-Enhancing Technologies, DuD 1999, 138-142

Bottke, Wilfried, Teleologie und Effektivität der Normen der Geldwäsche, wistra 1995, 87-91, 121-130

Bühler, Christoph, Ein Versuch, Computerkriminellen das Handwerk zu legen: Das Zweite Gesetz zur Bekämpfung der Wirtschaftskriminalität, MDR 1987, 448-457

Bunge, Ernst, Die größte Gefahr ist der ungetreue Mitarbeiter –Wie Computerkriminalität in der Praxis aussieht - Viele Delikte sind mit geringem Aufwand zu verhindern, Kriminalistik 1987, 75-79

Couvert-Castéra, Isabelle, Frankreich: Kryptoregulierung liberalisiert, DuD 1998, 338-340

Dannecker, Gerhard, Neuere Entwicklungen im Bereich der Computerkriminalität: Aktuelle Erscheinungsformen und Anforderungen an eine effektive Bekämpfung, BB 1996, 1285-1294

Dietel/Ginzel/Kniesel, Demonstrations- und Versammlungsfreiheit – Kommentar zum Gesetz über Versammlungen und Aufzüge vom 24. Juli 1953, 12.A., 2000

Diregger, Ekkehard, Kryptographie und Menschenrechte – Beschränkungen der Kryptographie im Lichte der EMRK, DuD 1998, 28-31

Dix, Alexander, Gesetzliche Verschlüsselungsstandards – Möglichkeiten und Grenzen der Gesetzgebung, CR 1997, 38-43

Doelling, Dieter, Empfehlen sich Änderungen des Straf- und Strafprozeßrechts, um der Gefahr von Korruption in Staat, Wirtschaft und Gesellschaft wirksam zu begegnen?, Gutachten C für den 61. Deutschen Juristentag 1996

Ehrlicher, Verena, Der Bankomatenmißbrauch – seine Erscheinungsformen und seine Bekämpfung, 1989

Engelhard, Hans A., Computerkriminalität und deren Bekämpfung durch strafrechtliche Reformen, DVR 1985, 165-174

Fecht, Karl-Friedrich / Opfermann, Walter / Scheiterle, Wolfgang, Computerspionage – Risiken und Prävention, (Hrsg. Bundesministerium für Wirtschaft)

Federrath, Hannes, Steganographie – vertrauliche Kommunikation ohne Kryptographie, in: Datenschutz durch Kryptographie – ein Sicherheitsrisiko? (Hrsg. Hamm / Möller), Forum Datenschutz, Band 6, 42-51

Federrath, Hannes / Pfitzmann, Andreas, "Neue" Anonymitätstechniken – Eine vergleichende Übersicht, DuD 1998, 628-632

Federrath, Hannes, Zur Kontrollierbarkeit des Internet, ZUM 1999, 177-180

Figgener, Stefanus, Die Akzeptanz neuerer Strafnormen durch die Rechtsprechung – Versuch einer Typisierung in bezug auf die §§ 248 b, 263 a und 265 a StGB

Findeisen, Michael, Der Präventionsgedanke im Geldwäschegesetz – Anforderungen der Bankenaufsicht an die internen Sicherungsmaßnahmen der Kreditinstitute gem. § 14 Abs. 2 GwG zur Bekämpfung der Geldwäsche, wistra 1997, 121-128

Flechsig, Norbert / Gabel, Detlev, Strafrechtliche Verantwortlichkeit im Netz durch Einrichten und Vorhalten von Hyperlinks, CR 1998, 351-358

Fox, Dirk, Schlüsseltechnologie Kryptographie, DuD 1998, 492

Fox, Dirk, Zu einem prinzipiellen Problem digitaler Signaturen, DuD 1998, 386-388

Freund, Georg, Der Entwurf eines 6. Gesetzes zur Reform des Strafrecht – Eine Würdigung unter Einbeziehung der Stellungnahme eines Arbeitskreises von Strafrechtslehrern, ZStW 109 (1997), 454-489

Frey, Silvia, Computerkriminalität in eigentums- und vermögensstrafrechtlicher Sicht, 1987

Fritzsche, Jörg, Informationsbeschaffungsverträge, CR 1998, 632-640

Frommel, Monika, Das Zweite Gesetz zur Bekämpfung der Wirtschaftskriminalität, JuS 1987, 667-668

Gallwas, Hans-Ullrich, Der allgemeine Konflikt zwischen dem Recht auf informationelle Selbstbestimmung und der Informationsfreiheit, NJW 1992, 2785-2790

Ganter, Alexander, Strafrechtliche Probleme im Urheberrecht, NJW 1986, 1479-1480

Gerhards, Thomas, Computerkriminalität und Sachbeschädigung, 1993

Göppinger, Hans, Kriminologie, 5.A., 1997 (4.A. von 1980)

Gössel, Karl Heinz, Strafrecht – Besonderer Teil, Band 1, Delikte gegen immaterielle Rechtsgüter des Individuums, 1987

Gössel, Karl Heinz, Strafrecht – Besonderer Teil, Band 2, 1996

Granderath, Peter, Das Zweite Gesetz zur Bekämpfung der Wirtschaftskriminalität, Der Betrieb, Beilage Nr. 18/86, 1-15

Gravenreuth, Günther Freiherr von, Computerviren, Hacker, Datenspione, Crasher und Cracker, NStZ 1989, 201-207

Gravenreuth, Günther Freiherr von, Computerviren – Technische Grundlagen und rechtliche Gesamtdarstellung, 2.A., 1998

Gravenreuth, Günther Freiherr von, in: Computerrechtshandbuch – Computertechnologie in der Rechts- und Wirtschaftspraxis (Hrsg. Kilian/Heussen), Nr. 106, Stand: September 1993

Gundermann, Lukas / Köhntopp, Marit, Biometrie zwischen Bond und Big Brother – Technische Möglichkeiten und rechtliche Grenzen, DuD 1999, 143-150

Günther, Hans-Ludwig, Das viktimogodmatische Prinzip aus anderer Perspektive: Opferschutz statt Entkriminalisierung, FS Lenckner, 1998, 69-80

Haft, Fritjof, Das Zweite Gesetz zur Bekämpfung der Wirtschaftskriminalität (2. WiKG) – Teil 2: Computerdelikte, NStZ 1987, 6-10

Haft, Fritjof, Zur strafrechtlichen Problematik des Computerbetrugs, DSWR 1979, 44-47

Hamm, Rainer, Kryptokontroverse, DuD 1997, 186-191

Hamm, Rainer, Vermummung als Straftatbestand, StV 1988, 40-42

Haß, Gerhard, Der strafrechtliche Schutz von Computerprogrammen, in: Lehmann, Michael (Hrsg.), Rechtsschutz und Verwertung von Computerprogrammen 2. A., 1993, 467-512

Hassemer, Winfried, Perspektiven einer neuen Kriminalpolitik, StV 1995, 483-490

Hassemer, Winfried, Einführung in die Grundlagen des Strafrechts, 2.A., 1990

Hassemer, Winfried, Kennzeichen und Krisen des modernen Strafrechts, ZRP 1992, 378-383

Hassemer, Winfried, Das Schicksal der Bürgerrechte im "effizienten" Strafrecht, StV 1990, 328-331

Hassemer, Winfried, Symbolisches Strafrecht und Rechtsgüterschutz, NStZ 1989, 553-559

Hauptmann, Peter-Helge, Zur Strafbarkeit des sog. Computerhackens – Die Problematik des Tatbestandsmerkmals "Verschaffen" in § 202a StGB, jur-PC 1989, 215-218

Hefendehl, Roland, Zur Vorverlagerung der Rechtsgutsschutzes am Beispiel der Geldfälschungstatbestände, JR 1996, 353-357

Hefendehl, Roland, Kollektive Rechtsgüter im Strafrecht, 2001

Hefendehl, Roland, Ist ein Verfügen über das Guthaben nach bankinterner Fehlbuchung strafbar? – Zugleich Besprechung von BGH, Beschluß vom 8.11.2000 – 5 StR 433/00 –, NStZ 2001, 281-284

Herzog, Felix, Der Banker als Fahnder? Von der Verdachtsanzeige zur systematischen Verdachtsgewinnung – Entwicklungstendenzen der Geldwäschebekämpfung, WM 1996, 1753-1763

Heinrich, Bernd, Die Strafbarkeit der unbefugten Vervielfältigung und Verbreitung von Standardsoftware, 1993

Heinrich, Bernd, Die Entgegennahme von raubkopierter Software als Hehlerei, JZ 1994, 938-945

Hilgendorf, Eric, Grundfälle zum Computerstrafrecht, JuS 1996, Teil 1: 509-512, Teil 2: 702-706, Teil 3: 890-894, Teil 4: 1082-1084, Teil 5: JuS 1997, 130-136, Teil 6: JuS 1997, 323-331

Hoeren, Thomas, Ist Felix Somm ein Krimineller?, NJW 1998, 2792-2793

Hoeren, Thomas, Internet und Recht – Neue Paradigmen des Informationsrechts, NJW 1998, 2849-2854

Hoeren, Thomas, Information als Gegenstand des Rechtsverkehrs – Prolegomena zu einer Theorie des Informationsrechts, Beilage MMR 9/1998, 6-11

Hoeren, Thomas / Sieber, Ulrich, Handbuch Multimedia-Recht – Rechtsfragen des elektronischen Geschäftsverkehrs, 1999

Hoffmann-Riem, Informationelle Selbstbestimmung als Grundrecht kommunikativer Entfaltung, in: „Der neue Datenschutz" – Datenschutz in der Informationsgesellschaft von morgen (Hrsg. Helmut Bäumler), 1998, 11-24

Hofmann, Rolf, Vermögenssicherung und Prävention vor Vermögensverlusten – Eine dominierende Aufgabe der Unternehmensleitung, WPg 1990, 233-240

Hortmann, Michael, Kryptoregulierung weltweit – Überblick, DuD 1997, 214-215

Hortmann, Michael, Wie sicher ist die PIN? – Zum Scheckkarten-Urteil des OLG Hamm, DuD 1997, 532-533

Hoyer, Andreas, Die Eignungsdelikte, 1987

IT-Grundschutzhandbuch – Maßnahmenempfehlungen für den mittleren Schutzbedarf, Bundesamt für Sicherheit in der Informationstechnik (BSI)

Jakobs, Günther, Strafrecht Allgemeiner Teil – Die Grundlagen und die Zurechnungslehre, 2.A., 1991

Jakobs, Günther, Kriminalisierung im Vorfeld einer Rechtsgutsverletzung, ZStW 97 (1985), 751-786

Jescheck, Hans-Heinrich / Weigend, Thomas, Lehrbuch des Strafrechts – Allgemeiner Teil, 5.A., 1996

Jessen, Ernst, Zugangsberechtigung und besondere Sicherung im Sinne von § 202 a StGB, 1994

Jung, Peter, Die Netiquette - Grundlage eines globalen Rechts, in: Vernetzte Welt – Globales Recht, Gesellschaft Junger Zivilrechtswissenschaftler (Hrsg. Immenhauser/Wichtermann), 1999, 153-180

Junker, Abbo, Die Entwicklung des Computerrechts in den Jahren 1991 und 1992, NJW 1993, 824-832

Junker, Abbo, Die Entwicklung des Computerrechts in den Jahren 1992 und 1993, NJW 1994, 897-905

Junker, Abbo, Die Entwicklung des Computerrechts in den Jahren 1994-1997, NJW 1998, 947-953

Kaiser, Günther, Kriminologie – Ein Lehrbuch, 3.A., 1996 (2.A. von 1988)

Karlsruher Kommentar zur Strafprozeßordnung (*KK*), 4.A., 1999

Kindhäuser, Urs, Strafrecht Besonderer Teil II – Straftaten gegen Vermögenswerte, Teilband 1, Eigentumsdelikte, 1998

Kindhäuser, Urs, Der Computerbetrug (§ 263 a StGB) – ein Betrug?, FS Grünwald, 1999, 285-305

Kleinknecht / Meyer-Goßner, Strafprozeßordnung – Mit GVG und Nebengesetzen, 44.A., 1999

Kloepfer, Michael, Geben moderne Technologien und die europäische Integration Anlaß, Notwendigkeit und Grenzen des Schutzes personenbezogener Informationen neu zu bestimmen?, Gutachten D zum 62. Deutschen Juristentag 1998

Koch, Alexander, Grundrecht auf Verschlüsselung?, CR 1997, 106-110

Krause, Thomas, Unbefugte Fernabfrage von Anrufbeantwortern als Ausspähen von Daten im Sinne des § 202 a StGB?, jur-PC 1994, 2758-2760

Kreß, Claus, Das Sechste Gesetz zur Reform des Strafrechts, NJW 1998, 633-644

Kube, Edwin / Bach, Wolfgang / Erhardt, Elmar / Glaser, Ulrich, Technologische Entwicklung und Kriminalitätsvorbeugung, ZRP 1990, 301-305

Kudlich, Hans, Der heimliche Zugriff auf Daten in einer Mailbox: ein Fall der Überwachung des Fernmeldeverkehrs? – BGH NJW 1997, 1934, JuS 1998, 209-214

Kühne, Hans-Heiner, Strafbarkeit der Zugangsvermittlung von pornographischen Informationen im Internet – Die CompuServe-Entscheidung des AG München, NJW 1999, 188-190

Kuner, Christopher, Die Kryptodebatte in den USA, DuD 1998, 5-7

Kuner, Christopher, Rechtliche Aspekte der Datenverschlüsselung im Internet, NJW-CoR 1995, 413-420

Lackner/Kühl, StGB – Strafgesetzbuch mit Erläuterungen, 22.A., 1997; 23.A., 1999

Lampe, Ernst-Joachim, Computerkriminalität - nur ein fauler Zauber?, DSWR 1974, 242-244

Lampe, Ernst-Joachim, Betriebssabotage, ZStW 89 (1977), 325-366

Lampe, Ernst-Joachim, Die strafrechtliche Behandlung der sog. Computer-Kriminalität, GA 1975, 1-23

Lehmann, Michael, Die Europäische Richtlinie über den Schutz von Computerprogrammen, in: Rechtsschutz und Verwertung von Computerprogrammen (Hrsg. Lehmann), 2. A., 1993, 1-29

Leicht, Armin, Computerspionage – Die "besondere Sicherung gegen unberechtigten Zugang" (§ 202 a StGB), iur 1987, 45-52

Leipziger Kommentar – Großkommentar *(LK-Verf.)* (Hrsg. Jähnke/Laufhütte/Odersky)

Lenckner, Theodor, Computerkriminalität und Vermögensdelikte, 1981

Lenckner, Theodor / Winkelbauer, Wolfgang, Strafrechtliche Probleme im modernen Zahlungsverkehr, wistra 1984, 83-89

Lenckner, Theodor / Winkelbauer, Wolfgang, Computerkriminalität - Möglichkeiten und Grenzen des 2. WiKG (Teil I-III), CR 1986, 483-488, 654-661, 824-831

Liebl, Karlhans / Grosch, Olaf, Datendiebstahl als Form der Computerkriminalität, CR 1985, 162-165

Matzky, Ralph, Zugriff auf EDV im Strafprozeß – Rechtliche und technische Probleme der Beschlagnahme und Durchsuchung beim Zugriff auf das Beweismittel „EDV“, 1999

Meier, Bernd-Dieter, Softwarepiraterie – eine Straftat?, JZ 1992, 657-665

Meier, Klaus / Wehlau, Andreas, Die zivilrechtliche Haftung für Datenlöschung, Datenverlust und Datenzerstörung, NJW 1998, 1585-1591

Meurer, Dieter, Die Bekämpfung der Computerkriminalität in der Bundesrepublik Deutschland, FS-Kitagawa, 1992, 971-986

Mitsch, Wolfgang, Strafrecht Besonderer Teil 2 – Vermögensdelikte (Kernbereich) / Teilband 1, 1998

Möhrenschlager, Manfred, Das neue Computerstrafrecht, wistra 1986, 128-142

Möhrenschlager, Manfred, Das Zweite Gesetz zur Bekämpfung der Wirtschaftskriminalität (2. WiKG) – Entstehungsgeschichte und Überblick, wistra 1986, 123-127

Möhrenschlager, Manfred, Computerstraftaten und ihre Bekämpfung in der Bundesrepublik Deutschland, wistra 1991, 321-331

Mühlen, Rainer von zur / Scholten, Rainer, Computer-Manipulationen aus strafrechtlicher Sicht, NJW 1971, 1642-1643

Mühlen, Rainer von zur, Der Computer als Werkzeug und Ziel deliktischer Handlungen im Betrieb, DB 1971, 1045-1048

Mühlen, Rainer von zur, Computer-Kriminalität – Gefahren und Abwehrmaßnahmen, 1973

Müller, Rudolf / Wabnitz, Heinz-Bernd / Janovsky, Thomas, Wirtschaftskriminalität, 4.A., 1997

Müller, Wulf, Aktuelle Probleme des § 263 a StGB, 1999

Niehoff, Wilhelm, Anmerkungen zum OLG Hamm, DuD 1997, 534

Niehoff, Wilhelm, Anmerkungen zur Kryptoregulierung, DuD 1997, 220-222

Nomos Kommentar zum Strafgesetzbuch (*NK*), (Gesamtred. Neumann/Schild), Loseblattkommentar

Otto, Harro, Bankentätigkeit und Strafrecht, 1983
Otto, Harro, Grundkurs Strafrecht – Die einzelnen Delikte, 5.A., 1998

Palandt (*Palandt-Verf.*), Bürgerliches Gesetzbuch, 59.A., 2000
Paul, Werner, Die Computerkriminalität in der Statistik, NJW-CoR 1995, 42-45
Paul, Werner, Eine andere Betrachtungsweise der Computerkriminalität 1991, CR 1993, 233-235
Pfitzmann, Andreas, Sicherheitsnetze im Internet und die Kryptokontroverse, in: Datenschutz durch Kryptographie – ein Sicherheitsrisiko? (Hrsg. Hamm / Möller), 1998, 51-85
Philipps, Lothar, Recht und Information, in: Rechtstheorie – Ansätze zu einem kritischen Rechtsverständnis (Hrsg. Arthur Kaufmann), 1971
Pohl, Hartmut / Weck, Gerhard, Stand und Zukunft der Informationssicherheit, DuD 1993, 18-22
Prittwitz, Cornelius, Strafrecht und Risiko – Untersuchungen zur Krise von Strafrecht und Kriminalpolitik in der Risikogesellschaft, 1993

Ransiek, Andreas, Unternehmensstrafrecht – Strafrecht, Verfassungsrecht, Regelungsalternativen, 1996
Rath-Glawatz, Michael / Waldenberger, Arthur, Freiwillige Selbstkontrolle Multimedia-Diensteanbieter e.V. – Ein Beitrag der Medienwirtschaft zum Jugendschutz im Internet, CR 1997, 766-769
Rengier, Rudolf, Strafrecht Besonderer Teil – Vermögensdelikte, 3.A., 1999
Robbers, Gerhard, Sicherheit als Menschenrecht, 1987
Roessler, Thomas, Anonymität im Internet, DuD 1998, 619-622
Roessler, Thomas, PGP – "Kryptographie fürs Volk", DuD 1998, 377-381
Roßnagel, Alexander, Rechtswissenschaftliche Technikfolgenforschung: Umrisse einer Forschungsdisziplin, 1993
Roßnagel, Alexander, Globale Datennetze: Ohnmacht des Staates – Selbstschutz der Bürger, ZRP 1997, 26-30
Roßnagel-Verf., Recht der Multimedia-Dienste – Kommentar, 1999
Roth, Harald, Exportkontrollen für Verschlüsselungsprodukte, DuD 1998, 8-13
Roxin, Claus, Strafrecht – Allgemeiner Teil, Band I, 3.A., 1997
Roxin, Claus, Zur Entwicklung der Kriminalpolitik seit den Alternativ-Entwürfen, JA 1980, 545-552
Rüßmann, Helmut, Haftungsfragen und Risikoverteilung bei ec-Kartenmißbrauch, DuD 1998, 395-400

Sachs – Grundgesetz Kommentar *(Sachs-Verf.)* (Hrsg. Sachs), 1996
Sandl, Ulrich, OECD-Richtlinie zur Kryptopolitik, CR 1998, 698-707
Schaffland/Wiltfang, Bundesdatenschutzgesetz (BDSG), Kommentar

Schindler, Werner, Die neuen PIN-Nummern der ec-Karten – Interview NJW-CoR mit Werner Schindler1, NJW-CoR 1998, 223-226
Schlüchter, Ellen, Zweites Gesetz zur Bekämpfung der Wirtschaftskriminalität – Kommentar mit einer kriminologischen Einführung, 1987
Schlußbericht der Sachverständigenkommission, Bekämpfung der Wirtschaftskriminalität, 1980
Schmid, Niklaus, Das neue schweizerische Computer-Strafrecht vom 17. Juni 1994, CR 1996, 163-170
Schmid, Niklaus, Schweizerisches Computerstrafrecht – Anmerkung zum Regierungsentwurf, CR 1991, 418-423
Schmütsch, Horst, Computer-Mißbrauch - ein kalkulierbares Risiko?, DB 1971, 1048-1049
Schneider, Jochen, Handbuch des EDV-Rechts, 2.A., 1997
Schönke/Schröder-Verf., Strafgesetzbuch – Kommentar, 26.A., 2001
Schoreit, Armin, Der in Zusammenhang mit dem Alternativentwurf eines Strafgesetzbuches vorgelegte Entwurf eines Gesetzes gegen Ladendiebstahl (AE-GLD) im Lichte der Kriminalstatistik 1974 und moderner Opferforschung, JZ 1976, 49-54
Schroth, Hans-Jürgen, Der Diebstahl mittels Codekarte, NJW 1981, 729-733
Schroth, Ulrich, Strafrecht – Besonderer Teil, 2.A., 1998
Schulze-Heiming, Ingeborg, Der strafrechtliche Schutz der Computerdaten gegen die Angriffsformen der Spionage, Sabotage und des Zeitdiebstahls, 1995
Schünemann, Bernd, Kritische Anmerkungen zur geistigen Situation der deutschen Strafrechtswissenschaft, GA 1995, 201-229
Schünemann, Bernd, Methodologische Prolegomena zur Rechtsfindung im Besonderen Teil des Strafrechts, FS Bockelmann, 1979, 117-132
Schünemann, Bernd, Strafrechtssystem und Kriminalpolitik, FS Schmitt, 1992, 117-138
Schünemann, Bernd, Alternative Kontrolle der Wirtschaftskriminalität, GS Armin Kaufmann, 1989, 629-649
Sieben, Günter / Mühlen, Rainer von zur, Computerkriminalität - nicht Dichtung, sondern Wahrheit, DSWR 1972, 397-401
Sieben, Günter / Mühlen, Rainer von zur, Computerkriminalität - viel Lärm um Nichts? Eine Richtigstellung zu den Ausführungen von Betzl in DSWR 15/72, DSWR 1973, 252-256
Sieber, Ulrich, Computerkriminalität und Strafrecht, 2. A., 1980 (zitiert: Computerkriminalität)
Sieber, Ulrich, Informationsrecht und Recht der Informationstechnik, NJW 1989, 2569-2580
Sieber, Ulrich, Strafrechtliche Verantwortlichkeit für den Datenverkehr in internationalen Computernetzen, JZ 1996, Teil 1: 429-442, Teil 2: 494-507

Sieber, Ulrich, The International Emergence of Criminal Information Law, 1992

Sieber, Ulrich, Der strafrechtliche Schutz der Information, ZStW 103 (1991), 779-795

Sieber, Ulrich, The International Handbook on Computer Crime – Computer-related Economic Crime and the Infringements of Privacy, 1986

Sieber, Ulrich, Computerkriminalität und andere Delikte im Bereich der Informationstechnik, ZStW 104 (1992), 697-711

Sieber, Ulrich, Computerkriminalität: Probleme hinter einem Schlagwort – Bericht anläßlich des Hearings der Interparlamentarischen Arbeitsgemeinschaft in Bonn, DSWR 1974, 245-250

Sieber, Ulrich, Gefahr und Abwehr der Computerkriminalität, BB 1982, 1433-1442

Sieber, Ulrich, Rechtsinformatik und Informationsstrafrecht – Herausforderungen und Zukunftsperspektiven an der Schnittstelle von Informatik und Recht, Jura 1993, 561-571

Sieber, Ulrich, Informationstechnologie und Strafrechtsreform – Zur Reichweite des künftigen Zweiten Gesetzes zur Bekämpfung der Wirtschaftskriminalität, 1985 (zitiert: Informationstechnologie)

Sieber, Ulrich, Kontrollmöglichkeiten zur Verhinderung rechtswidriger Inhalte in Computernetzen – Zur Umsetzung von § 5 TDG am Beispiel der Newsgroups des Internet, CR 1997, Teil 1: 581-598, Teil 2: 653-669

Sieber, Ulrich, Mißbrauch der Informationstechnik und Informationsstrafrecht – Entwicklungstendenzen in der internationalen Informations- und Risikogesellschaft, in: Deutschlands Weg in die Informationsgesellschaft (Hrsg. Tauss), 1996, 608-651

Sieber, Ulrich, Die Verantwortlichkeit von Internet-Providern im Rechtsvergleich, ZUM 1999, 196-213

Sieg, Rainer, Strafrechtlicher Schutz gegen Computerkriminalität, JURA 1986, 352-363

Sondermann, Markus, Computerkriminalität – Die neuen Tatbestände der Datenveränderung gem. § 303 a StGB und der Computersabotage gem. § 303 b StGB, 1989

Splitt, Alexander, Der Rechtswidrigkeitsbegriff im Rahmen des § 303 a StGB, 1999

Stächelin, Gregor, Das 6. Strafrechtsreformgesetz – Vom Streben nach Harmonie, großen Reformen und höheren Strafen, StV 1998, 98-104

Stange, Albrecht, Pornographie im Internet – Versuche einer strafrechtlichen Bewältigung, CR 1996, 424-428

Staudinger, Kommentar zum Bürgerlichen Gesetzbuch mit Einführungsgesetz und Nebengesetzen, 12.A., §§ 823-832, 1986

Steinke, Wolfgang, Kriminalität durch Beeinflussung von Rechnerabläufen – Probleme, Definitionen, Entwicklung, Bekämpfung, NStZ 1984, 295-297

Steinke, Wolfgang, Computerkriminalität 1991 – Ein kurzer Überblick, CR 1992, 698-700
Steinke, Wolfgang, Wertpapierfälschungen und technische Prävention, ZRP 1993, 424-426
Steinke, Wolfgang, Die Kriminalität durch Beeinflussung von Rechnerabläufen, NJW 1995, 1867-1869
Stratenwerth, Günther, Zukunftssicherung mit den Mitteln des Strafrechts?, ZStW 105 (1993), 679-696
Streng, Franz, Strafrechtliche Sanktionen – Grundlagen und Anwendung, 1991
Systematischer Kommentar zum Strafgesetzbuch *(SK-Verf.)* (Hrsg. Rudolphi/Horn/Günther/Samson), Loseblattkommentar

Tagungsbericht der Sachverständigenkommission zur Bekämpfung der Wirtschaftskriminalität – Reform des Wirtschaftsstrafrechts –, 12. Band (Hrsg. Bundesministerium der Justiz), 1977
Telekommunikationsgesetz, Beck´scher *TKG-Kommentar,* (Hrsg. Büchner, u.a.), 1997
Tiedemann, Klaus, Welche strafrechtlichen Mittel empfehlen sich für eine wirksamere Bekämpfung der Wirtschaftskriminalität? – Gutachten C zum 49. Deutschen Juristentag 1972
Tiedemann, Klaus, Wirtschaftsstrafrecht und Wirtschaftskriminalität 1 – Allgemeiner Teil, 1976
Tiedemann, Klaus, Computerkriminalität und Mißbrauch von Bankomaten, WM 1983, 1326-1331
Tiedemann, Klaus, Die Bekämpfung der Wirtschaftskriminalität durch den Gesetzgeber – Ein Überblick aus Anlaß des Inkrafttretens des 2. WiKG am 1.8.1986, JZ 1986, 865-874
Tiedemann, Klaus, Computerkriminalität und Strafrecht, FS Kaiser, 1998, 1373-1385
Tröndle, Herbert / Fischer, Thomas, Strafgesetzbuch und Nebengesetze, 50.A., 2001

Ultsch, Michael L., Digitale Signaturen, in: Recht im Internet – Der Rechtsberater für Online-Anbieter und -Nutzer (Hrsg. Schwarz), Stand: Februar 1999
Ultsch, Michael L., Zivilrechtliche Probleme elektronischer Willenserklärungen – dargestellt am Beispiel der Electronic Mail –, DZWir 1997, 466-473
Ultsch, Michael L., Digitale Willenserklärungen und digitale Signaturen, in: Vernetzte Welt – Globales Recht, Gesellschaft Junger Zivilrechtswissenschaftler (Hrsg. Immenhauser/Wichtermann), 1999, 127-152

Vassilaki, Irini, Strafrechtliche Verantwortlichkeit der Diensteanbieter nach dem TDG – Eine Untersuchung unter besonderer Berücksichtigung der Einordnung des § 5 TDG im Strafrechtssystems, MMR 1998, 630-638

Villiger, Mark E., Handbuch der Europäischen Menschenrechtskonvention (EMRK), 1993

Volk, Klaus, Strafrecht und Wirtschaftskriminalität – Kriminalpolitische Probleme und dogmatische Schwierigkeiten, JZ 1982, 85-92

Volk, Klaus, Steuerhehlerei, FS Stree/Wessels, 1993, 493-503

Volk, Klaus, Strafprozeßrecht, 1999

Walther, Zur Anwendbarkeit der Vorschriften des strafrechtlichen Jugendmedienschutzes auf im Bildschirmtext verbreitete Mitteilungen, NStZ 1990, 523-526

Weichert, Thilo, Biometrie – Freund oder Feind des Datenschutzes?, CR 1997, 369-375

Weichert, Thilo, Datenschutzberatung – Hilfe zur Selbsthilfe, in: „Der neue Datenschutz" – Datenschutz in der Informationsgesellschaft von morgen (Hrsg. Helmut Bäumler), 1998, 213-229

Welp, Jürgen, Datenveränderung (§ 303 a StGB), iur 1988, 443-449, Sonderheft 1988, 434-439

Wenning, Rigo, Das Internet – ein rechtsfreier Raum?, Jur-PC 1995, 3321-3330

Wiechers, Lothar, Forum: Strafrecht und Technisierung im Zahlungsverkehr, JuS 1979, 847-850

Wiesel, Georg, Computerkriminalität – Tatbestände und ihre strafrechtliche Verfolgung, data report 1973, 24-30

Wirtz, Brigitte, Biometrische Verfahren – Überblick, Evaluierung und aktuelle Themen, DuD 1999, 129-134

Criminalia

Herausgegeben von Klaus Volk

Band 1 Ulrich Schroth: Vorsatz als Aneignung der unrechtskonstituierenden Merkmale. 1994.

Band 2 Torsten Poeck: Wartepflicht und Wartedauer des § 142 Abs. 1 Nr. 2 StGB. Ein Vorschlag zur Bestimmung der Wartelänge anhand rechtsprechungsanalytischer und empirischer Überlegungen. 1994.

Band 3 Tobias Schmid: Die Vergabe von Wirtschaftssubventionen und strafrechtliche Verantwortlichkeit gem. § 264 StGB (Subventionsbetrug). 1994.

Band 4 Erwin Lohner: Der Tatverdacht im Ermittlungsverfahren. Begriff, rechtliche Ausgestaltung, praktische Handhabung und Kontrolle am Beispiel der polizeilichen Verdachtsfeststellung. 1994.

Band 5 Gunther Lehleiter: Der rechtswidrige verbindliche Befehl. Strafrechtsdogmatische Untersuchung, demonstriert am Beispiel des militärischen Befehls. 1995.

Band 6 Dirk Steiner: Das Fairneßprinzip im Strafprozeß. 1995.

Band 7 Isabell Schwegler: Der Subsumtionsirrtum. 1995.

Band 8 Klaus Andreas Fischer: Die strafrechtliche Beurteilung von Werken der Kunst. 1995.

Band 9 Johannes Fredrikus Nijboer: Beweisprobleme und Strafrechtssysteme / Proof and Criminal Justice Systems. Rechtsvergleichende Aufsätze / Comparative Essays. 1995. 2. Auflage 1997.

Band 10 Winfried Hassemer / Karin Matussek: Das Opfer als Verfolger. Ermittlungen des Verletzten im Strafverfahren. 1996.

Band 11 Bettina Grunst: Steuerhinterziehung durch Unterlassen. 1996.

Band 12 Hans-Jörg Schwab: Täterschaft und Teilnahme bei Unterlassungen. 1996.

Band 13 Christos Mylonopoulos: Komparative und Dispositionsbegriffe im Strafrecht. 1998.

Band 14 Christina Erfurth: Verdeckte Ermittlungen. Problemlösung durch das OrgKG? 1997.

Band 15 Stephan Weber: Überstellung in den Heimatstaat. Ein internationales Konzept wider den Strafvollzug in der Fremde. Zugleich ein Beitrag zum Recht der internationalen Vollstreckungshilfe in Strafsachen. 1997.

Band 16 Bert Götting: Gesetzliche Strafrahmen und Strafzumessungspraxis. Eine empirische Untersuchung anhand der Strafverfolgungsstatistik für die Jahre 1987 bis 1991. 1997.

Band 17 Lars Otte: Der durch Menschen ausgelöste Defensivnotstand. 1998.

Band 18 Gregor Rieger: Die mutmaßliche Einwilligung in den Behandlungsabbruch. 1998.

Band 19 Yu-hsiung Lin: Richtervorbehalt und Rechtsschutz gegen strafprozessuale Grundrechtseingriffe. 1998.

Band 20 Sandra Pellkofer: Sockelverteidigung und Strafvereitelung. 1999.

Band 21 Christine Ferschl: Das Problem des unmittelbaren Zusammenhangs beim erfolgsqualifizierten Delikt. 1999.

Band 22 Peter König: Strafbarer Organhandel. 1999.

Band 23 Stefan Stauder: Die allgemeinen defenses des New York Penal Law. Eine rechtsvergleichende Untersuchung. 1999.

Band 24 Malte Merz: „Bewußte Selbstschädigung" und die Betrugsstrafbarkeit nach § 263 StGB. Zugleich ein Beitrag zur Zweckverfehlungslehre. 1999.

Band 25 Marc Tully: Poena sine Culpa? *Strict-Liability*-Sanktionen und Europäisches Gemeinschaftsrecht. 2000.

Band 26 Susanne Götting: Beweisverwertungsverbote in Fällen gesetzlich nicht geregelter Ermittlungstätigkeit. Durch V-Leute, Scheinaufkäufer und Privatleute. 2001.

Band 27 Christiane Hölscher: Der Rechtsschutz und die Mitteilungspflichten bei heimlichen strafprozessualen Zwangsmaßnahmen. 2001.

Band 28 Tobias Windhorst: Der Rechtsbegriff der „schweren Gesundheitsschädigung". Zugleich ein Beitrag zum 6. StrRG. 2001.

Band 29 Andrea Schmucker: Die "Dogmatik" einer strafrechtlichen Produktverantwortung. Das fahrlässige Unterlassen als Institut der Produktkriminalität. 2001.

Band 30 Stephan Beukelmann: Prävention von Computerkriminalität. Sicherheit in der Informationstechnologie. 2001.

FSC
www.fsc.org
MIX
Papier | Fördert gute Waldnutzung
FSC® C083411

Kolibri 360 GmbH
Ferdinand-Jühlke-Straße 7
99095 Erfurt, Deutschland
produktsicherheit@kolibri360.de

Druck:
CPI Druckdienstleistungen GmbH
im Auftrag der
Kolibri 360 GmbH
Ferdinand-Jühlke-Str. 7
99095 Erfurt